小訥 盧相稷先生 照顧錄

자암서당문풍과 적흔

紫巖書堂門風과 跡痕

三碧子 編著

小訥先生 照顧錄

小訥 盧相稷先生 照顧錄

자암서당문풍과 적흔

紫巖書堂門風과 跡痕

三碧子 編著

학자원

자암문풍서紫巖文風 序

선비는 자신을 수양하여 그 덕德이 널리 다른 사람에게 미치게 하는 사람으로 수양하여 도달하는 궁극의 경지는 "성聖"으로 표현되고 일반적인 명칭은 "군자君子"다. 선비가 공부하고 수양하는 길에는 시대에 따라 서로 다른 과정課程은 있을 수 있지만, 시공時空을 초월하는 핵심은 불변이다. 내성內聖의 길은 어제와 오늘이 다를 수 없으나, 외왕外王의 일은 부득이 시세時勢를 따른다.

쇠세衰世에 구이口耳의 학문으로 기세欺世하고, 앵무鸚鵡의 송誦으로 명리名利를 탐할 때, "무욕無欲"의 실심實心을 자득自得하여 내성內聖의 길로 매진邁進한 유종儒宗이 계셨으니 바로 소눌 선생小訥先生이 그분이시다.

공자께서는 일찍이 '언어로 전할 수 있는言傳' 하학下學과 '마음으로 깨닫는心悟' 상달上達의 경계가 있음을 말씀하시고, 맹자는 진심盡心한 사람이라야 지성知性하여 지천知天의 경지에 있게 됨을 설파說破하셨다. 상사上士는 성의誠意의 정심正心을 설했으나 대개의 학자는 인심人心으로 도심道心을 추측하는데 그치는 고로 그 설해가 여럿으로 나뉘는 것이다. 도심道心을 가리켜 이르는 묘의妙意는 서부진언書不盡言이요 언부진의言

不盡意다. 무릇 도심道心에 대한 말과 글이 천언만어千言萬語가 되어 세상에 범람하기에 이르렀다. 그리고 세속명리世俗名利를 끊지 못하고 자신에 속으며 세상을 속이고 이름을 훔치는[欺世盜名] 일이 비일비재非一非再하여 왔던 것이다.

공맹孔孟의 가르침을 주염계周濂溪는 "무사위본無思爲本"으로 가리키고, 이습지李習之는 인심人心의 칠정七情에 구속되지 않는 도심道心 즉 본성本性을 회복하는 "복성復性"이라 천명했다. 육상산陸象山은 진아眞我를 설하여 "육경아주我注六經 아주육경我注六經"이라 하고, 왕양명王陽明은 "양지양능良知良能"의 기치를 높이 들어 심학心學의 정로를 열었다.

소눌小訥 노선생盧先生은 한말韓末 유림儒林의 종장宗匠으로 밀양의 산골 마을인 노곡蘆谷에서 자암서당紫巖書堂을 열고 강학講學하여 많은 제자들을 길러내었다. 장회당張晦堂: 錫英, 1851~1929과 이경재李耕齋: 建昇, 1858~1924의 기문이 그 사실을 잘 보여준다. 선생은 성재性齋 허전許傳, 1797~1886을 사사師事하여 구사잠九思箴을 받는 등, 큰 학문적 기대를 받았다. 학문은 정심精深하고 수양은 깊어 여러 고을에 끼친 과화過化의 공은 컸으나 비색否塞한 시대를 만나, 밖으로는 파리장서巴里長書운동에 문인들을 인도하여 함께하는 등의 일 외에 할 수 있는 일이 많지 않았음은 시절의 운명이라 하겠다.

선생의 증손인 노치허盧菑虛가 소눌선생의 행적과 학문의 정수精髓가 전해지지 못할 것을 근심하고, 그 선고先考인 응재凝齋 노재찬盧在燦 선생의 뜻을 이어, 학자들이 소눌선생의 학문과 사상에 요연了然히 접근할 수 있도록 요목要目을 가려 이 책을 엮고서는 불녕不佞한 나에게 서문을 명했다.

후학으로 선생의 학문과 사상, 행적을 알리는 책에 탁명託名하는 영광을 사양하는 사람이 있겠는가! 불녕不佞이 봄에 "고경중마古鏡重磨"와 "수사언인洙泗言仁"은 선생 학문의 연원淵源과 의취意趣를 나타내고, 〈벽설壁說〉에서 보이는 무욕無欲과 자득自得 등의 교의敎義는 심오心悟의 경지에서 나온 오의奧義이다. 이는 "무사無思" "무위無爲" "무사無邪"를 설한 공자의 지결旨訣과 계합契合한다. 그 세의細義는 남명南冥의 백물百勿과 지止로 통하며, 송계松溪의 "고확설顧確說"의 적의的意를 드러내 보였다.

문인門人인 정종호鄭宗鎬와 노근용盧根容, 강신철姜信喆, 안명언安明彦 등이 선생의 미언지론微言至論을 증거하고 있는바, 소눌심학小訥心學의 요체는 "벽설壁說"에 있고, 이는 공자와 맹자의 가르침인 지경持敬으로 나아가 성誠으로 인심人心=情을 민멸하고, 도심道心=性에서 멈추고자止 한 조선 심학의 맥脈을 부지扶持한 공功이라 할 것이다. 이 외에도 이 책에 실린 글들은 문학을 하는 학인學人이나 역사를 공부하는 학인에게도 귀중한 자료를 제공하고 있음은 췌언贅言할 필요가 없다. 사양키 어려워 두서없는 말을 책머리에 붙이니 송구한 마음을 금하지 못한다.

단기檀紀 4356년, 서기西紀 2023년 10월

한국학중앙연구원 명예교수

남명학연구원 원장

密城 朴丙鍊 謹序

자암문풍차서紫巖門風次序

맹자孟子는 과욕寡慾이 구방심공부求放心工夫의 처음이라 하였고, 이이李珥는 "산란한 마음을 쉬어 성性을 윤집궐중允執闕中하라"고 하였다. 뒷날 만년晩年의 소눌小訥은 무욕無欲을 말했다. "무욕無欲으로써 무가무불가無可無不可의 경지에 나아가야 한다." 소눌小訥의 벽설壁說[서벽書壁] 일장一章에 "성인聖人의 도道를 배우는 데는 일一의 요체要諦가 있다. 그 하나[一]는 무욕無欲이다. 무욕無欲하면 마음이 정靜할 때는 비고, 마음이 동動할 때는 곧다. 마음이 고요하여 비면 밝고, 마음이 밝으면 通하며, 마음이 움직임에 곧으면[直] 사思에 무사無邪하고, 마음이 사思에 무사無邪하면 동연명백洞然明白하여 허공虛空 같이 넓다"고 하였다.

조선의 유자儒者 가운데 시문詩文 등 글짓기를 좋아하지 않고 지경공부持敬工夫에 순숙純熟한 이에 괴애乖崖, 동봉東峯, 청송聽松, 송계松溪, 대곡大谷, 남명南冥, 소재穌齋, 상촌象村 등이 보인다. 속사俗士들은 지경공부持敬工夫의 공功이 없으면서 맹물의 글짓기를 좋아한다. 그런 연유로 논설論說이 얽히고 섥히며 서로 오설吾說이 옳다고 주장하나 그 설에 지경持敬의 공功

과 경지境地가 보이지 않는다. 이러한 공론허설空論虛說이 조선 선비의 문집文集을 허망하게 물들였던 것이 사실이다.

소눌小訥의 경우, 처음 학문學問을 함에는 선유先儒의 설을 학습學習하였으나 장년壯年에 이르러 지경持敬의 집중執中이 깊더니 만년晩年에 견처見處가 열려 벽설壁說[서벽書壁]을 지었다. 소눌小訥이 심학心學이 전해지지 않는 까닭을 말한다. "사람이 살아 있기를 좋아하는 까닭은 삶에 대한 욕망欲望 때문이요, 죽음을 싫어하는 까닭 역시 삶에 대한 욕망欲望 때문이다. 살아서는 그 욕심欲心을 채우려고 하고, 죽음에는 그 욕심欲心을 잃을까 두려워한다. 하늘과 땅 사이에 그득한 사람들이 모두들 욕심欲心으로 일삼지 아니함이 없는 까닭에 심학心學이 전해지지 않는 것이다."

지경持敬 공부란 정일집중精一執中하는 것이요, 정일집중精一執中하는 중에 죽어도 공부를 그치지 않겠다는 대지大志를 갖추어야 자득自得할 수 있는 자품資品을 얻은 것이다. 흉중에 정일집중精一執中만이 올올兀兀한 연후에 간단間斷이 없는 경지가 열흘 이상이면 필경畢竟에 견처見處가 열리는 것이다. 견처見處가 열린 연후라야 겨우 말할 수 있는 것이다.

공자심학孔子心學이란 상사上士의 공부라, 속사俗士가 망견妄見을 내어 왈가왈부曰可曰否할 바가 아니다. 명성明性의 견처見處가 열린 이후에 약간의 논리論理를 세워 공지孔旨에 비교比較할 수 있어야 공자심학孔子心學의 문턱을 넘은 것이라 할 수 있는 것이다. 그 비교比較에는 속정俗情의 때가 묻어서는 아니 된다. 그럼에도 정주程朱의 설說은 스스로를 높여 어리석은 문자文字를 생산한 바 없지 않은 것이다. 이를 흉내내어 집집마다 한마디씩 보태거나 개언改言하여 성리학자性理學者라 자처自處한다. 공자심학孔子心學이 밝게 전해지지 않은 근본사정根本事情이 사량분별思量分別과 덕혜술지德慧術智에 있는 것이다. 자암紫巖의 문도門徒 가운데서 벽설壁說의 자암문풍紫巖門風을 올곧게 이은 이가 있는지는 알 수 없다. 다만 뇌헌磊軒 정종호鄭宗鎬가 만년에 약간의 견처見處가 생生하였다는 말이 뇌헌집磊軒集에 보인다. 뇌헌문도磊軒門徒의 만사挽詞에 있는 말이다. 소눌小訥이 시절을 따라 많은 저술著述을 남겼지만 오직 벽설壁說만이 소눌의 진전眞詮이다. 벽설壁說이 소눌의 진전眞詮임은 알 수 있으나 그 깊이가 어떠한지는 가늠할 수 없다. 후생後生의 창견적해創見的解를 기다리며 혼돈말학混沌末學의 필筆을 거둔다.

단기檀紀 4356년, 서기西紀 2023년 만춘晩春에

三碧子 識

차례

박병련 | 자암문풍서紫巖文風 序 5
삼벽자 | 자암문풍차서紫巖門風次序 9

자암문풍紫巖門風의 적흔跡痕

1. 자암서당기문紫巖書堂記文 ········ 19

紫巖書堂記 21
자암서당 기문紫巖書堂 記文 23
張錫英 | 紫巖書堂記 29
장석영 | 자암서당기紫巖書堂記 31
李建昇 | 紫巖書堂記 34
이건승 | 자암서당기紫巖書堂記 36
孫彙秀 | 錦山書堂記 40
손휘수 | 금산서당기錦山書堂記 42

2. 자암서당상량문紫巖書堂上樑文 ········ 49

자암서당상량문紫巖書堂上樑文 51

3. 풍뢰정기風雷亭記 ········ 63

風雷亭記 65
풍뢰정기風雷亭記 66

4. 자암문인록紫巖門人錄 ········ 69

紫巖門人錄,『紫巖契帖』 71

5. 구사잠九思箴 109

구사잠九思箴 111
성재 허전性齋 許傳 121

6. 소눌연보小訥年譜 123

소눌연보小訥年譜 125

7. 소눌선생묘갈명小訥先生墓碣銘 179

소눌선생 광주노공光州盧公 휘상직諱相稷 묘갈명墓碣銘 181

8. 가세십천家世十遷 195

가세십천家世十遷 197

9. 자암서당십곡도병紫巖書堂十曲圖屛 207

자암서당십곡도병紫巖書堂十曲圖屛 209

12. 벽설壁說 221

벽설壁說 이십육제二十六題題 223

13. 자암문답칠제紫巖問答七題 233

자암문답칠제紫巖問答七題 235

14. 서구결사록西溝結社錄 239

西溝結社錄 241
서구결사록西溝結社錄 243

15. 소눌小訥과 석곡石谷 247

눌재訥齋(소눌小訥) 석곡石谷 화용구華用句 249

16. 고운집서孤雲集序 261

고운최선생문집서孤雲崔先生文集序 263

고운선생문집중간서孤雲先生文集重刊序 270

17. 통부록通訃綠 285

통부록通訃綠 287

18. 소눌선생양례파임록 295

소눌선생양례파임록小訥先生襄禮爬任錄 297

파임록爬任錄 298

19. 소눌의 칠순조고음七旬照顧吟 301

소눌의 칠순조고음七旬照顧吟 303

저작, 논문, 집해 305

논고論考 및 직해直解

1. 소눌의 주요저술고主要著述考 311

소눌의 주요저술고主要著述考 _소눌 노상직의 주요저술과 학행 313

2. 자암문도紫巖門徒의 독립운동 343

자암문도紫巖門徒의 독립운동 _소눌선생과 그 제자들 345

3. 벽설고壁說考 ······ 357

벽설고壁說考 359

4. 소눌의 학풍學風 ······ 391

소눌의 학풍學風 393

跋 403

후기 406

자암문풍紫巖門風의 적흔跡痕

1

자암서당기문紫巖書堂記文

紫巖書堂記 小訥 盧相稷 記
凝齋 盧在燦 譯

紫巖書堂記 晦堂 張錫英 記
凝齋 盧在燦 譯

紫巖書堂記 耕齋 李建昇 記
凝齋 盧在燦 譯

紫巖書堂記

紫巖書堂者, 蘆山隱者, 盧相稷之燕居也. 三十三年 丙申, 相稷始入蘆山, 惟有草廬數間. 見巖石色紫, 而扁之. 諸朋友至, 無所安其書簏, 乃別葺一小楝, 蒙齋是也. 又治一室, 細谷精舍, 是也. 又結假家三楝, 容衆所, 是也. 容衆者, 諸朋友之議定也. 未幾, 容衆所, 爲風雨所圮. 諸朋友, 擬欲重成之, 出貨以殖, 歷十有六年, 而今始成. 捨容衆之扁, 而曰紫巖者, 相稷不敢以容衆自居也. 堂六間, 室二. 一曰九思齋, 相稷居焉. 揭先師所賜九思箴, 而朝夕誦之, 便如先師在座也. 一曰古鏡重磨室, 室是朋友止宿之所, 故資爲常目也. 室之門, 曰博約, 亦所以勉同志也. 堂又二, 其一曰雲葉樓, 蘆距城市, 三十里, 取晦翁瑞巖詩中"隔斷紅塵三十里 白雲黃葉共悠悠"之意. 而曾名川橋, 曰斷塵. 塵旣斷, 則雲與葉, 將悠悠也. 中堂北壁, 則上爲架, 藏塾飮庭揖之具. 下又爲小堂, 架低不傴僂不能入, 故曰傴僂軒. 兩室諸壁, 皆爲架, 藏群書. 又就堂前, 結三間, 中爲門通出入. 左爲房, 處應門者, 右爲苗藿之所, 可以縶皎駒也. 其上俱爲樓, 藏室壁藏餘之帙. 又以鋟板千餘枚藏之, 合而扁之, 曰紫巖書堂. 堂之前, 築石爲二壇. 一曰瞻夏. 夏, 吾二庭考妣墳墓所在也. 一曰望遼. 遼, 吾本生兄所寓也. 自壇望之, 戌峰峨峨, 峯有二巖, 如兄弟列坐. 好事者, 擬余昆季, 作兄弟巖歌. 自我相離深, 有愧於玆巖也. 堂之後, 脩竹千挺，曰琅玕園．堂之左，銅山．山多巖，巖在柞林中．夏月，讀者，就清陰或忘返，故曰懶巖．又有巖陡爲層崖，足以坐五六人，俯挹川流．上有祭壇，彷彿乎沂雩，故曰風詠巖．山之右，種梧百本，而環之，曰梧園．其上有塢，梧月先照，曰霽月塢．塢之傍，柹陰頗廣，曰七絶亭．亭之下，石澗，每淸曉，笈徒出盥．雖累十人，頮濯不窘．有上盥巖，中盥巖，下盥巖之稱．其下，百餘武而澗流匯焉．淸澈見底，足以滌五內塵滓，故省齋鄭成老錫嘉曰洗心澗．澗上，楊柳成林，當于谷口，曰萬柳門．細谷之下，壑窈而水饒，足以濯髮，曰櫛縱岸．柳門之南，一弓之地，人所通涉處，卽所謂斷塵橋也．橋以外，非吾有也．惟赤壁一灘，距堂稍敻然，足以證堂之上下巖色俱紫，故人知爲斯堂之有也．堂之後，風雷亭也，又其後，蘆花亭也．橋曰利涉，潭曰天雲．巖則曰堅白，曰頑固，曰琢磨．壇曰無咎，園曰偕行，臺曰戀闕，皆亭之有，而家兄嘗命名而管之．今雖遠蹈，使邱壑失色然，吾見諸勝，而敬之如家兄，不敢幷列于吾堂之甎也．噫，朋友爲我而成斯堂，吾盍爲朋友而求所相資哉．乃以白鹿洞規藍田鄕約，鐫于壁，冀有以共與勉勵．然方身爲俘，徒跼天而蹐地，兄在殊土，雨飧而風宿，有不暇以起居之適於病軀．泉林之愜於幽，抱講討之得，有其所爲私分之幸，而惟巖石之不受磨泐而能守其紫者，良足以起余也．入此室者，苟指巖爲誓，與之，偕守其所守，則方能知相稷命名之微意云．

小訥 盧相稷

자암서당 기문紫巖書堂 記文

자암서당은 노산蘆山의 은자隱者, 노상직盧相稷이 연거燕居하는 곳이다. 성상[高宗] 33년建陽 元年 병신년(1896)에 상직이 처음 노산에 들어왔을 당시에, 이 서당은 몇 칸 안되는 초가草家에 지나지 않았다. 그때 나는 암석巖石의 색깔이 자주 빛인 것을 보고 서당의 이름을 자암紫巖이라 지어 편액을 걸었었다. 이윽고 여러 서생書生이 찾아들었는데, 그들의 책상자를 둘 자리가 마땅치 않으므로 따로 자그마한 건물을 지었으니, 이것이 몽재蒙齋이다. 그리고는 다시 여기에 방 한 칸을 마련했으니, 이것이 세곡정사細谷精舍이다. 잇달아 임시 건물을 세 채 엮었으니, 이는 용중소容衆所이다. 용중容衆이란 명칭은 여러 서생이 의논하여 결정한 것이다. 그러다가 얼마되지 않아 용중소가 모진 바람으로 말미암아 무너져버렸다. 이리하여 여러 서생이 이를 중수코자 하여 추렴하였고, 그것을 증식하여 십육 년이 지난 이제 비로소 건물이 완성된 것이다.

용중容衆이란 명칭을 버리고 자암紫巖이라 한 것은 상직相稷이 용중容衆이란 명칭으로는 만족할 수 없었기 때문이다. 서당書堂은 여섯 칸이요, 방은 둘이다. 그 하나는 구사재九思齋라 하고, 상직相稷이 여기에 거처한다. 선사先師: 許傳先生께서 주신

구사잠九思箴을 걸어 놓고는 조석朝夕으로 암송하니, 선사께서 자리에 계신 것 같다. 다른 하나는 고경중마실古鏡重磨室이라 했는데, 이 방은 서생들이 기거하는 곳이므로 언제나 그것을 눈여겨보도록 배려한 것이다. 방문은 박약博約이라 했으니, 동지들을 힘쓰게 하기 위함이다.

서당書堂의 이름은 또 둘이 있다. 그 하나는 운엽루雲葉樓라고 한다. 노산蘆山은 밀양읍에서 삼십 리의 거리다. 주자朱子: 晦翁의 서암시瑞巖詩 가운데,

> 홍진을 멀리하여 삼십 리요,
> 흰구름 누른 잎이 한가지로 유유함이로다
> 隔斷紅塵三十里 白雲黃葉共悠悠

의 뜻을 딴 것이다. 나는 일찍 이곳 시내다리를 이름하여 '단진斷塵'이라 하였다. 세상 티끌을 단절하였으니, 이미 이곳의 구름과 나뭇잎 등의 자연 경관은 유유悠悠한 것이기 때문이다. 서당 중간 북벽은 위가 시렁이다. 여기에는 서당의 음정읍飮庭揖: 향음주례를 익히는 것의 도구가 간직되어 있다. 이 아래는 작은 방이 있다. 시렁이 낮아서 구부리지 않고는 들어갈 수 없으므로 구루헌傴僂軒이라 했다. 양편 방마다 벽에는 시렁을 두었는데 책들을 간직한다.

또 서당 앞에는 세 칸짜리 건물이 있는데, 가운데는 대문이어서 출입에 사용된다. 왼편은 방이므로 문지기가 거처한다.

오른편은 묘곽지소苗藿之所이다. 흰 망아지를 매어 둔다. 이 건물의 상부는 온통 다락이다. 여기에는 서당書堂 실벽에 넣지 못한 나머지 책들이며, 책판 천여 장이 간직되어 있다. 이 모든 것을 합해서 '자암서당紫巖書堂'이란 편액扁額을 건 것이다.

서당書堂 앞에는 석단石壇 둘을 쌓았다. 하나는 첨하瞻夏라고 한다. 창녕은 나의 생양가生養家 어버이의 산소가 계시는 곳이다. 다른 하나는 망요望遼라고 한다. 요동遼東(백씨伯氏 대눌大訥의 망명지. 구체적으로 지금 중국 요동성 단동)에는 나의 생가生家 형님께서 우거寓居하고 계신다. 단壇에서 바라보면 술봉戌峰: 西北方 봉우리이 우뚝 솟아 있고, 그 봉우리엔 두 바위가 형제처럼 나란히 앉아있다. 호사자好事者가 이를 우리 형제에 비기어 형제암兄弟巖이란 노래를 지었다. 우리 형제가 서로 떨어져 있는 것을 생각하니, 이 바위에 대하여 자못 부끄럽기도 하다.

서당書堂 뒤에는 대나무 천 본이 뻗어 있어, 낭간원琅玕園이라 하였다. 서당 왼편은 동산銅山이다. 산에 바위가 많고, 바위는 떡갈나무 숲속에 있다. 여름이면 글 읽는 이들이 시원한 그늘을 찾아 이곳에서 돌아가기를 잊기도 하기에 나암懶巖(도학道學에 젖어 정좌靜坐을 즐겨하므로 도학인道學人 스스로를 게으른 바위에 비유)이라고 하였다.

또한 험한 바위가 층층의 낭떠러지를 이루고 있는데, 여기에는 대여섯이 앉기에 족하고 엎드려서는 시냇물을 뜰 수 있을 정도이다. 그 위에는 제단祭壇이 있어, 그것이 기우祈雩와

방불하므로 풍영암風詠巖이라 하였다. 동산의 오른편에는 오동나무 백본을 심어 둘러치고는 오원梧園이라 하였다. 그 위에는 둑이 있어 칠월陰曆의 달은 먼저 이곳을 비추므로 제월오霽月塢라고 하였다. 둑 옆에는 감나무에 가려져 있는 꽤 넓은 땅이 있다. 이곳을 칠절정七絶亭이라 하였다. 이 정자 아래는 석간石澗(바위에서 샘물이 솟는 곳)이다. 언제나 이른 새벽에 서생들이 책을 지고 세수하러 나온다. 이곳 바위는 수십 명이라도 세수하기에 궁색하지 않은 곳이다. 그래서 이 바위를 상중하로 나누어 상관암上盥巖, 중관암中盥巖, 하관암下盥巖이라 일컫기도 한다. 이 아래는 길이가 백여 보百餘(약 90미터)가 되는 시냇물이 감돈다. 맑고 투명하여 밑바닥이 보이므로, 오장육부의 찌꺼기를 말끔이 씻기에 족하므로 성재省齋 정성로鄭成老 석가錫嘉 공은 세심간洗心澗이라 하였다. 이 시내 위에는 수양버들이 숲을 이루어, 골짜기의 어귀가 돼 있기에 만류문萬柳門이라 하였다. 이 가느다란 골짜기 아래는 구렁이 깊숙하고 물이 풍족하여 머리를 감기에 족하므로 즐쇄안櫛縰岸이라 하였다.

만류문萬柳門의 남쪽 여섯 자 길이의 장소, 곧 사람이 건너다니는 곳은 소위 단진교斷塵橋이다. 다리 이외의 것은 나의 소유가 아니다. 생각건대, 적벽탄赤壁灘이 이 서당에서 조금 떨어져 있기는 하나, 그것이 서당書堂 상하上下의 암석巖石 색깔이 한가지로 자색紫色임을 증거하기에 족한 것이기에, 사람들은 이 서당書堂의 존재를 아는 것이다.

서당 뒤편은 풍뢰정風雷亭이며, 또 그 뒤는 노화정蘆花亭이다. 다리는 이섭利涉이요, 연못은 천운天雲이며, 암석巖石은 견백堅白 완고頑固 탁마琢磨 등으로 불린다. 단壇은 무구無咎요, 뜰은 해행偕行이며, 대臺는 연궐戀闕이라 한다. 이곳에는 모두 정자가 있으며, 가형家兄이 일찍 명명하고 관리하셨다.

형님은 지금 멀리 가 계셔, 이곳 언덕과 골짜기로 하여금 빛을 잃게 했으나, 나는 이 여러 승지勝地를 보고는 그것을 가형家兄처럼 공경하여, 감히 나의 서당 완물翫物은 여기에 병기하지 않는다.

아아! 서생書生들이 나를 위하여 이 서당書堂을 이룩하였으니, 내가 어찌 그들을 위하여 이바지할 바를 모색하지 않겠는가. 이에 백록동규白鹿洞規(주자서당의 규規)와 남전향약藍田鄕約을 벽에 새기어 더불어 힘쓰기를 기원하는 바이다. 그런데 방금 나라가 망하여 이 몸이 부로俘虜의 신세인지라, 머리가 하늘에 닿을까, 땅이 꺼지지나 않을까 하는 따위의 몸 둘 바를 모를 두려운 처지에 놓여 있다. 형님은 외국(만주 안동현)에 망명하여 풍찬노숙風餐露宿의 역경에 처해 계시는데, 내가 병든 몸이라고 해서 기거起居의 안이安易함을 구할 수는 없는 일이다. 다만 이곳 자연의 경관이 내 심중의 깊은 뜻에 맞음과 학문을 닦는다는 이득 등은 사사로운 다행이라 할 것이며, 오직 암석이 마멸되지 않고 능히 그 자색紫色을 지키는 기상은 나를 깨우쳐 주기에 족한 것이다. 이 서당書堂에 공부하러 오는 이가 진실로 암석巖石에 맹서하여 암석巖石과 같이 그 지킬 바를 지킨다면, 비로소 상직相稷이 자암紫巖이라 명명한 미의微意를 알 수 있을 것이라 하겠느니라.

小訥 盧相稷 記

凝齋 盧在燦 譯

紫巖書堂記

張錫英

凝州, 蘆山之陽, 有石皆赤. 此, 紫巖書堂之所以名也. 名其樓, 曰雲葉, 名其室, 曰古鏡重磨, 取紫陽詩語, 欲其自修於紅塵之外也. 堂室凡六架, 吾友小訥先生盧君致八所居也. 余少時, 與致八交, 其後見人家邱墓之文與夫樓臺序記之作, 多出其手, 而知人之以作者推. 又見後輩新進有從南方來者, 往往言從學於其門, 而容止有度不類恒狀, 又知其敎人有術也. 及余渡浿江, 北走吉林, 相見於遼薊之野, 登元寶山, 望故國山川, 共灑新亭之淚矣. 又歎其自靖有道矣. 後數年, 余聞其還自遼陽, 以解人之有疑. 其未宜還者, 曰今日域中君子小人, 皆化爲禽獸. 其可無先覺之人, 把住得一脈斯文, 以覺其願覺乎. 今引進後生坐鎭一方, 譬如建安之末, 天下震盪, 而區區巴蜀炎精尙存. 又與朱光鎖盡九野塞閉藐然, 陽德不絶於窮泉之下, 而尙可有昭回之日. 此, 其職分之所當爲也. 世之有爲吳市卒, 而長往者, 亦仁智之未必同也. 吾又聞其家居也, 命來學者曰 無食者, 食於我, 無衣者, 衣於我, 有來者無拒. 於是, 聞風而鼓篋者至, 其舍之不能容. 二三子, 相與謀建, 立此堂, 生師無寒暑之窘, 而遂可以飮射而絃誦矣. 倣朱夫子竹林故事, 告成而行禮, 峨冠大袖, 執經而蹌趨, 蓋亦衰世之盛事也. 雖然是則吾耳治也, 他日南游江海, 將見二三 子之奉承師訓, 而磨鏡於此堂, 垢盡明見, 不背於名室之義, 則是堂者, 豈止幸於凝之人哉. 一堂而可廣於天下, 吾將以此而卜斯文之興替也.

乙卯 中秋 仁州 張錫英 記

자암서당기紫巖書堂記

장석영

밀양 노산蘆山의 남쪽에 있는 돌은 모두가 붉다. 이것이 자암서당紫巖書堂이라고 명명한 까닭이다. 그 누樓를 운엽雲葉이라 이름 짓고, 그 실室은 고경중마古鏡重磨라고 이름 지으니, 주자朱子의 시귀詩句에서 취하여 홍진紅塵 밖에서 스스로 수양하려는 뜻이다. 집은 6칸인데, 나의 친구인 소눌선생小訥先生 노군盧君 치팔致八이 거처하는 곳이다.

내가 젊었을 때 치팔致八과 사귀었는데, 그 후 남의 집 묘문墓文과 누대樓臺 기서記序의 저작著作이 그의 손에서 많이 나온 것을 보고, 사람들이 그를 작자作者로 받드는 것을 알았다. 또 후배 신진新進들이 남쪽에서 오는 이가 왕왕 그의 문하에서 학문을 배웠다고 하는데, 기거동작起居動作이 법도가 있어 보통 사람과 같지 않은 것을 보고 또 사람을 가르침에 방술方術이 있는 것을 알았다.

내가 패강浿江을 건너 북쪽으로 길림성吉林省으로 가서, 요계遼薊의 들에서 서로 만나, 원보산에 올라 고국산천故國山川을 바라보며 함께 망국亡國의 눈물을 흘리고는 또 다시 그의 스스로 안정安靖함이 있어, 도道가 있는 것을 감탄했다. 수년 후에 나는 그가 요양遼陽으로부터 돌아갔다는 말을 듣고, 사람들이 그가 돌아감이 마땅하지 않다는 의문을 가진데 대해 해명하기를, 오늘날 나라 안에 군자君子 소인小人이 모두 금수禽獸로 되었는데 어찌 선각자先覺者가 일맥 사문斯文을 간직하여, 깨닫기를 원하는 자를 깨우침이 없어서 되겠는가.

지금 후생後生을 이끌어 일방一方에 진좌鎭坐하여 있음이, 비유컨대 한漢 헌제獻帝의 건안建安 말년에 온 천하가 흔들려 움직였으나 작은 파촉巴蜀에 한의 햇빛이 그래도 남아 있는 것과 같다. 또 붉은 빛이 다 사라지고 온 세상이 폐색閉塞했는데, 아득한 양덕陽德이 궁천窮泉에서 끊어지지 않고 있다가 그래도 빛이 돌아올 날이 있는 것과 같으니, 그가 돌아가서 후생後生을 이끄는 것은 그가 마땅히 해야 할 직분이다.

세상에는 오시吳市의 졸卒이 되어 길이 세상을 피해 간 사람도 있으나, 역시 인지仁智가 반드시 같은 것은 아니다. 또 그가 가정에 있을 때 공부하러 오는 자들에게 먹을 것이 없으면 내 집에서 먹고, 입을 것이 없으면 내집 것을 입어라고 하면서 오는 자를 막지 않으니, 이에 소문을 듣고 취학하러 오는 자가 많아 그 집으로써는 다 받아들일 수가 없었다. 이에 두세 명이 서로 모의하여 이 당堂을 지으니, 스승이나 제자가 추위와 더위에도 군색함이 없어, 향음鄕飮 향사鄕射를 할 수 있고 학문에도 힘쓸 수 있었다.

주자朱子의 죽림정사竹林精舍의 고사를 모방하여 낙성을 하고 예禮를 행하니, 높은 관과 너른 소매의 옷을 입은 이가 경서經書를 가지고 법도法度에 맞추어 걸으니 쇠세衰世의 성사였다. 바로 그러하나 이것은 내 귀로 들은 것이다.

후일 남쪽으로 강해江海에 놀러가게 되면, 두세 제자가 스승의 가르침을 받들어 이 당堂에서 거울을 닦아 먼지가 없어지고 밝은 빛을 보이듯 공부工夫를 하여 실室에 이름이 어긋남이 없는 것을 보게 되면, 이 당堂이 어찌 다만 밀양 사람들에게만 다행이겠는가. 한 당堂으로써 온 천하天下에 넓혀갈 것이니 내가 이것으로써 사문斯文의 성쇄를 점칠 것이니라.

을묘(1915년) 중추(8월)

仁州 張錫英 記

凝齋 盧在燦 譯

紫巖書堂記

李建昇

余寓中國安東縣梨樹村, 與之居者, 多嶺南人. 其人往往說曰, 盧致八先生者, 隱居修學於嶺之蘆山下, 今之孫明復. 余心慕之, 旣而獲交於盧大訥侍講, 侍講亦嶺人, 避地來靖于玆. 余以致八問曰 是, 吾弟也. 其人且至, 可相見也. 未幾, 致八果省兄來, 與余定交, 甚懽其淸標古貌, 翛然如癯鶴. 望之, 知其爲有道者, 顧多病口, 不絶呻吟聲, 然見好書, 輒蹶起, 疾書. 年今六十二, 事侍講, 執役服勤如童子. 時余爲之, 感歎不已. 致八將歸, 示其所作紫巖書堂記, 曰 此, 吾與同志友講習之堂, 吾友張舜華亦記之, 請益以子之文. 舜華之記 曰致八喜引進後學, 來四方之學者曰, 無食者, 食於吾, 無家者, 館於吾, 聞風鼓篋而至者, 踵相接, 峨冠大袖, 相與趨蹌, 飮射之列. 余於舜華之記, 益信. 曩所謂孫明復者, 非余誣也. 嗚呼, 若孫明復者, 値宋盛時, 朝野皆推泰山先生, 今致八槁枯終老於蘆山之下, 於致八無損生之不辰, 重爲賢者悲之. 然於其不辰, 方見爲學之善. 夫隨時而俯仰, 非善學者也. 鄕黨稱其賢宰, 相薦其名, 蒲其輪而玄其纁, 加之於百僚之上而師尊之, 其沒也, 俎豆於鄕, 配食於孔子之廟, 福澤及於子孫, 此布衣之至榮, 人孰不欲爲此哉. 及余幼少, 自命爲學者, 尙林立也. 今則反是, 昔之師尊者, 目之, 爲迂怪而擯斥之, 人孰爲此哉. 故絶無而僅有也. 其僅有者, 獨何苦爲此人所擯斥也. 期必有奮發於心而不以自外至者爲欣戚, 若是者, 豈非所謂爲己者耶. 傳曰 擧世混濁, 淸士乃見, 余獨以爲眞學問庶出乎今之世. 或曰 人方擯斥, 將焉用其所學也. 余曰 修身也, 齊吾家也. 父詔其子, 兄勗其弟, 禮樂之物, 自足乎其環堵之內, 此, 不遇者之用. 孔子曰 是亦爲政, 奚其爲爲政. 用於身, 用於家, 用於天下國家, 其用一也. 坐是堂而敎人者, 用及乎人者也. 升是堂而求學者, 將以用乎己者, 其視貪榮利而爲者, 何如哉. 於是乎, 堂之用亦大矣. 致八作堂之意, 不在斯歟, 不在斯歟. 遂次其說, 以爲記.

丙辰 孟秋 完山 李建昇 書于遼東羈羇舍

자암서당기紫巖書堂記

이건승

내가 중국 안동현安東縣 이수촌梨樹村에 우거寓居할 때, 함께 사는 이에 영남사람이 많았다. 그 사람들이 왕왕 말하기를 "노치팔致八, 字 선생은 영남 노산蘆山 아래에 은거隱居하여 학문學文을 닦으니, 지금 세상의 손명복孫明復이다"라고 했다. 내가 이 말을 듣고 마음속으로 흠모欽慕했었다. 얼마 후 시강侍講인 노대눌大訥과 사귈 수 있었는데, 시강侍講 역시 영남 사람으로서 어지러운 세상을 피해 이곳에 와서 안정安靖했다. 내가 치팔致八에 대해 물으니, 바로 자기 아우인데 곧 이곳으로 올 것이니 서로 만날 수 있을 것이라고 했다.

얼마 후 치팔致八이 과연 형을 뵈오러 와서 나와 교분을 맺고 매우 기뻐했었다. 그 청초淸楚하고 고상高尙한 풍채風采와 예스러운 모습은 곧 여윈 학鶴과 같아서 바라보니 도학道學을 닦은 이라는 것을 알 수 있었다. 그런데 늘 병病이 많아 입에는 신음소리를 그치지 않았으나, 좋은 책을 보면 곧 벌떡 일어나 빨리 기록하곤 하였다. 올해 62세인데, 시강侍講을 섬기면서 일을 맡아 힘써 부지런히 하기를 동자童子 때와 같이 하는 것을 보고 내가 감탄해 마지않았다. 치팔致八이 고향으로 돌아가려 하면서 자기가 지은, 자암서당紫巖書堂 기문을 보이며 말하기를, "이 당堂은 나의 동지同志들과 학문學文을 강론講論하는 집인데, 나의 친구 장순화舜華(錫英의 字)가 역시 기문記文을 지었다. 자네도 글을 하나 지어 주기를 청한다"고 했다.

순화舜華의 기문을 보니 "치팔致八이 후학後學을 이끌어 주길 좋아하여 사방의 공부하는 이를 오게 하면서, 먹을 것이 없으면 내 집에서 먹고, 잠잘 곳이 없으면 내 집에서 자라고 하니, 소문을 듣고 취학하러 오는 이가 줄을 이었고, 높은 관과 너른 소매의 옷을 입은 이가 향음鄕飮 향사鄕祠의 열에 서서 서로 예도禮度에 맞추어 걸었다"라고 했다. 내가 이 순화舜華의 기문記文을 보고 전에 치팔致八을 이 세상의 손명복孫明復이라 하는 것이 나를 속임이 아니라는 것을 더욱 믿었다.

아! 손명복孫明復과 같은 이는 송宋의 성대를 만나 조야朝野가 모두 그를 태산선생泰山先生이라고 추대했지만은 지금 치팔致八은 노산蘆山 아래에서 고고히 늙어가니, 치팔致八 자신에게 있어서는 좋지 못한 때에 태어난 것이 굳이 해될 것이 없지만은, 나는 치팔致八을 위해서 슬퍼한다.

그러나 좋지 못한 때를 당해야 비로소 학문을 잘한 것을 알 수 있다. 대개 시대에 따라 남들이 하는대로 따라 하는 것은 학문을 잘한 것이 아니다. 고을에서 그 어질음을 일컫고, 재상이 그 이름을 천거하여 포륜蒲輪(덜거덕거리지 않게 하기 위하여 부들잎으로 바퀴를 싼 수레)과 현훈玄纁(검붉은 색, 또는 그 빛깔의 포목, 폐백의 뜻으로 쓰인다)의 예물로써 맞이하여 백료百僚의 위에 모셔두고 스승으로 존경하며, 별세한 후에는 조두俎豆로 제사 드리고 공자사당孔子祠堂에서 배향하여 복록과 은택이 자손들에게까지 미쳐 가는 것은, 보통 사람으로서는 지극한 광영인데, 누가 이것을 원치 않겠는가.

내가 어릴 때 학문學文을 한다고 자부하는 이가 숲의 나무처럼 많았다. 지금은 이와 반대로 옛날에 스승으로 존경하던 이를 지목하여 우원하고 괴이怪異하다고 여겨 물리쳐 버리니 누가 학문學文을 하겠는가. 그러므로 학문學文을 하는 이가 없고, 겨우 남아 있다. 겨우 남아 있는 사람인들 무엇 때문에 남들이 물리쳐 버리는 것을 고생스럽게 하겠는가. 반드시 마음속에 분발奮發하여 밖의 일에 기뻐하고 슬퍼하지 않아야 할 것이니, 이와 같이 하는 것이 위기爲己의 학문學文이 아니겠는가. 옛글에 온 세상이 혼탁混濁한 후에야 깨끗한 선비를 알 수 있다고 했으니, 나는 참된 학문學文은 아마 지금 세상에 나올 것이라고 생각한다. 어떤 이는 말하기를, "남들이 모두 물리쳐 버리는데 그 닦은 학문學文은 어디에 쓰겠는가"라고 한다. 내가 답하기를, "몸을 닦는 것은 내 가정家庭을 다스리는 것이다. 아버지가 자식을 가르치고 형이 아우를 권장하며 예악문물禮樂文物이 가정에서 자족한 것은 불우한 이의 학문學文의 효용效用이다"라 했다. 공자가 말하기를, "이것 역시 정사政事이니, 어찌 꼭 정치政治를 할 것인가"라고 했다. 학문學文을 자신에 사용하고 가정에 사용하며 천하天下와 국가國家에 사용함이 그 효용

效用은 한 가지이다. 이 당堂에 앉아서 학문學文을 남에게 가르치는 것은 그 사용이 남에게 미치는 것이요, 이 당堂에 올라 학문學文을 닦는 자는 장차 자신에 사용하려 함이니, 그 영리를 탐내어서 행동하는 자와 견주어 볼 때 어떠하겠는가. 아, 당堂의 효용은 한없이 크구나. 치팔致八이 당堂을 지은 뜻이 역시 여기에 있지 않겠는가! 역시 여기에 있지 않겠는가! 위에서 한 말을 차례대로 써서 기문으로 한다.

병진丙辰(1916년) 7월

完山 李建昇이 요동 기사에서 쓰다

凝齋 盧在燦 譯

錦山書堂記

古琴 孫彙秀(1827~1896),

錦山書堂記, 菊山訥人俚語 錦山錄, 1895年(高宗32) 4月

余晩有忘年友一焉 盧君致八其人也 其初過於余 其敏而好學實可畏 其和外而剛中 守之以謙抱 無一不勝己 是所謂非泰之友也 猶且冀其友我者 特有齒之一而已 托以臭味聲氣者將七八年 惟意其日進其德 而猶未知所進之在甚麼境界也 乙未仲春 致八自夏之菊洞 搬寓于密之金谷坊 坊之人聞來而已耳聳焉 旣來而咸心悅焉 有若親戚之析而復合然者 里中童孺則雀躍相語曰 吾隣先生來矣 以致八之訥而謙之德 居常以內而不出爲事 而使百里外素不相習之人親之 如是以至童孺而亦如是者 夫所謂不可揜者是耶 抑有不言而飮人以醇者耶 新寓隘陋艱容膝 尤以賢児上舍無誦讀之所 擬僦一蔀茅 居人相議曰 是吾事也 因齊心協謀 侑基於燈夕前二日 告訖於是月未晦之前 以小端陽而落之 謂之不日成可也 是固非威勢所能致 亦非誘慕所能得 誠之感人 捷於影響 抱鼓者不誣也 四十年劬書日進之力 庶其少見於今日也歟 斯世何世 荐以罕古之荒 重以無前之騷菜色溢目荷擔在朝夕在 在書塾學徒之勤者懈聚者散 視詩書爲芻狗 指縫掖爲薦履 惟此一坊 獨創所無之茅棟 招聚已散之冠童 洋洋歌誦 保得昇平舊像 眞可謂好賢如緇衣 嗜學如膏粱也 其爲制僅三間而室其二以便長少 堂其一 以資納凉 顔之曰錦山書堂 蓋因錦溪錦水之舊 而惟山潤色而文之也 題其顔者 上舍安君樂元也 又契成十八員 而量

力以差贍學之方 其立規亦公而有序矣 致八要余一言 屢提而不知止 顧此耄陋之不足重輕於此事 致八固知之 而猶如是以强者 惟見其心 喜之若己有也 喜之旣若己 則不能無相賀 旣賀矣 則不能無相勉之 勉之如何 其感人之誠好懿之篤 已自超乎衆而出乎俗矣 不待人加勉 所加勉者 克其終而已 嗚呼 斯世何世 天壤倒置 冠裳毁裂 吾亦不自知終爲吾也 則何暇勉人爲也 雖然仲尼我師也 嘗以言忠信行篤敬六字明行矣 行乎哉之辨 又嘗以居處恭執事敬與人忠九字垂 雖之不可棄之戎 吾人之所以爲吾人 亶在此數句上 而吾人所當着脊服膺者 在文明宴安之日 猶宜之不可難 況今日乎 今讀書於斯堂者 其必惟致八言是聽 致八志是志矣 且將有覺吾人之爲吾人 而知今日之爲今日者矣 余又忘吾年以從

古琴 孫彙秀 記

금산서당기錦山書堂記

고금 손휘수(1827~1896),

금산서당기, 국산눌인리어 금산록, 1895년(고종32) 4월

余晚有忘年友一焉 盧君致八其人也 其初過於余 其敏而好學實可畏 其和外而剛中 守之以謙挹 無一不勝己 是所謂非泰之友也 猶且冀其友我者 特有齒之一而已 托以臭味聲氣者 將七八年 惟意其日進其德 而猶未知所進之在甚麽境界也

내가 만년에 나이를 잊은 벗[忘年友] 한 분을 두었는데, 노치팔盧致八 군君이 그 사람이다. 그가 처음 나를 방문하였을 적에 그는 명민하고 학문을 좋아하여 실로 경외 할 만하였고, 그는 밖으로는 온화하지만 안으로는 강직하여 겸손함으로 지켜서 한결같이 나보다 낫지 않은 것이 없었으니, 이는 이른바 '나郭泰의 벗이 아니다[非泰之友]'[1]라는 것인데, 오히려 그가 나와 벗하기를 바란 것은 다만 나열한 것 중의 한 가지[有齒之一]만 있을

1 곽태의 친구가 아니다[非泰之友] : '태'는 후한(後漢) 때의 고사(高士)인 곽태(郭泰)를 가리킨다. 당시 포(蒲)의 정장(亭長)이 되어 덕(德)으로써 사람을 교화시켜 명성이 자자했던 구람(仇覽)이, 태학(太學)에 들어가 수학하게 되었는데, 곽태가 부융(符融)과 함께 구람을 찾아가 만나 보고는 그의 인덕과 학문에 감복하여 "그대는 나의 스승이지 나의 벗이 아닙니다[君, 泰之師, 非泰之友也]"라고 찬탄한 고사에서 온 말이다. 《資治通鑑 卷55 漢紀47 孝桓皇帝中》

뿐이다. 취미臭味와 성기聲氣에 의탁한 것이 장차 7, 8년인데, 그가 날마다 그 덕에 나아갔던 것을 생각해보건대 여전히 〈그의〉 나아간 바가 어느 경계에 있는 지를 아직도 알지 못하겠다.

乙未仲春 致八自夏之菊洞 搬寓于密之金谷坊 坊之人聞來而已耳聳焉 旣來而咸心悅焉 有若親戚之析而復合然者 里中童孺則雀躍相語曰 吾隣先生來矣 以致八之訥而謙之德 居常以內而不出爲事 而使百里外素不相習之人親之如是 以至童孺而亦如是者 夫所謂不可揜者是耶 抑有不言而飮人以醇者耶

을미乙未(1895)년 중춘仲春에 치팔致八이 창하昌夏의 국동菊洞으로부터 집을 밀양密陽의 금곡金谷에 옮겼는데, 마을 사람들이 〈치팔이 이사〉 오는 것을 듣고서는 이미 귀가 솟았고, 〈치팔이 이사를〉 이미 와서는 〈마을 사람들이〉 모두 충심衷心으로 기뻐하여 친척이 갈라졌다가 다시 합한 듯한 바가 있어 마을 중의 아이들은 참새가 폴짝거리듯이 설치며[雀躍] 서로 말하기를 '우리 이웃에 선생께서 오셨다'라고 하였다. 치팔의 어눌하면서 겸손한 덕을 가지고 거처할 적에 항상 내면으로 하여 〈밖으로〉 내어서 일삼지 않아서 백 리 밖의 평소 서로 친하지 않은 사람들로 하여금 친하게 함이 이와 같았고, 아이들에게 이르러서도 또한 이와 같은 것은 이른바 '가릴 수 없다'는 것이 이것인가? 아니면 '말하지 않아도 사람들에게 전국술醇

을 마시게 한다[不言而飮人以醇]'는 것이 있는 것인가?

新寓隘陋艱容膝 尤以賢兒上舍無誦讀之所 擬僦一蔀茅 居人相議曰 是吾事也 因齊心協謀 侑基於燈夕前二日 告訖於是月未晦之前 以小端陽而落之 謂之不日成可也 是固非威勢所能致 亦非誘慕所能得 誠之感人 捷於影響 抱鼓者不誣也 四十年劬書日進之力 庶其少見於今日也歟

새 집은 좁고 누추하여 무릎을 용납하기가 어려워 더욱 어진 아이들이 상사上舍에 송독誦讀할 곳이 없었기 때문에 부모蔀茅 하나를 세낼 것을 헤아려 거처하는 사람들이 서로 의논하기를 '이는 우리의 일이다'라고 하였다. 이로 인하여 마음을 가지런히 하여 도모를 함께 하여 관등절觀燈節 저녁[燈夕] 이전 2일에 터를 권하고 이 달의 그믐 이전에 이를 것을 고하여 소단양小端陽에 낙성落成하였으니, 이를 일러 '하루도 못 되어 완성하였다' 함이 가可하다. 이는 진실로 위세威勢가 능히 이르는 바가 아니고, 또한 유모誘慕가 능히 얻는 바가 아니니, 성誠이 사람을 감응함은 그림자와 메아리보다 빨라서 북을 울리는 자가 속이지 못한다. 40년 동안 독서를 부지런히 하여 날마다 나아간 힘을 거의 오늘날에 조금 보았을 것이다.

斯世何世 荐以罕古之荒 重以無前之騷 菜色溢目 荷擔在朝夕在 在書塾學徒之勤者懈聚者散 視詩書爲芻狗 指縫掖爲蔫履 惟此一坊 獨創所無之茅棟 招聚已散之冠童 洋洋歌誦 保得昇平舊像 眞可謂好賢如緇衣 嗜學如膏粱也

이 세상은 어떤 세상인가? 옛날에 드물었던 황정荒政을 올리고 이전에 없었던 소요騷擾를 중요하게 여겨서 채색菜色이 눈에서 넘쳐나 짐을 진 것은 아침 저녁으로 있고, 서숙書塾에 있는 학도學徒들 중에서 부지런한 자는 게을러지고 모였던 자는 흩어져 시서詩書를 보기를 추구芻狗로 여기고 봉액縫掖을 가리키기를 천리蔫履로 여기는데, 오직 이 한 마을만은 유독 없었던 초막을 처음 만들어서 이미 흩어졌던 관동冠童들을 불러 모아 양양洋洋하게 노래하여 태평太平했던[昇平] 옛 형상을 지켰으니, 진실로 '현인賢人을 좋아하기를 치의緇衣처럼 하고[2] 학문學問을 즐기기를 고량膏粱처럼 한다'고 이를 만하다.

---

2 현인(賢人)을……하고 : 《예기》 〈치의(緇衣)〉에 "현인을 좋아하기를 치의처럼 하고, 악인을 미워하기를 항백처럼 하면, 벼슬을 번거롭게 하지 않고도 백성들이 조심할 줄 알게 될 것이며, 형벌을 시험하지 않고도 백성들이 모두 복종할 것이다[好賢如緇衣, 惡惡如巷伯, 則爵不瀆而民作愿, 刑不試而民咸服]"라고 하였다.

其爲制僅三間而室其二 以便長少 堂其一 以資納凉 顔之曰錦山書堂 蓋因錦溪錦水之舊 而惟山潤色而文之也 題其顔者 上舍安君樂元也 又契成十八員 而量力以差贍學之方 其立規亦公而有序矣

초막을 만든 것은 겨우 3칸인데 그 두 칸을 방[室]으로 사용하여서 장소長少를 적합適合[便]하게 하였고, 그 한 칸을 당堂으로 사용하여서 납량納凉을 자뢰資賴하여 편액扁額하기를 '금산서당錦山書堂'이라고 하였으니, 이는 금계錦溪·금수錦水의 오래됨과 산을 윤색潤色함으로 인하여 글로 지었고, 그 편액을 적은 자는 상사上舍의 안낙원安樂元 군이었다. 또 계契는 18인을 이루었는데 힘을 헤아려서 섬학贍學의 방법을 달리하였고, 그 법을 세운 것도 또한 공이었는데, 차례를 두었다.

致八要余一言 屢提而不知止 顧此耄陋之不足重輕於此事 致八固知之 而猶如是以强者 惟見其心喜之若己有也 喜之旣若己 則不能無相賀 旣賀矣 則不能無相勉之 勉之如何 其感人之誠好懿之篤 已自超乎衆而出乎俗矣 不待人加勉 所加勉者 克其終而已

치팔이 나에게 말 한마디를 요구하여 여러 번 제기提起하여 그칠 줄을 알지 못하였다. 이를 돌아보건대 모루耄陋가 이 일에 대하여 중경重輕이 부족하였는데, 치팔이 진실로 이를 알았으나, 오히려 이와 같이 억지로 한 것은 그가 마음으로 기뻐함이 자신이 소유한 것처럼 여긴 것을 보았을 뿐이다. 기뻐함이 이미 자신과 같다면 서로 하례賀禮함이 없을 수 없고 이미 하례하였다면 서로 권면함이 없을 수 없으니, 권면함이 무엇인가? 사람을 감동시키는 정성과 아름다움을 좋아하는 독실함은 이미 저절로 무리에서 뛰어나고 풍속에서 뛰어난 것이다. 이는 사람들이 면려勉勵하기를 기다리지 않으니, 면려하는 것은 그 끝을 잘 마치는 것일뿐이다.

嗚呼 斯世何世 天壤倒置 冠裳毁裂 吾亦不自知終爲吾也 則何暇勉人爲也 雖然仲尼我師也 嘗以言忠信行篤敬六字明行矣 行乎哉之辨 又嘗以居處恭執事敬與人忠九字 垂雖之不可棄之戎 吾人之所以爲吾人 亶在此數句上 而吾人所當着脊服膺者 在文明宴安之日 猶宜之不可難 況今日乎 今讀書於斯堂者 其必惟致八言是聽 致八志是志矣 且將有覺吾人之爲吾人 而知今日之爲今日者矣 余又忘吾年以從

아! 이 세상은 어떤 세상인가? 하늘과 땅이 도치倒置되고 관상冠裳이 훼열毁裂되어 나도 또한 자신이 끝내 나임을 알지 못하겠으니, 어느 겨를에 인위人爲를 면려하겠는가? 비록 그러하나 중니仲尼께서는 나의 스승인지라, 일찍이 '언어言語가 충신忠信

하고 행실이 독경篤敬하다[言忠信, 行篤敬]'[3] 여섯 자를 가지고 밝게 행하셨고, '행해질 수 있겠는가[行乎哉]'라는 변辨은 또 일찍이 "거처할 적에 공손하며, 일을 집행할 적에 공경하며, 사람을 대함이 충성스럽다[居處恭, 執事敬, 與人忠]" 아홉 자를 가지고 "비록 〈이적夷狄의 나라에〉 가더라도 버려서는 안된다"는 것을 드리웠으니, 우리가 우리가 되는 까닭은 진실로 이 몇 구句상에 있고, 우리가 마땅히 등마루를 붙여서 가슴에 새기는 바가 문명文明의 안락한 날이 있어서 오히려 마땅히 어려울 수가 없는데, 오히려 오늘날에 있어서랴! 지금 이 당堂에서 독서하는 것은 반드시 오직 치팔만이 이 덕을 말하였고 만이 이 뜻에 뜻을 두었으니, 장차 우리가 우리임을 깨닫고 오늘날이 오늘날임을 아는 것이 있으니, 나는 또 나의 나이를 잊고서 따른다.

古琴 孫彙秀가 쓰다

---

3 말이……독경(篤敬)하다.[言忠信行篤敬] : 《논어》〈위령공(衛靈公)〉 5에 "말이 충신하고 행실이 독경하면 오랑캐 나라에서도 행세한다[言忠信行篤敬雖蠻貊之邦行焉]"라고 하였다.

2

자암서당상량문紫巖書堂上樑文

자암서당상량문紫巖書堂上樑文

夫山仁者樂焉	부산인자낙언
所貴考槃而求志	소귀고반이구지
惟書義之府也	유서의지부야
必須盍簪而磨光	필수합잠이마광

무릇 산山은 어진 이가 즐기는 것이로되,
소중한 바는 은거隱居하면서 뜻을 구함이요,
서책은 의리의 곳집이로되,
반드시 벗과 함께 모여 갈고 닦아 빛을 냄이니,

居之有方	거지유방
學以謀道	학이모도

거처함에 법도가 있고
배워서 도리를 꾀한다.

恭惟我小訥先生	공유아소눌선생

삼가 생각건대 우리 소눌小訥선생께서는

傳家有素	전가유소
絶類才華	절류재화

집안에 전해온 바탕이 있고
무리에서 뛰어난 재능이 있었도다.

硏精朴通	연정박통
本之以詩書 參之以騷史	본지이시서 참지이소사
發憤强勉	발분강면
蘊之爲德行 著之爲文章	온지위덕행 저지위문장

정밀하게 연구하고 박식하게 통달하되
시서詩書를 근본으로 하되 소사騷史를 참작하였고,
분발하여 힘써 노력하시어
덕행德行으로 쌓으시고 문장文章으로 나타내셨다.

聞性理於師門	문성리어사문
斯取魯邦君子	사취노방군자
戒邁征於夙夜	계매정어숙야
難爲陳家弟兄	난위진가제형

스승의 문하門下에서 생명性命과 이기理氣의 이치를 들었으니,

이는 노魯나라 군자에게서 취함이요,
이른 아침 깊은 밤까지 매진하기를 경계하였으니
진陳씨 집안 형제[1]처럼 난형난제難兄難弟였다.

自任斯文於脊梁　　자임사문어척량
遂爲吾黨之拇擘　　수위오당지무벽

스스로 사문斯文의 등성마루로 자임하였고
드디어 우리 당堂의 거벽巨擘이 되었도다.

沈浸醲郁　　침침농욱
漸見昭曠之原　　점견소광지원
動作威儀　　동작위의
不失規矩之則　　부실규구지칙

흠뻑 침잠하여 무르녹게 익어서
점차 밝고 시원한 경지境地를 보였고
동작動作과 위의威儀는 법도法度와
잣대의 법칙에서 어긋나지 않았느니.

---

1 후한 때 영천 사람 진식(陳寔)의 아들 진기(陳紀)의 자가 원방이고, 그 아우 심(諶)의 자가 계방(季方)인데 모두 명성이 높아 난형난제(難兄難弟)의 고사가 비롯하였다.

雖衣錦尙褧	수의금상경
不自表見其能	불자표견기능
而美玉精金	이미옥정금
固宜願觀者衆	고의원관자중

비록 비단옷을 입고도 겉옷을 걸치어
스스로 그 재능을 나타내지 않았지만
그러나 옥玉과 금金처럼 아름답고
정하여 보고자 하는 자가 많음이 당연하였다.

屬左海之波起	속좌해지파기
就東峽而巖居	취동협이암거

우리나라가 파란波瀾이 일어남에
동쪽 골짝에 들어가 바위 아래 살면서

問舍求田	문사구전
非獨爲三百指之養	비독위삼백지지양
杜門樂泌	두문낙필
要以護九千卷之藏	요이호구천권지장

집을 구하고 전답田畓을 마련함은
비단 많은 식구들을 봉양하기 위하기만이 아니었고
문을 닫고 산수山水를 즐김은

요컨대 구천 권의 서적書籍을 간수하고자 함이었네.

窈而深 廓其容	요이심 확기용
盤中之丈夫不遇	반중지장부불우
始而驚 終以定	시이경 종이정
昌黎之師道自爲	창려지사도자위

그윽하면서 깊고 널찍하여 용납할 만한 곳이
반곡盤谷의 대장부[2]를 만나지 못했더니,
처음엔 놀라다가 끝내는 따르며 인정함은[3]
한유韓愈가 사도師道를 스스로 행함과 같았다.

顧世變	고세변
飜手而成雲	번수이성운
致賢者	치현자
踏足於厚地	척족어후지

돌아보면 세상의 변고가
손을 뒤집어 구름을 이루듯 하기에
현자賢者로 하여금
두터운 땅도 조심스레 디디게 하였네.

---

2 한유(韓愈)의 송리원귀반곡서(送李愿歸盤谷序)의 한 구절이다.
3 이한(李漢)의 창려문집서(昌黎文集序)의 한 구절이다.

遵九軌於上國　준구궤어상국
杞宋不足徵焉　기송부족징언
開三逕於故園　개삼경어고원
紀唐奚啻絶矣　기당해시절의

중국으로 아홉 수레의 자취를 좇았으나,
기송杞宋의 문헌文獻은 징험徵驗하기에 모자랐고
고향 동산에서 세 오솔길을 열었으니,
기당紀唐의 무리와[4] 어찌 절교하였을 뿐이겠는가?

念群居講學之所　염군거강학지소
尙苦難容　상고난용
肆徒侶合契之資　사도려합결지자
亦旣就緖　역기취서

무리가 모여 강학講學하는 장소가
아직도 사람을 수용하기 어려움을 염려함에
문도門徒들이 계契를 모은 자본으로
또한 이미 일에 착수하였네.

用制寬狹於町疃　용제관협어정탄

4　전한(前漢) 말엽의 인사로서 王莽의 정권에 협력하여 높은 벼슬을 지냈던 기준(紀逡), 당림(唐林), 당존(唐尊) 등의 무리를 가리킨다.

乃景陰陽於土圭　　　내경음양어토규

빈터에다 넓이를 맞추고는
이에 토규土圭로 음양陰陽을 살펴보았네.

某所石 某所材　　　모소석 모소재
役夫幾日　　　역부기일
彼執鋸 彼執斧　　　피집거 피집부
衆匠成風　　　중장성풍

아무 데 돌과 아무 데 재목과
일꾼들이 며칠 동안
저는 톱 저는 도끼
뭇 장인이 바람같이 솜씨를 부려

山增高而水增淸　　　산증고이수증청
若造物之有相　　　약조물지유상
跂斯翼而矢斯棘　　　기사익이시사극
信君子之攸躋　　　신군자지유제

산은 더 높고 물은 더 맑아
마치 조물자의 도움이 있은 듯
걸터앉으면 날아갈 듯 살처럼 반듯하여
참으로 군자君子가 오를 곳이로다.

臺吾臨以風咏之詩　대오림이풍영지시
門吾揭以博約之號　문오게이박약지호

대臺에는 우리가 나가 바람 쐬고 시詩 읊조리며
문門에는 우리가 박약博約이란 이름을 걸었다.

崇四術而立教　숭사술이립교
皆所以明倫敬身　개소이명륜경신
耦三揖而習儀　우삼읍이습의
大勝於彈絲吹竹　대승어탄사취죽

시서예악試書藝樂 네 학술을 높여 가르침을 세움은
모두 인륜人倫을 밝히고 몸을 경건하게 함이요
짝 지어 세 번 읍揖하고 거동을 익힘은
관현악管絃樂 악기를 연주하는 것보다 훨씬 낫네.

不惟多士之知向背　불유다사지지향배
得其所依　득기소의
抑亦吾道之有升沈　억역오도지유승침
賴以未墜　뇌이미추

비단 선비들이 향배向背를 알고
의지할 바를 얻을 뿐만 아니라
또한 우리의 도道가 부침이 있음에도

의지하여 실추되지 않았네.

庸陳偉頌	용진위송
助擧脩梁	조거수량

이에 아랑위의 송가頌歌를 펼쳐
대들보 올리는 일을 도우노라.

兒郎偉 抛梁東	아랑위 포량동
風雷亭色隱朦朧	풍뢰정색은몽롱
主人今作天涯客	주인금작천애객
恩義公私有不同	은의공사유부동

어랑차 들보를 동쪽으로 던지니
풍뢰정風雷亭 모습이 흐릿하게 숨었구나.
주인은 지금 머나먼 타향객他鄕客이 되었으니
은혜와 의리, 공公과 사私가 같이 않음이로다.

兒郎偉 抛梁西	아랑위 포량서
古宅昌山望眼迷	고택창산망안미
憶昔和熊資問學	억석화웅자문학
克齋晨夜候鳴鷄	극재신야후명계

어랑차 들보를 서쪽으로 던져보니

창녕의 옛집이 눈에 어른거린다.
생각하면 옛적에 자모께서 학문의 비용을 대어
극기재克己齋에서 새벽과 밤에 닭소리를 살폈었지.

兒郎偉 抛梁南　　아랑위 포량남
赤灘九折注深潭　　적탄구절주심담
溯洄更覓源頭水　　소회경멱원두수
欸乃雲山已飽諳　　애내운산이포암

어랑차 들보를 남으로 던져보니
적탄赤灘이 구불구불 깊은 못에 흘러든다.
거슬러 올라 원류를 다시 찾아가니
깊은 산중 뱃노래를 이미 익히 알겠네.

兒郎偉 抛梁北　　아랑위 포량북
戍峰千仞横天極　　술봉천인횡천극
能將拳石積崇高　　능장권석적숭고
平地人功須不息　　평지인공수불식

어랑차 들보를 북으로 던져보니
수봉[戍峯]이 높이 솟아 하늘 북극에 비꼈네.
능히 주먹 만한 돌을 드높게 쌓았으니
평지의 사람 노력 모름지기 쉬지 마세.

兒郎偉 抛梁上　　어랑위 포량상
上帝昭昭臨下曠　　상제소소임하광
妙諦祇應着靜多　　묘체기응착정다
潛心對越誠無妄　　잠심대월성무망

어랑차 들보를 위로 던져보니
상제上帝께서 밝고 밝게 하계下界를 널리 내려 보네.
묘한 진리는 다만 고요한 곳에 두렷하거니
깊이 생각하여 사심 없이 정성으로 대해야지.

兒郎偉 抛梁下　　어랑위 포량하
靚室圖書絶蕭灑　　정실도서절소쇄
聖道須從屋漏求　　성도수종옥루구
神明不是無知者　　신명불시무지자

어랑차 들보를 아래로 던져보니
고요한 방의 도서圖書가 너무도 깨끗하네.
성인聖人의 도道는 모름지기 은밀한 곳에서 찾아야 하나니
신명神明은 영지靈知가 없음이 아니라네.

伏願上梁之後　　복원상량지후

엎드려 원하옵건대, 상량上樑한 뒤로는

居然泉石之觀	거연천석지관
煥然人文之美	환연인문지미

변함없는 산수山水의 경관과
환한 인문人文의 아름다움으로

飮食裘葛	음식구갈
益見古今之無異宜	익현고금지무리의
藍水青氷	남수청빙
安知後生之不可畏	안지후생지불가외

음식과 의복의 생활은
예나 지금이나 다름이 없음을 더욱 알겠고
청출어람青出於藍 제자가 배출되리니
후생後生이 두렵지 않을 줄 어찌 알리요.

歲甲寅六月 旣生魄
鰲山 金在華 謹撰
光州 盧在燦 素譯

* 김재화의 호는 순재醇齋요, 소눌의 門人이다.

3

풍뢰정기風雷亭記

小訥　　記
三碧子　譯

風雷亭記

風烈則雷迅 雷激則風怒 兩相助益 故聖人作易 以巽上震下而爲卦曰益 語其義則損上而益下也 語其才則自上而下下也 語其功則天施而地生也 語其道則與時而偕行也 見善則遷 有過則改 乃其所以爲象 而君子實以之 蓋風是一箇急底物 雷是一箇勇決底物 遷之不可不急 改之不可不勇決 苟欲爲善 苟欲無過 盍於風雷而取義乎? 家兄天賦剛果 平生所爲 未嘗失之遲緩 歲甲午 棄官歸夏山田里 明年 避地凝川 築室錦水之上 又明年 得蘆山而止焉 有所謂蘆花亭者 其燕居也 時或逍遙江湖 暇復瞻省楸梓於慕禎 而構怡怡亭於銑溪 而輯一心亭 所過自有朋酒圖史之娛 惟貯書以閱古今 立課以獎子弟 玩物以寓眞樂者 則蘆亭爲最 然猶不屑其寢舍相接 米鹽輒牽 就亭之南岸 而起大訥齋 日與笈徒相處 遠方來者日益衆 又慮其長幼相拘起止失便 復就齋西十步之地 購人一小屋而新之 闢小池畜小魚 以廣生意 掃町疃分庭階 以便習禮 整冠焚香 日取益卦而讀之曰 先人命名之義 不敢忘也 卦之義與才與功與道 雖不能擬議 然夙夜所區區願欲 則卦之象也 乃大書風雷字 揭于楣 仍命相稷敍亭之所以得名而約共與遷改

重光赤奮若十二月立春日, 家弟相稷謹記

『小訥集』卷27

풍뢰정기風雷亭記

바람이 맹렬하면 우레가 빠르고 우레가 격렬하면 바람이 거세어지나니, 두 가지는 서로 돕고 더해주는 것이기 때문에 성인께서 《주역周易》을 지으심에 손巽[風]을 위로하고, 진震[雷]를 아래로 하여 괘를 만들고는 '익益'이라 하였으니, 그 뜻을 말하면 위를 덜어 아래를 더해주는 것이고, 그 재주를 말하면 위에서부터 아래로 내려주는 것이요, 그 공功을 말하면 하늘이 베풀고 땅이 낳아주는 것이고, 그 도道를 이르면 때에 따라 함께 행하는 것이다. 선善을 보면 옮겨가고 허물이 있으면 고치는 것이 바로 그 상象이 되는 소이所以이니, 군자는 실로 이것으로써 하였다. 대개 바람은 하나의 빠른 물건이고 우레는 하나의 용감하고 과감한 물건이라, 옮겨가기를 빠르지 않게 할 수 없고 고치기를 날래고 과감하지 않게 할 수 없으니, 진실로 선하게 되고자 하고 진실로 허물이 없고자 한다면 어찌 풍뢰風雷에서 뜻을 취하지 않겠는가.

가형家兄께서는 타고난 자질이 강직剛直하고 과감果敢하여 평소 하시는 바가 일찍이 더디고 느린 것에서 잘못된 적이 없으셨는데, 갑오년甲午年에 벼슬을 버리고 하산夏山[昌寧]의 고향[田里]으로 돌아와 이듬해 응천凝川에 은거하며 금수錦水가에 실室을 짓고, 또 이듬해에 노산蘆山을 얻어 머무름에 이른 바 '노화정蘆花亭'을 두셨으니, 평소 거처하는 곳이다. 때로는 혹 강호에서 소요逍遙하고, 겨를이 있으면 다시금 모정강慕禎江에서 선영先塋[추재楸梓]을 살펴보고, 선계銑溪에 이이정怡怡亭을 얽고 일심정一心亭을 이으니, 지나는 곳마다 절로 두 동이 술과 도화圖畵와 사서史書의 즐거움이 있었는데, 오직 책을 쌓아두고 고금古今을 열람하는 것과 과정課程을 세워 자제들을 장려하는 것과 경물景物을 완상하여 참된 낙을 붙이는 것은 노화정이 최고였다.

그러나 오히려 침실이 서로 접해있어 자질구레한 일[米鹽]들이 번번이 끌려오는 것을 탐탁지 않게 여겨, 정자의 남쪽 언덕으로 나아가서 대눌재大訥齋를 일으키고는 날마다 생도[笈徒]들과 함께 거처하니, 먼 곳에서 오는 자들이 날마다 더욱 많아졌다. 또 어른과 아이가 서로 구애되어 기지起止(글을 읽거나 외울 때 시작한 데부터 그친 데까지)에 편리를 잃을까 염려하여, 다시금 재齋의 서쪽으로 열 걸음 정도 떨어진 곳으로 나아가 남에게 한 작은 집을 사서 새로 고치고는, 작은 못을 파고 작은 물고기들을 길러 생의生意(하늘과 땅이 만물을 낳아 기르는 기상)를 넓히고 집 곁의 공터[町畽]를 쓸고 뜰과 계단을 나누어 예를 익히기를 편리하게 하였다.

의관을 정제하고 향을 피우고는 날마다 익괘益卦를 취하여 읽으며 말씀하시길 "선인께서 이름을 지어주신 뜻을 감히 잊지 못하니, 괘의 뜻과 재주와 공과 도는 비록 의의擬議[1]할 수 없으나, 아침저녁으로 구구區區하게 원하고 하고자 하는 바는 괘의 상象이다. 이에 '풍뢰風雷' 두 글자를 크게 써서 문미에 걸어둔다"라고 하시고는, 인하여 상직相稷으로 하여금 정자가 이름을 얻은 연유를 서술하게 하시고 함께 선善으로 옮겨가고 허물을 고칠 것을 약속하셨다.

신축년[重光赤奮若, 1901] 12월 입춘立春에
아우 상직相稷이 삼가 기문記文을 쓴다

---

1 의의(擬議) : 말하기 전에 의논하는 것을 의(擬)라 하고, 실행하기 전에 의논하고 평가하는 것을 의(議)라 하니, 의의는 어떤 일의 계획이나 실행에 앞서서 토의하는 일을 일컫는 말이다. 또는 일의 시비곡직(是非曲直)을 헤아려 그 가부를 의논(議論)하는 일을 말하기도 한다.

4

자암문인록紫巖門人錄

『자암계첩紫巖契帖』 원문

鄭錫胎 校訂

紫巖門人錄, 『紫巖契帖』

[克己齋門人]

盧寔容(伯能 甲戌) 光州人(進士) 密陽(丹場 蘆谷)

盧在憲(聖章 甲戌) 光州人 金海(生林 金谷)

盧宅容(贊仁 戊寅) 光州人 金海(生林 金谷)

姜信喆(吉元 己卯) 晋陽人 密陽(府北 青雲)

姜信赫(明仲 己卯) 晋陽人 密陽(府北 青雲)

戊戌十二月 日

成善永(慶初 乙丑) 昌寧人 昌寧(石洞)

盧舒容(賢叔 丙寅) 光州人 昌寧(吾也 菊洞)

盧相達(致五 癸酉) 光州人(主事) 金海(金谷)

鄭宗鎬(漢朝 乙亥) 清州人 星州(青坡 枝村)

盧秀元(仁叔 丙寅) 光州人 昌寧(菊洞)

盧秀亨(義叔 庚午) 光州人 昌寧(菊洞)

盧秀榮(禮叔 甲戌) 光州人 昌寧(菊洞)

盧在達(明夫 癸酉) 光州人 昌寧(菊洞)

己亥正月 日

李弼昌(文極 辛未) 驪州人 密陽(武陵)

盧正容(聖行 乙亥) 光州人 金海(金谷)

曺正煥(義卿 乙亥) 昌寧人 金海(台也 粉切)

李炳務(裕伯 丁丑) 驪州人 密陽(丹場 丹亭)

許 鏶(樂允 戊寅) 金海人(主事) 金海(右部 會峴)

柳在源(春可 戊寅) 文化人 金海(外洞)

安鍾達(學初 戊寅) 廣州人 密陽(蘆谷)

盧性明(德哉 戊寅) 光州人(明改日, 主事) 慶州(內南 旺洞)

柳震玉(元振 己卯) 文化人 金海(外洞)

盧在鳳(周聖 己卯) 光州人(鳳改一) 金海(生林 沙村)

盧在悳(敬章 己卯) 光州人 金海(金谷)

閔珝植(舜會 己卯) 驪興人(進士 博士) 密陽(上南 東山)

李弼良(相殷 庚辰) 驪州人 密陽(蘆谷)

曺夔鍾(舜欽 庚辰) 昌寧人 密陽(西佳)

許 鉦(永現 庚辰) 金海人 金海(柳下 鳳林)

李炳濩(殷伯 辛巳) 驪州人 密陽(丹亭)

許 重(厚哉 辛巳) 金海人(重改瓘) 金海(右部 三山)

成一慶(萬祚 辛巳) 昌寧人 昌寧(月末 桂八)

許 鎔(孟九 壬午) 金海人 金海(三山)

許 鉐(德常 壬午) 金海人(參奉) 密陽(丹亭)

己亥六月 日

李壽璣(舜政 乙亥) 載寧人 金海(下界 余來)

朴永學(景欽 丙子) 密陽人 金海(酒村 仙池)

徐萬衡(禹一 丁丑) 利川人(博士) 密陽(下南 守山)

李元淳(明夫 戊寅) 碧珍人 密陽(來進)

李庭誠(孔三 戊寅) 固城人 密陽(穿火 陽村)

李愚直(子剛 己卯) 碧珍人(主事) 靈山(釜谷 下谷)

黃命周(聖器 己卯) 長水人 密陽(穿火 花坪)

蔣根植(景振 己卯) 牙山人 清道(杏亭)

金奎會(極敷 庚辰) 瑞興人 清道(牙音)

全柄權(執中 庚辰) 沃川人 大邱(臺山)

徐萬禧(現可 庚辰) 利川人(主事) 密陽(下南 貴明)

朴景在(孟三 辛巳) 竹山人 清道(元塘)

申鉉悳(直夫 辛巳) 平山人 密陽(上南 禮林)

李厚明(道見 辛巳) 碧珍人 密陽(召音)

郭鎭奎(文瑞 辛巳) 玄風人 蔚珍(城山)

盧在廷(聖謹 辛巳) 光州人 昌寧(菊洞)

盧圭錫(禹玄 辛巳) 光州人 昌寧(菊洞)

李東基(榮叔 壬午) 固城人 清道(大谷)

許　坪(處厚 壬午) 金海人 密陽(丹亭)

李基守(文哉 甲申) 驪州人 密陽(武陵)

己亥十二月 日

李愚相(贊卿 戊寅) 碧珍人 靈山(釜谷 下谷)

盧元容(仁道 戊寅) 光州人 昌寧(菊洞)

李愚哲(子晦 戊寅) 碧珍人 靈山(下谷)

盧秉容(彝叔 己卯) 光州人 昌寧(月未)

李東煥(泰仲 己卯) 載寧人(改名鉉燮) 昌原(鳳林)

盧在直(元直 庚辰) 光州人 昌寧(文房)

金基洛(應一 庚辰) 慶州人 青松(縣西 柏子洞)

盧言容(道克 辛巳) 光州人 昌寧(文房)

盧理容(公一 壬午) 光州人 昌寧(石洞)

蔣瀅植(在潤 壬午) 牙山人 密陽(麗水)

金震東(雷卿 乙酉) 瑞興人 昌寧(昌樂)

盧漢容(舜祖 乙酉) 光州人 金海(鳳林)

庚子十二月 日

朴在皐(乃郁 己卯) 密陽人 清道(林塘)

成地炫(天景 庚辰) 昌寧人 昌寧(安洞)

盧相迪(致敎 辛巳) 光州人 金海(安琴)

辛丑三月 日

河大龍(正中 壬午) 晋州人 昌寧(吾也 內洞)

朴熙廷(在曦 壬午) 密陽人 密陽(新月)

宋炳德(龍五 癸未) 水原人 靈山(金谷)

成恂鎬(魯仲 癸未) 昌寧人 昌寧(孝亭)

趙鏞琪(其玉　甲申) 咸安人　青松

閔銓植(公翼　甲申) 驪興人　密陽(東山)

安鍾學(淑卿　乙酉) 廣州人　密陽(台洞)

盧性朋(樂遠　乙酉) 光州人(朋改斗) 慶州(旺洞)

盧芝容(聖民　丙戌) 光州人　金海(羅田)

李寅衡(亨五　丙戌) 驪州人　密陽(武陵)

盧安容(仲純　丁亥) 光州人(主事) 密陽(蘆谷)

辛丑六月　日

金禹錫(夏圭　戊寅) 慶州人　青松(柏子)

辛泳薰(蘭卿　庚辰) 靈山人　靈山(校村)

金琫運(應天　己卯) 瑞興人　玄風(馬山　池洞)

黃復性(乃初　庚辰) 昌原人　漆原(榮洞)

黃道性(子善　庚辰) 昌原人　漆原(榮洞)

李一和(道卿　辛巳) 碧珍人　靈山(荷溪)

安赫鎭(進敬　壬午) 廣州人　金海(進禮　禮洞)

李愚甸(忠建　　　) 碧珍人　靈山(下谷)

河文植(武兼　乙酉) 晋州人　金海(沙村)

辛丑九月　日

黃浩周(養叔　丙子) 長水人　尙州(山陽　道村)

朴漢烋(衡執　庚辰) 密陽人(主事) 密陽(新月)

尹相熙(振三　庚辰) 坡坪人　密陽(下東　安台)

盧直容(子敬　辛巳) 光州人　慶州(石溪)

金琫鉉(景華　甲申)　淸道人　淸道(檜川)

辛丑十一月　日

金滈元(汝玉　乙丑)　金海人　昌原(花木)

尹德洙(在善　乙丑)　坡坪人　南陽(大阜　堂前)

金基鑄(振玉　己卯)　淸道人　淸道(外西　杜谷)

成載儀(舜九　己卯)　昌寧人(主事)　昌寧(鼓谷)

鄭永植(文卿　己卯)　延日人　蔚山(元峯)

李翼來(敬初　庚辰)　廣州人　昌寧(雲峯)

金容水(聖麗　庚辰)　金海人　比安(安定)

金達源(應呂　辛巳)　商山人　昌原(錦山)

金相琦(舜必　辛巳)　商山人　昌原(錦山)

崔宗植(伯儒　辛巳)　慶州人　咸興(歧谷　長洞)

宋世華(舜協　辛巳)　淸州人　金海(下界)

朴相鳳(賢集　辛巳)　密陽人　淸道(安谷)

金容範(聖則　壬午)　金海人　比安(安定)

安聲遠(泰賢　辛巳)　廣州人　密陽(西方)

盧明煥(德見　　　)　慶州人　義城(全豐)

南廷孝(周善　壬午)　宜寧人　靈山(釜谷　龜山)

盧壽容(天汝　癸未)　光州人　昌寧(菊洞)

朴定洙(致玉　癸未)　密陽人　慶州(石溪)

韓禧錫(慶可　乙酉)　淸州人(主事)　密陽(竹南)

閔年植(舜紀　戊子)　驪興人　密陽(東山)

壬寅三月 日

南敎元(士亨 己巳) 英陽人 慶州(普門)

盧在燮(希寬 辛未) 光州人 金海(馬沙)

李希祥(君行 壬申) 仁川人 大邱(無怠)

金九秉(鳳儀 丙子) 義城人 安東(川前)

朴熙均(衡中 戊寅) 密陽人 密陽(新基)

徐鎭一(舜執 戊寅) 達城人 慶山(竹坪)

安鍾國(定民) 廣州人 密陽(台洞)

成熙植(熙敬 辛巳) 昌寧人 尙州(綾巖)

成鍾哲(聖七 庚辰) 昌寧人 昌寧(藿川)

曺明承(景立 壬午) 昌寧人 金海(德島)

曺璟承(景孝 丙戌) 昌寧人 金海(德島)

孫振熙(元可 丁亥) 密陽人 密陽(春福)

金甲東(春卿 丙戌) 瑞興人 昌寧(昌樂)

孫振奕(世卿 己丑) 密陽人 密陽(竹東)

盧康容(羲夫 甲戌) 光州人 昌寧(月末)

鄭 鏞(性重 庚辰) 東萊人 陜川(崇山 城基)

李弼夏(忠一 甲申) 驪州人 水原(光敎)

盧楨九(景國 壬午) 光州人 善山(鳳村)

孫上鉉(亨九 戊寅) 密陽人 密陽(九谷)

盧在珏(定琪 庚午) 光州人 昌寧(菊洞)

盧晩容(平仲 甲戌) 光州人 昌寧(玄倉)

盧敏鉉(伯訥 戊子) 光州人 金海(馬沙)

甲辰九月 日

李炳魯(樂三 壬申) 全義人 星州(茶山)

鄭在鏞(子敬 壬午) 淸州人 星州(枝村)

盧百容(能益 乙酉) 光州人 金海(羅田)

孫台憲(台汝 辛卯) 安東人 密陽(花洞)

朴璇鎭(璣伯 丙戌) 密陽人(參奉) 慶州(鹿洞)

河大龜(吉卿 庚寅) 晋州人 昌寧(內洞)

申鉉珪(昌琡 甲申) 平山人 密陽(禮林)

李炳坤((鉉淑 辛卯) 驪州人 密陽(泗淵)

李祥魯(恂九 丁丑) 全義人(武科) 宜寧(杜谷)

宋鼎學(行叔 戊寅) 淸州人 金海(屯德)

李鍾台(鳴吉 戊寅) 固城人 淸道(小台)

金鍾震(省汝 己卯) 金海人 居昌(栗里)

鄭元鎭(善長 己卯) 延日人 慶山(泉洞)

金炳翊(德之 丁丑) 金海人 安邊(明谷)

李敏熙(聖執 己卯) 星州人 黃澗(藻川)

朴台穆(奎玉 辛巳) 密陽人 密陽(烏谷)

朴光浩(孟善 戊寅) 密陽人 大邱

鄭冑鎭(伯汝 己卯) 延日人 大邱

成漢植(範極 庚辰) 昌寧人 尙州(綾巖)

金恩培(子仲 庚辰) 金海人 礪山(上鉢)

朴漢東(冲直 庚辰) 密陽人 比安(日谷)

李光基(汝洪 庚辰) 固城人 淸道(春川)

崔基晩(士庸 辛巳) 慶州人 慈仁(畜洞)

朴仁杰(元善 辛巳) 高靈人 蔚山(尺果)

金基福(贊九 辛巳) 淸道人 淸道(檜川)

李起丁(進民 辛巳) 全州人 金海(七山 陽旨)

鄭致浩(明淑 辛巳) 延日人 慶山(泉洞)

李奭基(周一 辛巳) 固城人 淸道(上黨)

李時培(春若 辛巳) 泗川人 陜川(冶罏 羅帶)

芮昌基(文善 辛巳) 義興人 淸道(九佐)

洪承武(繼文 壬午) 豐山人 咸昌(茅亭)

金玖鏮(鳴遠 壬午) 光山人 密陽(洗川)

李圭容(聖三 壬午) 慶州人 居昌(加祚 馬跡)

李星魯(在善 癸未) 全義人 宜寧(杜谷)

李振埰(聖集 癸未) 永川人 永川(山底 雙溪)

芮鍾遠(而大 乙酉) 義興人 淸道(九佐)

裵在仁(敬叔 乙酉) 星州人 高靈(鶴洞)

盧範容(乃洪 丙戌) 光州人 昌寧(旨洞)

權泰直(敬夫 丙戌) 安東人 密陽(位良)

李錫五(建仲 丁亥) 鶴城人 慶州(旺洞)

李鳳熙(舜成 丁亥) 慶州人 淸道(館谷)

乙巳九月 日

李鍾鎰(益仲 甲戌) 慶州人 淸道(檜川)

金相洽(正中 乙亥) 淸道人 淸道(仁山)

金燉秀(孟淑 丙子) 延安人 昌原(佳谷)

朴鼎新(子玉 丙子) 密陽人 密陽(新法)

朴種澤(德彦　丙子)　竹山人　東萊(萬德)

丙午六月　日

李圭錫(禹玄　戊寅)　月城人　慶州(城池)

李圭斌(在彬　丙戌)　月城人　慶州(城池)

丙午九月　日

孫中憲(文贊　己巳)　安東人　密陽(茶院)

丁未十二月　日

李衡中(允明　丁亥)　碧珍人　靈山(下谷)

蔣仁根(彦夫　丁亥)　牙山人　密陽(崇眞)

尹榮勳(文極　辛巳)　坡平人　昌寧(岱山)

許　莊(敬哉　己丑)　金海人　金海(會峴)

韓大愈(君弼　　　)　清州人　永川(泉谷)

戊申正月　日

盧禹鉉(夏元　庚寅)　光州人　金海(柳下　大清)

盧在宇(厦卿　辛卯)　光州人　金海(金谷)

孫振悳(直卿　辛卯)　密陽人　密陽(竹東)

孫興秀(詩卿　乙未)　密陽人　密陽(竹東)

戊申二月 日

孔錫圭(禹若 癸酉) 曲阜人 昌寧(伊山)

成遠永(元近 戊寅) 昌寧人 昌寧(茅谷)

成莘永(覺夫) 昌寧人 昌寧(城山)

戊申四月 日

盧燦容(晦夫 甲申) 光州人 昌寧(馬淵)

盧相奭(致賢 己丑) 光州人 金海(金谷)

盧哲鉉(舜重 庚寅) 光州人 金海(金谷)

戊申五月 日

文鍾煥(尙伯 辛未) 南平人 昌寧(美谷)

朴炳奎(虎卿 己丑) 高靈人 高靈(牛谷 河羅)

李承祿(益三 戊子) 碧珍人 密陽(崇眞)

李晶一(敬夫 丙戌) 碧珍人 密陽(龜山)

李寬一(德夫 庚寅) 碧珍人 密陽(龜山)

李起豪(雋三 甲午) 全州人 密陽(明禮)

戊申十一月 日

權泰昱(孔贊 庚寅) 安東人 密陽(位良)

己酉正月 日

許 增(而彦 庚寅) 金海人 金海(粉切)

張贊昊(懋卿) 夏山人 金海(馬麻)

己酉九月 日

安庚錫(聲建 甲戌) 順興人 昌原(上林)

安孝珍(聖可 己卯) 廣州人 金海(昆法)

蔡胤基(錫哉 辛卯) 仁川人 慶山(城洞)

盧佑鉉(舜益 癸巳) 光州人 金海(金谷)

盧繪容(章仲 癸巳) 光州人 密陽(蘆谷)

安孝烈(亨道 辛巳) 廣州人 金海(昆法)

安孝麟(賢可 丙戌) 廣州人 金海(昆法)

安孝俊(章民 甲午) 廣州人 金海(昆法)

盧在式(寅汝 丙申) 光州人 昌寧(菊洞)

己酉十月 日

南錫佑(建一 己巳) 英陽人 青松(縣東 開日)

南錫禮(克明 己卯) 英陽人 青松(縣東 開日)

梁鎬周(姫伯 己卯) 南原人 密陽(南溪)

崔興鍾(善起 庚辰) 慶州人 義興(縣內 二大)

呂商奎(癸未) 星山人 星州(樹村)

鄭檜朝(順吉 癸未) 東萊人 彦陽(下北 弓根亭)

李道烔(愿中 癸未) 月城人 慶州(峴谷 柯亭)

李承立(聖極 癸未) 碧珍人 昌寧(陳倉)

申永煥(和叔 甲申) 平山人 蔚珍(遠南 池品)

成耆德(舜直 甲申) 昌寧人 玄風(瑜珈 會溪)

李錫雨(用汝 壬午) 月城人 慶州(芝草)

禹楨熙(周八 乙亥) 丹陽人 昌寧(桂八)

金九坤(正五 乙酉) 金海人(改名定基) 清道(梅田 龍淵)

盧在聖(舜佐 丁亥) 光州人 金海(新泉)

南伯熙(泰益 戊子) 宜寧人 靈山(九尾)

孫柄鉉(禹遠 己丑) 密陽人 密陽(新安)

孫贊坤(汝襄 庚寅) 安東人 大邱(解顔 丹山)

金台重(弘可 庚寅) 清道人 清道(杜陵)

盧相乾(　　 辛卯) 光州人 金海(右溪)

李在胤(士玉 戊子) 月城人 安東(西後 金溪)

玄斌述(周叔 甲午) 延州人 慶山(河圖)

己酉十一月 日

李相璜(渭玉 辛巳) 慶州人 義城(春山 玉井)

金鍾燮(聖集 戊子) 金海人 金海(下北 退隱)

朴承源(德汝 戊寅) 密陽人 忠州(木果)

許 鍾(樂初 戊子) 金海人 金海(會峴)

盧祺容(允一 癸未) 光州人 高靈(牛村 桃津)

許 鉛(德剛 丙申) 金海人 密陽(丹亭)

盧哲容(仁若 甲午) 光州人 金海(金谷)

黃洙建(晦仲 庚辰) 昌原人 昌原(南面 上福)

盧在珪(敬律 戊寅) 光州人 高靈(桃津)

南浩良(養叔 丙子) 英陽人 寧海(畝谷 元邱)

朴尙允(和國 庚辰) 密陽人 密陽(府北 青雲)

金尙圭(復元 戊寅) 金寧人 梁山(下西 龍塘)

宋景模(啓賢 乙酉) 水原人 靈山(馬川)

成鍾護(亨振 乙丑) 昌寧人 昌寧(藿川)

金慶鶴(鳴叔 戊子) 金海人 密陽(牛谷)

河炫秉(明克 癸未) 晋陽人 昌寧(內洞)

芮昌昇(聖重 乙酉) 義興人 淸道(九佐)

甘泰銖(華洙 乙丑) 檜山人 昌原(熊中 泥洞)

柳顯烈(泰仁 乙未) 文化人 金海(外洞)

河熏秉(乃郁 辛卯) 晋陽人 昌寧(內洞)

河度秉(丙申) 晋陽人 昌寧(內洞)

崔善熙(在文 癸酉) 慶州人 善山(庫基)

李兌源(大應 丁亥) 驪江人 慶州(江東 沙谷)

鄭周和(殷卿 庚寅) 淸州人 星州(柳村)

金在熺(晦夫 甲申) 淸道人 淸道(外西 小台)

金在華(晦汝 丁亥) 淸道人 淸道(外西 小台)

曺 源(澄夫 戊寅) 昌寧人 晋州(德山 臺下)

鄭舜謨(孝源 丁亥) 東萊人(參奉) 梁山(上北 小石)

蔣泌根(聲振 己丑) 牙山人 密陽(崇眞)

申孝圭(友賢 庚寅) 平山人 密陽(上西二同 西佳)

李炳憲(泰殷 丙子) 驪州人 密陽(丹亭)

安東鎭(泰亨 丙子) 廣州人 金海(禮洞)

李定厚(綽汝 辛未) 碧珍人 昌寧(遊魚 釜谷)

李舜基(舜卿 乙未) 固城人 淸道(大峴)

柳在厚(重吾 癸巳) 文化人 金海(外洞)

柳讚烈(汝弘 乙未) 文化人 金海(外洞)

安孝敏(舜直 甲午) 廣州人 金海(昆法)

金榮淑(明直　己丑)　淸道人　金海(昆法)

金在垠(伯輿　癸巳)　淸道人　淸道(小台)

金泰鐘(震伯　庚寅)　淸道人　淸道(小台)

盧萬容(英振　庚午)　光州人　金海(金谷)

孫翊憲(昌玉　　　)　安東人　密陽(瓦要)

盧在謙(孟益　癸未)　光州人　昌寧(月未)

盧秀洛(周卿　丁亥)　光州人　昌寧(月未)

朴永鎭(和彦　癸未)　密陽人(宣傳)　慶州(鹿洞)

朴河鎭(南叔　庚寅)　密陽人　慶州(鹿洞)

盧家容(仲敎　癸巳)　光州人　密陽(蘆谷)

金起濤(明哉　壬辰)　淸道人　金海(昆法)

李鍾九(殷卿　壬辰)　全州人　密陽(靑雲)

金台恭(伯謙　辛卯)　淸道人　淸道(杜谷)

盧在樂(天敬　乙未)　光州人　昌寧(菊洞)

柳志亨(達善　庚寅)　晋州人　密陽(雲汀)

徐正憲(泳堯　戊戌)　達城人　金海(雲谷)

朴箕範(洪九　戊寅)　密陽人　昌原(府內　沙火)

金正基(永洙　戊戌)　金海人　金海(安下)

金溶馥(孝舜　己未)　金寧人　昌原(南面　沙巴)

盧傅容(殷弼　癸亥)　光州人　昌寧(菊洞)

盧秀實(士成　庚午)　光州人　昌寧(菊洞)

宋漢善(慶淑　乙未)　冶城人　密陽(瓦要)

朴址永(景一　癸巳)　密陽人　密陽(靑雲)

盧在穰(季薰　戊辰)　光州人　昌寧(菊洞)

盧郁容(孟周 丁酉) 光州人 昌寧(菊洞)

甘麒鉉(英八 庚辰) 檜山人(郡守) 昌原(內洞)

甘濟鉉(聖檣 庚辰) 檜山人 昌原(內洞)

郭宗海(大如 己卯) 玄風人 密陽(青雲)

李鉉泓(翼玄 己卯) 安岳人 密陽(青雲)

盧世容(讚卿 戊子) 光州人 金海(金谷)

安鍾和(禮叔 乙酉) 廣州人 漆原(榮洞)

裵鍾淳(聲八 庚寅) 星山人 星州(今巴 全仁)

李鶴奎(明克 丙子) 月城人 星州(今巴 全仁)

成大演(允汝 辛未) 昌寧人 昌寧(城山 石亭)

尹成采(見五 癸酉) 坡坪人 昌寧(臺山)

安禧鎭(佑淳 癸未) 廣州人 密陽(金浦)

李墩浩(敬汝 庚寅) 載寧人 清道(伊西 琴村)

李秉濟(士楫 戊戌) 載寧人 清道(伊西 琴村)

盧立容(德能 丁亥) 光州人 金海(金谷)

鄭 洙(孟源 己亥) 清州人 星州(枝村)

盧秀謹(性初 庚辰) 光州人 昌寧(文房)

盧在恁(順直 丁亥) 光州人 昌寧(文房)

孫熙世(誠達 辛未) 光州人 昌寧(玄倉)

金在永(壽現 辛未) 金海人 慶州(陽北 斗山)

盧在偉(而寬 庚辰) 光州人 昌寧(石洞)

金昌顯(文卿 庚寅) 安東人 靈山(玄谷)

李中選(允擧 乙亥) 眞寶人 禮安(陶山 遠村)

崔章植(基昱 乙酉) 月城人 慶州(斗東 白蓮)

金鍾台(善夫 甲午) 金海人 金海(退隱)

金鎭浩(益源 丁酉) 清道人 金海(昆法)

金夏淑(重叔 庚子) 清道人 金海(昆法)

曺寔煥(章郁 己丑) 昌寧人 金海(蒜谷)

孫璟鉉(己亥) 密陽人 密陽(南溪)

盧殷容(敬中 乙酉) 光州人 金海(禮洞)

李起寅(和彦 甲戌) 全州人 金海(安谷)

金洹植(己亥) 義城人 金海(安谷)

許 墀(己亥) 金海人 金海(外洞)

盧在喆(汝明 甲申) 光州人 金海(金谷)

李奎一(景五 戊戌) 碧珍人 密陽(來進)

朴漢生(泰源 己卯) 密陽人 密陽(龍星)

許 應(克明 甲戌) 陽川人(進士) 京

盧定容(叔安 丁酉) 光州人 密陽(蘆谷)

金相澈(樂三 己卯) 高靈人 蔚山(清良 下亭)

金相宇(景一 戊子) 高靈人 蔚山(熊村 檢丹)

李在雨(舜亨 辛丑) 慶州人 昌原(昌谷)

黃震模(孟雷 丙申) 昌原人 昌原(上福)

朴鼎圭(益三 戊戌) 密陽人 昌原(上德)

朴寅圭(日三 辛丑) 密陽人 昌原(上德)

朴鎰圭(癸卯) 密陽人 昌原(上德)

盧純容(子華 辛巳) 光州人 金海(北谷)

金鍾復(來七 丁亥) 海平人(參奉) 機張(梅谷)

金鍾萬(樂有 庚寅) 海平人 機張(梅谷)

金鍾軫(康叟　甲午) 海平人　機張(梅谷)

鄭珣謨(泗叔　戊戌) 東萊人　彦陽(下北　池內)

曺秉禧(　　辛丑) 昌寧人　金海(安谷)

盧在善(明寬　戊戌) 光州人　金海(馬沙)

金謹植(　　辛丑) 義城人　金海(安谷)

李奎東(聖魯　甲申) 驪江人　慶州(沙谷)

李貞儀(震善　丁酉) 全州人　昌原(外洞)

申鉉中(列敬　己卯) 平山人　密陽(西佳)

金瀚根(敏夫　庚午) 金海人(察訪) 昌原(內城)

宋性可(　　丁亥) 礪山人　機張(鐵馬　蔴旨)

朴正善(而貞　甲申) 密陽人　丹城(新等　法勿)

朴永喆(仲希　丁酉) 密陽人　丹城(新等　法勿)

金轍鉉(基玉　丙戌) 金海人　昌原(西上)

崔相熺(士執　壬午) 月城人　慶州(內南　佳巖)

成晦根(卿春　庚辰) 昌寧人　昌寧(石亭)

申楨圭(聖識　壬辰) 平山人　密陽(中浦)

金錫元(昌和　丙申) 金海人　金海(古慕)

柳在運(子振　丁酉) 文化人　金海(外洞)

金鎭洙(泗俊　辛卯) 金海人　青松(開日)

姜靖熙(周汝　庚辰) 晋陽人　昌原(龜山　內浦)

姜良熙(榮汝　辛卯) 晋陽人　昌原(龜山　內浦)

李仁源(大安　戊戌) 驪江人　慶州(沙谷)

金漢鐘(聖仲　辛卯) 義城人　金海(吾西)

金東植(昌可　庚寅) 義城人　金海(吾西)

金錖相(　　戊戌) 義城人 金海(吾西)

金英鍾(達和 己丑) 金海人 清道(大峴)

盧鼎鉉(慶瑞 丁酉) 光州人 金海(吾西)

金光壽(泰重 丁酉) 金海人 金海(壯元)

金炳壽(　　戊戌) 金海人 金海(壯元)

金龍壽(　　己亥) 金海人 金海(壯元)

崔希永(賢卿 庚子) 慶州人 大邱(解顔 漆溪)

安昌遠(聖周 己亥) 廣州人 金海(安坪)

安孝元(舜亨 戊寅) 廣州人 金海(安坪)

李在範(春可 庚午) 陜川人 密陽(下西 草田)

盧應漢(敬卓 丁亥) 光州人 草溪(良洞)

孫章植(　　丁酉) 密陽人 密陽(校洞)

孫英植(　　辛丑) 密陽人 密陽(校洞)

鄭載銓(衡保 乙酉) 迎日人 永川(新村 横溪)

黃駿性(君行 壬辰) 昌原人 漣川(旺澄 江西)

孫敏憲(武宣 甲申) 安東人 密陽(山內 龍田)

卞應周(文卿 戊戌) 八溪人 草溪(青德 愚谷)

孫永昱(　　壬寅) 密陽人 密陽(校洞)

孫宗根(　　乙巳) 密陽人 密陽(校洞)

盧泰容(君淑 甲午) 光州人 宜寧(杜谷)

李奎會(星五 丙申) 全義人 金海(世立)

金奎泰(宗伯 壬寅) 瑞興人 玄風(池洞)

金建永(孟極 癸巳) 瑞興人 玄風(池洞)

盧在達(士見 戊戌) 光州人 昌寧(月末)

盧秀亨(禮重　戊寅)　光州人　草溪(月蘿亭)

沈鶴煥(應章　戊寅)　青松人　陜川(伊溪)

全基發(達元　辛丑)　慶山人　陜川(伊溪)

林炳世(瑞勳　丁丑)　平澤人　昌原(南山)

李厚彬(郁汝　戊辰)　碧珍人　密陽(來進)

孫啓商(虞卿　戊子)　密陽人　永川(清鏡　梨洞)

申鉉睦(國賢　戊子)　平山人　金海(智士)

安璟鎬(景行　庚子)　順興人　昌原(外洞)

李鍾殷(世鳴　癸卯)　陜川人　草溪(雙冊　池洞)

鄭喜範(元九　辛丑)　東萊人　慶山(泉洞)

朴　洪(禹範　庚子)　　　　義城(蓴洞)

孫振粲(乃明　庚辰)　密陽人　密陽(佳谷)

李昌植(文卿　己亥)　永川人　知禮(甑山　黃亭)

成鳳庠(洛汝　戊辰)　昌寧人　昌寧(釜谷)

姜信呂(景望　庚子)　晋州人　昌寧(高淵)

盧察容(季敬　甲辰)　光州人　密陽(蘆谷)

河鎭兌(輔彦　庚寅)　晋陽人　昌寧(桂八)

李鍾大(昌居　丙戌)　固城人　密陽(初同　鳳臺)

鄭寅求(克明　癸巳)　東萊人　彦陽(弓坪)

朴泰鎭(琦賢　庚午)　密陽人(主事)　慶州(蓀谷)

金東燮(元淑　庚辰)　慶州人　南原(乾芝)

朴仁錫(九安　戊子)　密陽人　靈山(吉谷)

盧在傅(伊道　　)　光州人　昌寧(馬淵)

盧纘容(公會　丁亥)　光州人　昌寧(石洞)

李宇洛(瑞八 辛巳) 鶴城人 蔚山(凡西 立巖)

李璟一(榮夫 癸卯) 碧珍人 密陽(龜山)

金時瀚(修甫 丙申) 金海人 咸陽(休川 文正)

金漢基(德余 庚子) 義城人 金海(余來)

郭東根(孟奎 癸巳) 苞山人 達城(瑜珈 佳泰)

李斗杓(建夫 戊戌) 碧珍人 密陽(來進)

申禎澈(乃應 己亥) 平山人 密陽(中山)

許萬焓(善明 丙子) 金海人(參奉) 金海(水佳)

朴昇載(寬夫 辛丑) 密陽人 密陽(鞍谷)

柳善坤(伯卿 壬寅) 文化人 密陽(龍星)

柳哲坤(仲文 乙巳) 文化人 密陽(龍星)

朴昌烈(文一 丙子) 密陽人 密陽(沙村)

孫基轍(在瑜 己亥) 安東人 密陽(九美)

成琰鎬(公琬 庚寅) 昌寧人 昌寧(大池 石洞)

成耆遠(孟行 癸卯) 昌寧人 昌寧(桂八)

權重錫(致坤 己丑) 安東人 密陽(位良)

權泰珥(景獻 丁酉) 安東人 密陽(位良)

金鍾萬(癸卯) 金海人 金海(芳洞)

金鍾華(乙巳) 金海人 金海(芳洞)

權寧珣(敬玉 己亥) 安東人 密陽(壯洞)

李彦苾(芝叟 庚子) 碧珍人 密陽(來進)

李彦培(華仲 壬寅) 碧珍人 密陽(來進)

成耆兌(周悅 壬寅) 昌寧人 昌寧(鶴山)

成樂韶(成九 辛丑) 昌寧人 昌寧(麥山)

盧元鉉(伯仁　辛丑)　光州人　金海(金谷)

姜信兢(克三　己卯)　晋陽人　密陽(靑雲)

鄭寅宋(仲卿　乙巳)　東萊人　彦陽(弓亭)

李源榮(世馨　庚寅)　永陽人　義城(山雲)

李壽億(敬要　己丑)　載寧人　密陽(佳亭)

李樹明(德一　庚子)　鶴城人　蔚山(上東　金山)

尹承薰(德淳　庚子)　坡平人　蔚山(江東　舞龍)

徐鍾澔(鳴運　庚子)　達城人　慶州(杞溪　駕川)

林炳一(允執　甲午)　平澤人　慶州(杞溪　駕川)

朴璟杓(容玉　丙戌)　密陽人　密陽(淸道　古法)

徐載周(孟厚　戊戌)　達城人　義城(山雲)

姜永武(文贊　己卯)　晋陽人　密陽

權麒壽(孟仁　乙巳)　安東人　密陽

朴文緖(武一　庚子)　潘南人　密陽(安台)

朴章柱(泰旭　己亥)　密陽人　昌原(上福)

王處誠(素中　己亥)　開城人　東萊(西面　龍湖)

金鎬永(允淑　癸亥)　義城人　密陽(駕谷)

朴相基(廣居　壬寅)　密陽人　密陽(新基)

金英培(種允　戊辰)　金海人　金海(三文)

黃寅煥(　　　乙巳)　昌原人　昌原(槐山)

崔宜永(義卿　丙申)　慶州人　大邱(漆溪)

李瓚鎬(公弼　壬寅)　陜川人　密陽(草田)

權泰喆(世吉　辛丑)　安東人　密陽(位良)

曺憲奎(聖章　戊戌)　昌寧人　密陽(二同　熊洞)

盧薰烈(聖歌 己亥) 長淵人 昌寧(牛川)

盧重洪(深可 癸卯) 長淵人 昌寧(牛川)

金恒東(汝卿 庚子) 安東人 靈山(玄谷)

金大浩(孟吾 己亥) 金海人 昌寧(城山 雲峯)

金魯東(和振 庚子) 清道人 密陽(武陵)

金柄煥(益章 丁酉) 金海人 昌原(花木)

孫基守(公約 乙巳) 安東人 密陽(竹西)

鄭淵壹(德裕 庚午) 延日人 永川(仙源)

裵正台(澔遠 庚辰) 盆城人 昌原(石里)

孫佑鉉(聖吉 癸卯) 密陽人 密陽(春福)

孫埱鉉(伯輝 甲辰) 密陽人 密陽(南溪)

朴元鐘(天應 辛卯) 務安人 寧海(丑山 陶谷)

南浩定(義之 辛巳) 英陽人 寧海(丑山 陶谷)

蔣煥禧(汝完 辛丑) 牙山人 密陽(沂回)

李善敎(孟立 癸卯) 碧珍人 密陽(二同 薪藪)

安斗煥(極夫 丁酉) 廣州人 密陽(臨皐)

安東煥(元夫 壬寅) 廣州人 密陽(臨皐)

梁昌錫(伯遠 壬午) 南原人 金海(羅田)

朴元漢(明善 庚辰) 密陽人 密陽(旨洞)

金熙淵(景臨 乙未) 瑞興人 昌寧(桂八)

李元鎬(子常 丙午) 陜川人 密陽(草田)

朴仁鳳(寅根 辛巳) 密陽人(主事) 密陽(茶竹)

金振榮(汝欽 辛丑) 義城人 金海(吾曲)

崔羽東(直久 辛未) 永陽人 星州(智士 法山)

朴鍾燮(警遠　庚寅)　順天人　星州(修倫)

鄭基洛(處中　辛巳)　清州人　星州(青坡　陽亭)

曺萬鍾(景兆　壬寅)　昌寧人　密陽(中里)

曺舜鍾(景禹　壬寅)　昌寧人　密陽(中里)

金熙倬(正甫　庚子)　瑞興人　昌寧(桂八)

韓中潤(舜執　庚子)　清州人　靈山(慕禮)

姜濟錫(子檣　丙午)　晋陽人　昌寧(高淵)

金大顯(晦可　癸卯)　安東人　靈山(玄谷)

金仁顯(安卿　乙巳)　安東人　靈山(玄谷)

曺龍煥(雲卿　乙巳)　昌寧人　密陽(華封)

徐宗欽(愼重　己亥)　達城人　昌寧(造山)

盧相聖(始賢　甲辰)　長淵人　昌寧(牛川)

盧相鎭(子安　丙午)　長淵人　昌寧(牛川)

金東鎭(兌一　丙戌)　金海人　昌寧(藿川)

金俊東(秀卿　癸卯)　安東人　靈山(玄谷)

曺道奎(和敬　戊戌)　昌寧人　密陽(紫陌)

朴鍾甲(　　乙巳)　順天人　昌寧(芳洞)

李正會(熙瑞　甲申)　廣州人　彦陽(三同　芚基)

權東煥(德陽　甲午)　安東人　奉化(乃城　酉谷)

鄭樂相(英淑　戊戌)　烏川人　永川(北安　元堂)

孫基祚(孝元　壬申)　安東人　密陽(茶院)

權玟述(正仁　乙亥)　安東人　密陽(新法)

宋鎭燮(和中　辛未)　礪山人　尙州(功城　鳳山)

柳海珍(英直　辛巳)　晋州人　丹城(丹溪)

癸亥正月 日

辛泳秀(聖民 丁卯) 靈山人 靈山(桂城)

朴淳烈(敬夫 戊子) 密城人 淸道(錦川 仙湖)

朴淳熺(明仲 丙申) 密城人 淸道(錦川 仙湖)

金柄洪(應九 己巳) 金海人 昌原(花木)

金相寅(進性 庚午) 商山人 昌原(石山)

朴斗寅(極七 癸巳) 密陽人 淸道(角北 枝村)

陳廷龍(鎬卿 甲辰) 驪陽人 陜川(伊泗)

朴秉洙(史直 癸未) 密陽人 金海(仙池)

陳箕周(道興 丁卯) 驪陽人 草溪(正山)

陳壽成(仁弼 丁亥) 驪陽人 晋州(琴洞)

金濟東(元楫 丁亥) 瑞興人 昌寧(介福)

崔鴻洛(子翼 乙酉) 慶州人 慶州(內東 雅洞)

盧相太(仁八 戊子) 長淵人 昌寧(月未)

呂周淵(聖若 癸未) 星山人 星州(碧珍 樹村)

呂大淵(龍見 戊子) 星山人 星州(碧珍 樹村)

李鍾敏(忠道 己亥) 星州人 昌寧(茅谷)

李基魯(聖宗 丙子) 全義人 星州(茶山 上谷)

李泳魯(汝養 乙酉) 全義人 星州(茶山 上谷)

李圭衡(平叔 己卯) 星州人 星州(志士 柞川)

鄭之純(士文 壬午) 東萊人 漆谷(枝川 梧谷)

李仁煥(正一 丁亥) 光州人 達城(論工 瑟湖)

朴海聖(時仲 乙酉) 順天人(參奉) 山淸(丹溪)

成斗河(道淑 壬午) 昌寧人 昌寧(藿川)

蔡鴻基(聖讚　己巳)　仁川人　大邱(公山　研經)

蔡文基(安卿　辛巳)　仁川人　大邱(公山　研經)

蔡相基(慶宅　丁丑)　仁川人　大邱(公山　研經)

河成洛(中範　己卯)　晋陽人　固城(道山　德村)

鄭圭輔(善弼　壬午)　艸溪人　草溪(德谷　鶴洞)

盧秀興(翼元　甲申)　光州人　永川(大昌　直川)

盧致容(敬進　壬辰)　光州人　永川(大昌　直川)

許宗恒(自誠　丁亥)　金海人　宜寧(鳳樹　稷田)

許宗度(自謙　丙申)　金海人　宜寧(鳳樹　稷田)

朴定夏(武卿　壬申)　密城人　密陽(堂斗)

李炳基(伯安　辛丑)　驪州人　密陽(泗淵)

河樞秉(明極　癸未)　晋陽人　昌寧(內洞)

甲子三月　日

盧鳳洪(儀範　丁卯)　長淵人　昌寧(牛川)

盧相宣(景蘇　戊子)　長淵人　昌寧(牛川)

盧在東(萬初　丙午)　光州人　昌寧(菊洞)

金熙坤(和重　戊戌)　瑞興人　玄風(瑜珈　求禮)

河震秉(仲雷　丁酉)　晋陽人　昌寧(內洞)

金大埴(伯弘　甲辰)　瑞興人　昌寧(龍石)

李容馥(蘭卿　乙巳)　廣州人　昌寧(雲峯)

裵文會(孟三　庚子)　盆城人　漆原(西面　龜浦)

李曦坤(晦見　己亥)　星州人　昌寧(牟谷)

盧審容(季問　乙巳)　光州人　密陽(蘆谷)

朴魯錫(命三　丁未) 順天人　密陽(上東　金山)

李翊元(聖來　辛巳) 眞寶人　禮安(陶山　兎溪)

金佑培(敬甫　丙午) 金海人　昌原(北面　上川)

孫仁銖(　　丙午) 安東人　密陽(沙村)

李邦桓(惟中　庚辰) 星山人　高靈(館洞)

許　謇(忠汝　庚子) 陽川人　長湍(大江　禹勤)

柳志復(克善　癸巳) 晋州人　密陽(雲汀)

柳寬植(而栗　庚辰) 豐山人　尙州(愚川)

柳心佑(季韶　己丑) 豐山人　尙州(愚川)

朴準三(省五　辛巳) 密陽人　永川(大昌　新光)

鄭在龍(聖田　己卯) 晋陽人(參奉) 尙州(外西　愚山)

金相基(達琡　癸巳) 廣州人　密陽(貴明)

車秉學(進敬　庚午) 延安人　陜川(靑德　省台)

車載勳(道見　乙酉) 延安人　宜寧(柳谷)

許　鉑(仲容　己酉) 金海人　金海(安仁)

金永奎(敬五　乙酉) 商山人　丹城(法勿)

朴祥珍(德五　庚午) 密陽人　密陽(二洞)

金炯冕(益重　丙申) 金寧人　漆原(梨谷)

金馨培(汝英　庚子) 金海人　昌原(上川)

金學圭(士則　己亥) 金寧人　昌寧(吉谷)

孔震夏(益夫　甲辰) 曲阜人　昌寧(智谷)

姜珷錫(景輝　丙午) 晋陽人　昌寧(介福)

姜錫進(忠卿　己酉) 晋陽人　昌寧(泗巖)

乙丑三月 日

金昌埴(禹卿 戊戌) 瑞興人 昌寧(桂八)

孔震植(聖檣 庚子) 曲阜人 昌寧(智谷)

裵道基(性達 己亥) 盆城人 昌寧(論洞)

成樂沂(德澡 丁未) 昌寧人 昌寧(造山)

曺學鍾(悅卿 己酉) 昌寧人 密陽(中里)

安永徽(柔仲 庚子) 康津人 陜川(豆谷)

石大誠(道中 辛未) 忠州人 昌寧(萬村)

吳相世(聖濟 己酉) 海州人 昌寧(米山)

李址鉉(汝覺 丙申) 載寧人 密陽(佳谷)

石在楨(春國 庚子) 忠州人 密陽(馬屹)

李容翼(遇卿 甲辰) 廣州人 昌寧(雲峯)

文東永(孝卿 乙巳) 南平人 昌寧(遊魚 游長)

郭鍾先(聲汝 丙午) 苞山人 達城(瑜珈 台峯)

成弘植(子重 戊申) 昌寧人 昌寧(石亭)

朴容奐(文淳 己酉) 密城人 達城(佳泰)

文昌吉(　　 辛亥) 南平人 昌寧(游長)

權泰民(世長 乙巳) 安東人 密陽(位良)

河在丞(子相 甲辰) 晋陽人 昌寧(大合 茅田)

楊暐周(熙汝 戊申) 密城人 昌寧(遊魚 光山)

成炳球(咏夫 戊申) 昌寧人 淸道(角南 臺山)

石炳悌(景友 庚戌) 忠州人 昌寧(萬村)

甘權鉉(聲極 辛巳) 昌原人 昌原(內洞)

朴仁敎(聖洙 癸未) 密陽人 密陽(佳谷)

朴海徹(公堯　戊辰) 密陽人(校理) 密陽(堂斗)

成煥永(元允　己巳) 昌寧人(主事) 昌寧(麥山)

孔漢鎭(孟重　戊子) 曲阜人　昌寧(潛魚)

吳在善(學三　辛未) 海州人　咸安(山仁　新山)

吳奎淳(碩賢　丁酉) 海州人　咸安(山仁　新山)

李球鉉(彩圭　丙寅) 長水人　咸安(漆西　淸溪)

盧普鉉(誠之　辛巳) 豊川人　咸陽(柳林　玉梅)

盧達淳(性長　壬辰) 豊川人　咸陽(柳林　玉梅)

朴熺柱(昌旭　乙未) 密陽人　固城(上里　望林)

崔鍾夏(亨振　丁亥) 慶州人　達城(解顔　漆溪)

李暢基(春卿　乙巳) 固城人　密陽(山內　陽村)

李鍾培(由道　辛巳) 星州人　昌寧(茅谷)

李柄益(舜九　庚寅) 星州人　艸溪(靑德　雲峯)

李閏坤(寬玉　辛卯) 星州人　昌寧(茅谷)

李相錫(應春　　　) 星州人　艸溪(相台)

李鍾河(亨道　辛丑) 星州人　昌寧(茅谷)

權瑨容(玉汝　庚寅) 安東人　丹城(丹溪)

柳鎭洙(泗眞　戊辰) 文化人　慶山(安心　薪曲)

丙寅三月　日

申弘圭(子三　癸卯) 平山人　密陽(中浦)

郭東烈(貞淑　乙未) 苞山人　玄風(求禮)

孔建永(叔民　辛丑) 曲阜人　昌寧(智谷)

宋道在(光秀　丁酉) 龍城人　靈山(吉谷　五湖)

成立鎬(甫卿　庚子)　昌寧人　靈山(院洞)

林圭植(興集　癸卯)　平澤人　淸道(豐角　金洞)

金鍾禧(允吉　癸卯)　金海人　靈山(艸谷)

金烱必(景祚　癸卯)　金寧人　玄風(介谷)

林炳祺(乃潤　丙午)　平澤人　淸道(金谷)

嚴翼鏞(錫吾　庚戌)　寧越人　玄風(本末)

孫珏鉉(　　己酉)　密陽人　密陽(花洞)

申晟圭(聖日　乙巳)　平山人　密陽(中浦)

申榮守(　　辛亥)　平山人　密陽(西佳)

朴華永(景舜　己酉)　密陽人　密陽(下東　七星)

梁奇模(正汝　乙巳)　南原人　密陽(德巖)

鄭永元(常汝　丁未)　晋陽人　昌寧(茅田)

朴原植(成哉　丁未)　密陽人　昌寧(場基)

朴夏植(時卿　丁未)　密陽人　昌寧(茅田)

成大星(斗列　丁未)　昌寧人　昌寧(茅田)

盧大容(德見　己酉)　光州人　昌寧(文房)

盧宅容(安卿　己酉)　光州人　昌寧(菊洞)

金庚埴(長卿　庚戌)　瑞興人　宜寧(洛西　如意)

金敬濟(義卿　庚戌)　金海人　昌寧(汝草)

盧麒容(聖歸　庚戌)　光州人　昌寧(月未)

盧在瓘(景瑞　庚戌)　光州人　昌寧(月未)

孫寧秀(子邦　庚戌)　密城人　密陽(竹南)

文洛奎(士範　丁卯)　南平人　昌寧(美洞)

郭基滈(周淑　己亥)　苞山人　玄風(元塘)

朴炳喜(南淑　乙酉) 密城人　密陽(茂實)

盧正錫(性夫　壬午) 光州人　昌寧(菊洞)

成耆殷(仲行　丙午) 昌寧人　昌寧(桂八)

孫炳璉(聖器　丙申) 慶州人　尙州(青里　栗里)

全啓浩(士沃　丙午) 慶山人　密陽(下南　西田)

崔鍾應(聲聞　癸酉) 慶州人　大邱(漆溪)

孫兌錫(仲悅　乙巳) 密城人　密陽(德谷)

曺翰鍾(士欽　丁卯) 昌寧人(參奉) 密陽(西佳)

沈光澤(仁玉　甲辰) 青松人　咸安(竹南　藪谷)

河鍾洛(志中　庚辰) 晋陽人　清道(林塘)

秦相龍(　　　　) 豐基人　大邱(壽城)

安鎭民(明克　丁酉) 康津人　草溪(荳谷)

孫永暾(仲明　丁亥) 密城人(參奉) 密陽(校洞)

李錫圭(　　壬子) 韓山人　密陽(佳谷)

金鍾大(　　戊申) 義城人　密陽(法興)

盧玟鉉(　　壬子) 光州人　金海(金谷)

盧暾錫(和國　丁亥) 光州人　昌寧(壯洞)

鄭鎭萬(合一　癸未) 東萊人　醴泉(憂忘)

朴　楫(濟卿　丙午) 密陽人　慶州(蓀谷)

許萬祚(性純　戊戌) 陽川人　宜寧(慕義　中村)

丁卯三月 日

尹成泰(應彦 庚辰) 坡平人 密陽(雲田)

柳振桓(敬老 丁丑) 文化人 梁山(龍塘)

金湜東(浩見 丁卯) 瑞興人 昌寧(桂八)

金夏東(致祥 乙亥) 瑞興人 昌寧(桂八)

金煥東(應三 乙亥) 瑞興人 昌寧(桂八)

成濟永(任重 丁丑) 昌寧人 昌寧(大池 鵲嶺)

李斗業(廣夫 辛亥) 碧珍人 密陽(來進)

李英鎬(子華 癸卯) 陜川人 密陽(艸田)

許　琪(子善 甲戌) 陽川人 宜嶺(慕義)

盧相璇(致萬 丙申) 光州人 金海(金谷)

金世顯(任卿 丙午) 安東人 靈山(玄谷)

金甫顯(正孝 己酉) 安東人 靈山(玄谷)

金聲年(敬律 辛亥) 安東人 靈山(玄谷)

金護東(聲夫 丁未) 瑞興人 昌寧(梅山)

姜源錫(深卿 庚戌) 晋陽人 昌寧(介福)

朴尙煥(絅汝 庚戌) 密陽人 昌寧(所也)

姜洪錫(子範 辛亥) 晋陽人 昌寧(所也)

郭秉淳(好卿 辛亥) 苞山人 淸道(角北 南山)

朴志守(子約 戊申) 密城人 密陽(二同 冠洞)

安元鎬(聖京 丙午) 順興人 昌寧(靈山 九溪)

李英鎬(就鮮 甲辰) 泗川人 陜川(鳳山 陽地)

李吉浩(敬汝 癸巳) 載寧人 晋州(智水 淸源)

崔仁敎(翰汝 丁卯) 慶州人 達城(論功 上洞)

崔國述(子剛　庚午)　慶州人　達城(公山　智妙)
許　洪(箕仲　癸巳)　陽川人　固城(九萬　花村)
許　哲(子亨　甲辰)　陽川人　固城(巨流　松亭)
許　埛(原珍　丁酉)　陽川人　固城(巨流　松亭)
孫宇錫(伯維　甲午)　密城人　密陽(德谷)
李永基(子彦　戊寅)　星山人　咸安(法守　篁沙)
孫晋鶴(鶴羽　丁酉)　月城人　慶州(良洞)
朴仁植(廷弼　戊寅)　密陽人　金海(菉山　花田)
盧莊烈(直夫　己酉)　長淵人　昌寧(月未)
金誠浩(敬佑　丙子)　高靈人　高靈(城山　高灘)
徐相善(允中　乙酉)　達城人　迎日(滄洲　中山)
朴光烈(聖勳　　)　密城人(郡守)　驪州(可興)
安秉奎(象和　甲午)　廣州人　密陽(桶巖)
李泰和(魯叟　辛卯)　碧珍人　密陽(崇眞)
李駿求(君逸　戊寅)　韓山人　安東(一直　蘇湖)
宋倫載(德裕　庚寅)　冶城人　達城(多漸　汶陽)
趙泰奎(克明　丁酉)　咸安人　咸安(代山　長圃)
孫熙朝(廷顯　庚戌)　密城人　密陽(退老)
安泰遠(榮夫　庚寅)　廣州人　密陽(華溪)
崔遠敎(文振　癸未)　慶州人　達城(玄風　虎洞)
崔薰敎(致崇　壬午)　慶州人　居昌(南下　芝山)
李圭貞(元若　己卯)　月城人　山淸(今西　梅谷)
李圭亮(普賢　癸未)　月城人　山淸(今西　梅谷)
全在瀚(子亨　壬辰)　慶山人　密陽(西田)

全彦秀(啓甫 乙巳) 慶山人 密陽(西田)

金秉勳(辛亥) 金海人 金海(台亭)

鄭長煥(度馨 癸未) 晋州人 晋州(寺奉 馬寺)

鄭昌錫(士彦 辛卯) 晋州人 晋州(寺奉 馬寺)

鄭璉錫(聲灝 己亥) 晋州人 晋州(寺奉 馬寺)

鄭觀秀(聖國 癸酉) 東萊人(參領) 高陽(龍江 阿峴)

盧時容(而聖 癸酉) 光州人 艸溪(赤中 中洞)

盧琪容(亨叔 辛巳) 光州人 艸溪(赤中 中洞)

盧正商(克修 乙酉) 光州人 艸溪(赤中 中洞)

盧泰容(子安 丁亥) 光州人 艸溪(赤中 中洞)

徐相孝(乃愉 丁亥) 達城人 慶山(中方)

朴漢明(仁瑞 甲寅) 密陽人 密陽(法興)

崔洪烈(順若 甲戌) 和順人(進士) 居昌(南下 月谷)

成熙永(景穆 己酉) 昌寧人 昌寧(南谷 鼓谷)

曺廷履(祥夫 己酉) 昌寧人 昌寧(元村)

盧永愼(懼仲 庚戌) 光州人 昌寧(菊洞)

金永埴(允夫 丙午) 瑞興人 密陽(杜谷)

金瓘東(養賢 丁卯) 瑞興人 昌寧(桂八)

安秉熙(天弼 丙午) 廣州人 密陽(青雲)

嚴翼中(允執 壬子) 寧越人 昌寧(美洞)

文廷洙(列卿 辛亥) 南平人 昌寧(美洞)

河鳳奎(瑞五 辛亥) 晋陽人 昌寧(桂八)

李容憲(章伯 壬子) 廣州人 昌寧(詞里)

金熙政(在衡 壬子) 瑞興人 昌寧(桂八)

辛泳近(致遠　庚戌) 靈山人　昌寧(牛川)

金性東(正現　丁酉) 瑞興人　玄風(水門)

河宗泰(漢汝　壬子) 晋陽人　昌寧(甘洞)

曺憲鍾(　　庚戌) 昌寧人　密陽(中里)

李元常(聖綱　庚子) 碧珍人　宜寧(來濟)

朴純鎬(德文　癸酉) 密陽人　達城(汶陽)

柳冑榮(舜敎　己卯) 豐山人　安東(豐南　河回)

元成喜(尼淳　乙酉) 原州人　昌寧(茅谷)

金永鐸(恩重　辛未) 慶州人　慶州(外東　薪溪)

朴坤復(元雷　丙申) 密城人　慶州(西面　花川)

元昶喜(成國　乙未) 原州人　宜寧(正谷　佳峴)

朴在禧(克卿　戊子) 高靈人　高靈(桃津)

朴基洛(汝玉　辛卯) 高靈人　高靈(桃津)

朴在龍(雲瑞　癸未) 高靈人　高靈(雙洞　鶴洞)

朴在淵(學源　辛卯) 高靈人　高靈(桃津)

柳道昇(舜卿　丙子) 豐山人　尙州(愚川)

李世鎬(允顯　辛卯) 眞城人　禮安(陶山　遠村)

李基仁(子剛　甲午) 星山人　星州(月恒　大浦)

李雲模(泰仲　乙亥) 碧珍人　宜寧(洛西　雲谷)

崔鍾國(聲老　甲申) 慶州人　大邱(漆溪)

崔斗永(泰賢　辛卯) 慶州人　大邱(漆溪)

崔之永(綱仲　壬辰) 慶州人　大邱(漆溪)

金萬植(衡一　丁卯) 義城人　安東(臨河　川前)

裵炳翰(汝鸞　壬午) 星山人　高靈(鶴洞)

金鍾敏(泰洪　丙申)　慶州人　漆原(北面　鶴洞)

金鍾崙(遠弼　癸卯)　慶州人　漆原(北面　鶴洞)

李漢坤(文卿　庚子)　星州人　昌寧(茅谷)

盧佑錫(性佑　辛卯)　光州人　昌寧(菊洞)

宋昌善(順汝　乙酉)　冶城人　昌寧(上東　烏谷)

全正瀚(　　戊申)　慶山人　昌寧(西田)

朴怡杓(伯允　癸丑)　密城人　密陽(堂斗)

己巳三月　日

金昇柱(永遂　乙酉)　商山人　丹城(法勿)

金漢鍾(警百　丙戌)　商山人　丹城(法勿)

鄭仁恢(善止　辛巳)　東萊人　宜寧(華陽　三亭)

張世杓(濟卿　癸未)　昌寧人　昌寧(大巖)

張一昊(而貫　丁亥)　昌寧人　昌寧(澗赤)

徐泰佑(明辰　丙戌)　利川人　蔚山(上北　吉川)

徐海鍾(聲重　庚寅)　利川人　蔚山(鳴村)

金佑經(敬三　丁亥)　慶州人　蔚山(鳴村)

成度永(順長　乙未)　昌寧人　昌寧(直橋)

周錫希(泰汝　甲申)　尙州人　漆原(南龜)

周錫玹(孔汝　己丑)　尙州人　漆原(南龜)

金尙坤(仁汝　甲辰)　金海人　淸道(梅田　內洞)

孫台炫(明老　辛卯)　密陽人　晋州(一班城　雲川)

孔孝永(仲源　戊寅)　曲阜人　昌寧(智谷)

安埈浩(性天　丁亥)　康津人　陜川(赤中　磊方)

許　格(知卿 庚戌) 陽川人 固城(華村)

孫錫綱(敬執 乙酉) 密陽人 昌寧(高巖 億萬)

孫錫維(持卿 壬辰) 密陽人 昌寧(高巖 億萬)

河禹善(子導 甲午) 晋陽人 晋州 安溪(今河東玉宗面安溪里)

辛未八月 日

李相宇(景春 己巳) 廣州人 漆谷(梅院)

孫夏鉉(璣中 辛未) 密城人 密陽(校洞)

申翊均(賢弼 癸酉) 平山人 密陽(新法)

曺鼎煥(永九 乙亥) 昌寧人 密陽(玉泉)

陳東旭(道淑 壬申) 驪陽人 昌寧(大谷)

朴萬杓(章玉) 密陽人 密陽(鼎谷)

朴聖杓( ) 密陽人 密陽(鼎谷)

朴謨杓( ) 密陽人 密陽(堂斗)

成繼鎬(極初 癸未) 昌寧人 昌寧(直橋)

趙說濟(殷卿 乙未) 咸安人 咸安(山仁 八谷)

孫良秀(叔度 乙亥) 密城人 密陽(茶院)

李炳國(世卿 壬午) 眞城人 寧海(丑山 瓦皐)

李世敎(聖則 辛巳) 眞城人 寧海(丑山 瓦皐)

河禹善(子導) 晋陽人 晋州

5

구사잠九思箴

성재性齋 허전許傳이 문인門人 소눌小訥
노상직盧相稷에게 지어 준 잠箴

구사잠九思箴

爲盧相稷

[性齋先生文集 卷17 九思箴 爲盧相稷作]

구사잠九思箴은 허성재許性齋가 만년에 서울의 공덕동에 은거隱居할 제, 김해金海에서 찾아온 노상직盧相稷이 몇 년 동안 글을 읽고 고향으로 돌아갈 때에 지어준 잠箴이다.

[一] 사명思明

天有日月兩曜幷明	천유일월양요병명
普照萬物無幽不明	보조만물무유불명
唯大人者與合其明	유대인자여합기명
九疇五事曰視曰明	구주오사왈시왈명
物慾交蔽莫能開明	물욕교폐막능개명

하늘에는 일월이 있어, 두 천의天衣가 함께 밝아
만물을 두루 비추어, 밝히지 않는 어둠이 없도다.
오직 대인大人이라야, 그 밝음과 합치되나니
홍범구주洪範九疇의 오사五事에, '그 봄에 밝음이라'이라 하였나니

물욕物欲에 가리우면, 열어도 밝지 못하느니라.

우시사명右視思明

[二] 사총思聰

耳竅於外聲入心通	이규어외성입심통
不聞而式道積于躳	불문이식도적우궁
無聲而聽誠發于中	무성이청성발우중
淫樂姦聲過之如風	음락간성과지여풍
非禮勿聽聽德惟聰	비례물청청덕유총

귀를 통하여, 소리가 들어와 마음에 통하나니
귀에 들리지 않고도 조심하여, 도道가 몸에 쌓이나니.
소리 없는데서 들음은, 성誠이 그 가운데 발하면
음란한 음악 간사한 소리도, 바람처럼 지나가나니
예禮가 아니거든 듣지 않으면 덕德을 들음에 총聽하니라.

우청사총右聽思聰

[三] 사공思恭

人有形貌天地之肖	인유형모천지지초
動靜威儀可象可傚	동정위의가상가효
勿設怠慢亟遠厲暴	물설태만극원려폭
敬主於內發而爲恭	경주어내발이위공
莊爾色容肅爾氣容	장이색용숙이기용
靡事不敬嗟嗟凡庸	미사불경차차범용

사람의 형모形貌가 천지天地를 닮아
동정動靜의 위의威儀가 상像을 이루고 본받나니.
태만하지 말고, 거칠고 난폭함을 멀리하여
경敬으로 주일主一하여 공경히 관觀하라.
네 안용顏容을 가지런히 하고, 네 기상을 숙연히 하라.
사事에 동動하면 경敬을 잃나니, 범부의 마음씀이가 그르치니라.

우모사공右貌思恭

[四] 사온思溫

天地絪縕太和之元	천지인온태화지원
人稟純氣春陽之溫	인품순기춘양지온
君子克念德性之尊	군자극념덕성지존
厥有顔色發於心根	궐유안색발어심근
婉容愉色可以事親	완용유색가이사친
和氣柔色可以接人	화기유색가이접인
粹面盎背維德之純	수면앙배유덕지순
不動聲色可以化民	부동성색가이화민
溫溫其恭肫肫其仁	온온기공순순기인

천지의 인온絪縕은 태화太和의 원元이요
사람이 받은 순기純氣는 춘양春陽의 따뜻함이라
군자는 정념을 제除하여 덕성의 존귀를 생각하나니
그 가진 얼굴빛은, 마음의 근원에서 발하는 법.
부드러운 용모 유쾌한 낯빛으로 부모를 섬길 수 있고
화평한 기운 온유한 낯빛으로 사람을 접할 수 있으며
수면앙배粹面盎背는 덕德의 순수純粹가 드러남이라
소리와 낯빛 움직이지 않고서도 백성을 교화할 수 있고
따스하고 따뜻한 공경이라, 순순肫肫한 인仁이로라.

우색사온右色思溫

[五] 사충思忠

三寸之舌伏在口中	삼촌지설복재구중
言由心動疾於駟駥	언유심동질어사융
樞機之發出好興戎	추기지발출호흥융
利口則覆尙口乃竆	이구칙복상구내궁
詖淫之辭害於聖功	피음지사해어성공
邪誕之說陵駕虛空	사탄지설능가허공
惡言不出公言則公	악언불출공언칙공
非言勿言言必思忠	비언물언언필사충

세 치 혀가, 입 안에 엎드려 있어
말은 마음이 움직임이라, 천리마보다 빠른 법.
추기樞機를 발함에, 호好와 쟁爭이 있나니
이구利口는 뒤집어지고, 상구尙口는 궁하게 되며
피음詖淫의 언어言語는 향성向聖공부에 해가 되고
사탄邪誕한 말은, 허공으로 치닫나니,
악언惡言을 내지 말고, 공언公言을 공公다이 하며
헛말을 말며, 말은 반드시 곧음을 생각하라.

우언사충右言思忠

[六] 사경思敬

堯欽舜恭禹祗湯敬	요흠순공우기탕경
敬以直內敬以顯性	경이직내경이현성
靜存動察表裏交正	정존동찰표리교정
天君主一百軆從令	천군주일백체종령
夙夜戒懼安於義命	숙야계구안어의명
事事必敬希賢希聖	사사필경희현희성

요堯의 흠欽과 순舜의 공恭, 우禹의 지祗와 탕湯의 경敬이라.
경敬으로 성性을 밝히면, 경敬으로 성性이 드러나나니
정靜을 존存하고 동動을 살펴, 겉과 속이 발라서
천군天君이 주일主一하면 심신心身이 명命을 따르나니.
밤낮으로 정情을 경계하여, 의명義命에 편안하면
일마다 반드시 경敬하여 현성賢聖이 나타날지라.

우사사경右事思敬

[七] 사문思問

書戒畜疑庸訓審問	서계축의용훈심문
大舜之知好察好問	대순지지호찰호문
尼父之訓不恥下問	니부지훈불치하문
惑之不解從師而問	혹지불해종사이문
如攻堅木是謂善問	여공견목시위선문
起疑無疑辨之以問	기의무의변지이문

서경書經에 의심 쌓음 경계하고 중용中庸에 살펴 물어라 했지.
대순大舜의 지혜智慧는 살피고 묻기를 좋아함이었네.
공훈孔訓에도 아래에게 묻기 부끄러워 않는다 했네.
미혹迷惑이 풀리지 않으면 스승에게 물을지니
단단한 나무 다스리듯 함이, 질문質問을 잘 함이오
의심疑心 없는 곳에 의문疑問을 일으켜, 물음으로 변론辯論할 지라.

우의사문右疑思問

[八] 사난思難

忿怒氣之發難制而易亂	분노기지발난제이역란
忿懥心不正是其所由亂	분치심부정시기소유란
忿疾不能忍亦其所以亂	분질불능인역기소이란
惟懲忿可以已亂	유징분가이이란
惟蠲忿可以止亂	유견분가이지란

분노憤怒는 기氣가 발함이라 제어키 어렵고 어지럽기 쉬우며
분노는 마음이 바르지 않음이라 어지럽게 되나니.
분노를 참지 못하면 또한 어지럽게 되는 법.
오직 분忿을 억눌러야만 난亂을 그칠 수 있고
오직 분을 덜어내야만 난을 멈출 수 있네.

우분사난右忿思難

[九] 사의思義

生民有欲其蔽也得	생민유욕기폐야득
寒欲得衣飢欲得食	한욕득의기욕득식
得位得祿必於有德	득위득록필어유덕
臨財苟得小人所利	임재구득소인소리
患得患失鄙夫之事	환득환실비부지사
卓彼君子見得思義	탁피군자견득사의

사람들에게 욕심欲心 있어 구求함에 엄폐되나니.
추위에 옷을 구하고, 굶주리면 음식 얻으려하나니.
위位를 얻고 녹祿을 얻음은, 반드시 덕德이 있어야 하나
재물을 구차히 얻음은, 소인이 이롭게 여기는 바요
얻고 잃음을 걱정함은, 비루한 사내의 일이로다.
우뚝할사 군자君子는, 견득見得에 의義를 생각하나니.

우견득사의右見得思義

[구잠총의九箴總意] 용덕容德

敬以直內天君泰然	경이직내천군태연
正其容軆氣像儼然	정기용체기상엄연
不動聲色山嶽嵬然	부동성색산악외연
惟德之厚所立卓然	유덕지후소립탁연

경敬으로 성性을 조照하면, 천군天君이 우뚝하나니
그 용체容體가 바르면 기상氣像이 엄연할지라.
성색聲色이 부동不動하여, 산악山嶽처럼 우뚝함은
오직 덕德이 두터워, 선 바가 탁연卓然할지라.

우위용덕右立容德

치주峙注

천군天君은 열자列子의 말이다. 뜻은 도심道心, 성性이다. 사람의 본성本性을 가리킨다. 허성재許性齋가 도심道心을 천군天君이라 일렀다. 소눌小訥도 그의 벽설壁說에 도심道心을 천군天君이라 이른다.

성재 허전性齋 許傳

성재性齋 허전許傳은 하려下廬의 황덕길黃德吉의 수문인이다. 숭주崇朱의 독서讀書가 있으며, 저술에 사의士義와 종요록宗堯錄이 있다. 심학의心學義는 소눌小訥 노상직盧相稷에게 준 구사잠九思箴 등이 있다. 대표저술은 종요록宗堯錄이다.

종요록宗堯錄에 성性은 둘[二]이라 하고, 정情은 일곱[七]이라 명언明言하였는데, 이는 정주程朱의 설을 피할 수 없는 까닭으로 보인다. 종요서宗堯序에 "육경六經의 공부는 함께 도道에 들어가기 위한 것"으로 말한 바, 만민평등사상萬民平等思想의 의義가 보인다.

산청 법물마을에 이택당麗澤堂이 있다. 벗끼리 서로 도와 학문을 닦고 수양에 힘쓰는 집이란 뜻이다. 성재性齋의 학덕學德을 기리기 위해 제자들이 건립한 것이다. 당호堂號의 출처는 순암順庵 안정복安鼎福이다. 성재는 64세 때 예서禮書인 사의士儀를 완성했다. 조선선비예의 결산이라는 평이 있다. 65세에 수전록受廛錄을 편찬하고, 66세 때는 종요록宗堯錄을 지었는데, 그 서문에 이르기를,

> 육경六經의 공부는 함께 도道에 들어가기 위해서인데 도道의 체體와 그 쓰임[用]은 대학大學에 밝혀 놓았다. 성현聖賢의 도통심법道統心法은 모두 대학大學에 있으니 공자孔子가 도道를 증자曾子

에게 전한 것도 이 책에 있다. 그러나 시대가 내려올수록 더욱 도道가 쇠퇴해져 누가 대학大學의 종지宗旨나 요점要點을 알겠는가?

하고 또 이른다.

> 대학大學이 못난 나에게도 전해졌으니 참람僭濫함을 헤아리지 않고, 이제 감히 장章을 이끌어 표시하여 천민天民이나 경덕敬德같은 도설圖說을 하였으며, 경전經典이나 선유先儒들의 말을 수집하여, 무릇 수기치인修己治人에 유익한 것은, 종류를 나누어 붙여 종요록宗堯錄이라고 명명한 것

이라 했다. 방산舫山 허훈許薰이 성재性齋의 학통을 퇴계연원退溪淵源이라 찬했다. 성재의 학풍을 이은 이에 박치복朴致馥, 노상직盧相稷 등이 있다. 성재性齋는 김해부사 시절, 남명南冥이 자주 찾던 함허정涵虛亭에서 강학講學했다. 1866년 2월에는 산해정山海亭을 찾아 강학을 했다. 5월에는 노필연盧必淵 등 70여 문도와 함께 함안의 합강정合江亭에 모여 선유船遊를 하고, 시詩를 모아 용화동주록龍華同舟錄을 남겼다. 이는 동파東坡를 은모隱慕하는 뜻이다. 또한 합강정合江亭은 한강寒岡 정구鄭逑와 여헌旅軒 장현광張顯光이 배를 띄운 곳이다. 성재는 90세 1886년 9월 23일 불권당不捲堂에서 구순九旬의 생을 마쳤다. 그의 문집은 45권이 전한다. 잡저는 사의士儀, 사의절요士儀節要, 철명편哲命篇 등 9권이 있다.

6

소눌연보小訥年譜

『先府君編年』 抄譯
成齋 盧家容(1893~1940) 撰
鄭錫胎 抄譯

소눌연보小訥年譜

『선부군편년先府君編年』 초역抄譯

○ 1855년(철종6, 을묘) 1세

- 11월 21일 신시申時에 김해부金海府 생림방生林坊(한림면翰林面) 금곡리金谷里 집에서 태어나다.

  * 부친 극재克齋 노필연盧佖淵(1827~1885)과 모친 숙부인淑夫人 창녕성씨昌寧成氏(1821~1886) 사이에서 2남으로 태어났고, 나중에 계부季父 우당愚堂 노호연盧滈淵(1843~1868)에게 양자[祭養]를 갔다. 모친 숙부인 창녕성씨는 거인巨人이 대문으로 들어오는 태몽을 꾸고 부군府君을 가졌는데, 태어날 때 자황색紫黃色 기운이 방을 둘렀다고 한다. 자는 치팔致八, 호는 소눌小訥·눌인訥人·자암병수紫巖病叟, 본관은 광주光州이다.

  ▪ 백형伯兄 대눌大訥 노상익盧相益(1849~1941)

○ 1856년(철종7, 병진) 2세

○ 1857년(철종8, 정사) 3세

○ 1858년(철종9, 무오) 4세

◯ 1859년(철종10, 기미) 5세

• 부친 극재공克齋公에게 『효경孝經』을 처음으로 배우다.

* 극재공은 가르치는데 몹시 엄격하여, 외우는 것이 한 글자라도 틀리면 종아리가 부르트도록 회초리를 맞았다.

◯ 1860년(철종11, 경신) 6세

• 작게 만든 책자를 발견하고는, 소매 속에 넣고 다니면서 틈이 나는 대로 수시로 꺼내서 읽다.

◯ 1861년(철종12, 신유) 7세

• 『소미통감少微通鑑』을 읽다.

* 문리文理가 통해서 장자長者가 설명해 주지 않아도 다른 사람에게 고금 역사의 흥망치란興亡治亂에 대해 자신의 말처럼 외어서 말해 줄 수 있었다.

◯ 1862년(철종13, 임술) 8세

• 겨울, 도둑이 밤에 집에 들어왔다가 발각되어 놀라 달아나다. 다음날 아침, 도둑이 흘리고 간 신발을 보고는 근심스러운 얼굴로 말하기를 "이렇게 추운 겨울밤에 발은 상하지 않았는지 모르겠다"라고 하다.

◯ 1863년(철종14, 계해) 9세

• 여름, 김해金海 금곡金谷 용봉재龍鳳齋에서 하과夏課를 하다.

* 작문作文을 함에 도도滔滔하게 수천 자에 이르는 글을 문득

지어내니, 함께 하과를 하던 서재의 노소 제생들이 모두 '글항아리文甕'라고 일컬었다.

○ 1864년(고종1, 갑자) 10세

• 극재공에게 『중용中庸』과 『대학大學』을 배우다.

○ 1865년(고종2, 을축) 11세

• 『논어論語』와 『맹자孟子』를 읽다.

* 이로부터 장자長者에게서 가르침을 받지 않고도 능히 깊은 뜻을 알 수 있었다. 극재공은 드러내놓고 칭찬하지는 않았지만, 크게 성취할 것으로 기대하였다. 이때 성재性齋 허전許傳(1797~1886)이 김해부사로 와서 자신의 사저 공여당公餘堂을 개방하여 인근 지역의 학자들을 맞이하였는데, 가르침을 받으러 오는 사람이 많았다. 극재공은 집지執贄의 예禮로 배알拜謁하는데 부군이 배종陪從하였다. 성재선생은 부군을 총명하고 영특하다고 하면서 몹시 사랑하였다.

○ 1866년(고종3, 병인) 12세

• 극재공을 따라가서 성재선생을 공여당公餘堂에서 뵙다.

* 지난해 가을 성재선생이 제생들과 김해 함허정涵虛亭에서 강학하면서 창수시첩唱酬詩帖을 남겼는데, 부군은 그 자리에 참여하지 못하였다. 이로부터 15년이 지난 경진년(1880년, 고종17), 성재선생을 한양의 불권당不倦堂에서 다시 뵙고 가르침을 받을 때, 함허정 창수시첩을 보고는 그 원운原韻에

차운한 시 「경차성재허선생함허정강회운敬次性齋許先生涵虛亭講會韻 병서幷敍」를 지어 성재선생에게 의귀해서 도를 배우겠다는 뜻을 밝혔다.

• 『시전詩傳』을 읽다.

○ 1867년(고종4, 정묘) 13세

• 『서전書傳』과 『주역周易』을 읽다.

○ 1868년(고종5, 무진) 14세

• 4월, 계부季父 우당공愚堂公이 돌아가시다.

＊ 이때는 우당공에게 혈속血續이 있어서 아직 양자를 가지 않았기 때문에 참쇠斬衰의 상복을 입지 않았다.

○ 1869년(고종6, 기사) 15세

• 처음 향시鄕試에 응시하다.

○ 1870년(고종7, 경오) 16세

○ 1871년(고종8, 신미) 17세

• 여름, 김해 연자루燕子樓에서 하과夏課를 하다.

＊ 이때 박원璞園 정현석鄭顯奭(1817~?) 공이 김해부사로 와서 관내 자제들을 모아 하과를 열었기 때문에 참여하게 된 것이다.

• 겨울, 장수황씨長水黃氏(1853~1886)와 혼인하다.

* 사헌부집의 귀원歸園 황기원黃起源(1794~1862)의 손녀이고, 통덕랑 황계黃棨의 따님이다.

○ 1872년(고종9, 임신) 18세

• 가을, 진주晋州를 유람하다.

* 촉석루矗石樓 제영題詠이 있다.

○ 1873년(고종10, 계유) 19세

• 8월, 가형家兄 시강공侍講公(대눌大訥 노상익盧相益)을 따라 한양의 새문밖에 가서 성재선생을 뵙다.

* 성재선생은 "신진新進의 젊은이들이 자신의 뜻을 잃어버리고 시학을 좇는 병통이 있는데, 배우는 사람은 뜻을 세우는 것이 소중하다"라고 하시니, 부군은 듣고서 더욱 신뢰하게 되었다.

• 상주尙州 낙동洛東에 가서 낙파洛坡 유후조柳厚祚(1798~1876) 선생을 뵙고, 그 자제 계당溪堂 유주목柳疇睦(1813~1872) 선생의 상에 곡을 하다.

* 극재공이 일찍이 계당溪堂선생을 사사했기 때문에 이번 행차를 하게 된 것이다.

○ 1874년(고종11, 갑술) 20세

• 『광산문헌고光山文獻考』를 엮다.

* 10세조 옥촌沃村 노극홍盧克弘(1553~1625), 종9세조 월촌月村 노세후盧世厚(1583~1663, 옥촌沃村의 자子), 8세조 국담菊潭 노해盧垓(1598~1663, 옥촌沃村의 손孫) 세 선생의 일

고逸稿를 엮은 것이다.

• 10월, 맏아들 식용寔容이 출생하다.

＊ 가형 시강공侍講公의 후사後嗣가 되었다.

○ 1875년(고종12, 을해) 21세

• 1월, 대구大邱의 선사백일장選士白日場에 응시하러 가다가 말이 병이 나서 돌아오다.

• 여름, 김해 양사재養士齋에서 하과夏課를 하다.

• 5월, 『고시록顧諟錄』을 엮다.

＊ 부군은 그 서문序文에서 "나는 5세에 『효경孝經』을 배우고 10세에 『대학大學』과 『중용中庸』을 배웠지만 과거공부에 꼭 도움이 되지는 않겠다는 생각에 깊이 탐구하지 않았는데, 19세에 성재선생 문하에서 가르침을 받게 되면서 처음으로 자신의 덕성德性을 함양하는 위기지학爲己之學에 대해 듣고 비로소 그 요체가 효친孝親·율성率性·명덕明德 등임을 알게 되어, 그 3종의 책을 차례차례 자세히 읽고 보고서야 입신행도立身行道하고 존양성찰存養省察하고 치국평천하治國平天下하는 근본이 모두 갖추어져 있음을 알게 되었기에, 작은 권자卷子를 만들어 그 내용 중 요체가 되는 것을 초록抄錄해서 『서경書經』「상서商書 태갑상太甲上」의 '하늘의 밝은 명령을 늘 살펴본다顧諟天之明命'라는 뜻을 취하여 『고시록顧諟錄』이라고 했다"라고 하였다.

• 8월, 족형族兄 주사공主事公 노상설盧相說과 거창居昌의 향시鄕試에 응시하다.

◯ 1876년(고종13, 병자) 22세

- 함안咸安 입곡立谷의 여음정사廬陰精舍에 가서 일산一山 조병규趙昺奎(1846~1931)를 만나다.
- 『소화시선小華詩選』, 『학요선學要選』, 『병학요선兵學要選』을 엮다.
- 『심경心經』을 초록하다.
- 장조부 귀원歸園 황기원黃起遠 공의 유고遺稿 『귀원유집歸園遺集』을 편교編校하다.

◯ 1877년(고종14, 정축) 23세

◯ 1878년(고종15, 무인) 24세

- 봄, 한양의 축동畜洞에 가서 성재선생을 뵙고 『대학大學』을 배우다.
- 『사서의해四書疑解』를 짓다.

◯ 1879년(고종16, 기묘) 25세

- 3월, 『명사총요明史總要』를 초절抄節하다.
- 12월, 극재공의 명에 따라 창녕昌寧 국동菊洞으로 환거還居하다.

◯ 1880년(고종17, 경진) 26세

- 2월, 정헌定軒 이종상李鍾祥(1799~1870) 공의 개장改葬에 만시挽詩를 짓다.

- 4월, 경과慶科 감시監試(초시初試)에 합격하다.
- 6월, 회시會試에 낙방落榜하다.
- 9월, 극재공이 창녕 국동으로 환거還居하다.
- 가을, 한양 축동 불권당不倦堂에 가서 성재선생을 뵙고『논어論語』를 배우다.
- 11월, 성재선생이「구사잠九思箴」을 지어주며 학문學問을 면려勉勵하다.
- 사간원정언司諫院正言 삼원당三元堂 허원식許元栻(1828~1892)의 시폐소時弊疏를 읽고, 그 뜻에 크게 감동한 심회를 적은 시「제허겁유시폐소후삼수題許拾遺時弊疏後三首 병서幷敍」를 짓다.

◯ 1881년(고종18, 신사) 27세

- 2월, 생모 숙부인 창녕성씨의 61세 생신回甲을 축수祝壽하다.
- 여름, 한양 축동에서 하과夏課를 하다.
- 5월,『지감시첩志感詩帖』을 엮다.
  - * 이조판서吏曹判書 용산蓉山 정건조鄭健朝(1823~1882)가 상주上奏해서 증조부 묵와공默窩公(노우수盧禹壽, 1778~1848)과 조부 도천공道川公(노봉문盧奉文, 1807~1855)이 각각 학행學行과 효행孝行으로 사헌부감찰司憲府監察에 추증追贈되니, 당시의 많은 사대부士大夫들이 시를 지어서 축하하였다. 그 시들을 모아서 엮은 것이『지감시첩志感詩帖』이다.
- 10월, 고향 창녕으로 돌아오다.
  - * 성재선생이 증서贈序를 지어 송별하면서, 과거시험에 낙방

한 것을 위로하는 한편, 그에 구애되지 않고 학문에 더욱 열심히 노력하는 것을 칭찬하였다.

- 겨울, 『하성징신록夏城徵信錄』을 짓다.

○ 1882년(고종19, 임오) 28세

- 2월, 한양 축동에 가서 성재선생을 뵙다.
- 3월, 가형 시강공侍講公이 별시문과別試文科 을과乙科 제1인으로 급제하다.
- 5월, 동당시東堂試(초시初試)에 입격入格하다.
- 10월, 회시會試에 낙방落榜하다.
- 11월, 과천果川 맥계麥溪에 가서 성재선생을 뵙고 집으로 돌아오다.

  * 이때 성재선생은 도성都城이 임오군란壬午軍亂으로 소요騷擾했기 때문에, 맏아들이 수령으로 있는 과천 청계산淸溪山 기슭 맥계의 최씨崔氏 전장田莊을 세내어 지내고 있었다.

- 『좌해쇄문左海瑣聞』을 짓다.
- 겨울, 청하靑下 조제화趙濟華(1816~?) 공에게 우당공愚堂公의 묘갈명墓碣銘을 지어줄 것을 부탁하다.

○ 1883년(고종20, 계미) 29세

- 1월, 조모祖母 숙부인淑夫人 파평윤씨坡平尹氏(1807~1883)의 상喪을 당하다.
- 여름, 창녕 국동의 추원재追遠齋에서 하과夏課를 열다.

  * 찾아와서 배운 사람이 30여 명이나 되었다.

• 8월, 한양 새문 밖 냉천동冷泉洞에 가서 성재선생을 뵙다.
• 11월, 응제시應製試에 응시해서 급분給分을 얻다.
• 겨울, 소재穌齋 노수신盧守愼(1515~1590) 선생, 한강寒岡 정구鄭逑(1543~1620) 선생, 서애西厓 유성룡柳成龍(1542~1607) 선생, 여헌旅軒 장현광張顯光(1554~1637) 선생, 우복愚伏 정경세鄭經世(1563~1633) 선생, 미수眉叟 허목許穆(1595~1682) 선생의 문묘文廟 종사從祀를 청원하는 소청疏廳에 참여하다.
  * 이때 부군은 직일直日로, 평소 나라 안의 문헌文獻에 익숙하였기 때문에 그 자리에 모인 수천 명의 성명을 상소문上疏文에 막힘없이 기록하니, 명성이 당시에 더욱 높아졌다.

◯ 1884년(고종21, 갑신) 30세

• 2월, 『맹자孟子』를 읽다.
• 여름, 창녕 국동 추원재追遠齋에서 강학하다.
  * 찾아와서 배우는 사람이 더욱 많아졌다.
• 6월, 한양에 가서 시강공侍講公을 뵙다.
  * 이때 시강공侍講公은 성균관전적成均館典籍에서 사헌부지평司憲府持平으로 자리를 옮겼다.
• 8월, 창녕 국동의 집으로 돌아오다. 『시선詩選』을 엮다.
• 9월, 한양에 갔다가 갑신정변甲申政變을 겪다. 『명사明史』를 읽다.
• 10월, 정부에서 일본과 우호적인 관계를 맺는다고 하여 그 문제점을 지적하려고 상소문을 초했다가, 벼슬을 하고 있지 않은 선비가 시사時事를 논하는 것은 무익할 뿐만 아

니라, 도리어 이름을 구한다는 비판을 받을 것이라는 말을 듣고 그만두다.

○ 1885년(고종22, 을유) 31세

• 4월, 극재공의 상을 당하다.

* 이때 부군과 시강공侍講公은 한양에서 분상奔喪하였는데, 시병侍病과 임종을 하지 못한 것을 지극히 애통해 하였다.

• 10월, 한양 새문 밖 냉천동冷泉洞에 가서 성재선생을 뵙고, 극재공의 묘갈명墓碣銘을 지어줄 것을 부탁하다.

• 11월, 여막廬幕으로 돌아오다.

○ 1886년(고종23, 병술) 32세

• 1월, 부인 유인孺人 장수황씨長水黃氏가 별세하다.

* 광기壙記 「고실유인황씨광기故室孺人黃氏壙記」가 있다.

• 7월, 생모 숙부인 창녕성씨의 상을 당하다.

• 9월[22일], 성재선생이 별세하다. 부음訃音을 듣고는, 설위設位하고 곡을 하다.

* 심상心喪을 하였다.

• 12월, 「성재선생행장의초性齋先生行狀擬草」를 짓다.

* 모두 13,600여 자이다.

○ 1887년(고종24, 정해) 33세

• 7월, 성재선생의 영연靈筵에 곡을 하다. 제문祭文을 지어 치제致祭하고, 과천 상초리霜草里(서초리瑞草里) 묘소에 성묘省墓하다.

• 성재선생의 조카 허운許運(1847~?)과 선생의 문집 초본『용어庸語』 33책을 교감校勘 편정編定하다.
• 『성재선생연보性齋先生年譜』를 엮은 뒤, 글을 지어 성재선생의 영정影幀에 고유하다.
• 「의결약儀契約」을 짓다.

◯ 1888년(고종25, 무자) 34세

• 1월, 김해에 가서 우당공愚堂公의 묘소에 성묘하다.
• 2월, 모부인母夫人 전주이씨全州李氏(1838~1888)의 상喪을 당하다.
  * 전주이씨는 낙주재洛洲齋 이수번李水旛(1578~1638)의 후손이고, 이정우李鋌宇의 따님이다.
• 4월, 모부인 전주이씨를 창녕 대곡大谷에 장사지내다.
• 여름, 「극기재학약克己齋學約」을 만들다.
• 『훈몽첩訓蒙帖(극기재훈몽첩克己齋訓蒙帖)』을 엮다. 「정읍예도홀庭揖禮圖笏」을 만들다. 『가례家禮』를 초抄하다. 「형제계위동소목설兄弟繼立同昭穆說」을 짓다.

◯ 1889년(고종26, 기축) 35세

• 1월 1일, 원조元朝에 「자경문自警文」을 짓다.
• 1월, 『여사수지女士須知』를 엮다.
  * 부녀자가 배워야 할 『열녀전列女傳』, 『소학小學』, 『삼강행실三綱行實』 등의 내용을 간추리고, 여기에 우리나라의 가언嘉言과 선행善行을 속록續錄으로 덧붙인 다음, 그것을 원문과 함

께 한글로 번역해서 엮었다. 그 편찬 취지를 서문序文 「여사수지서女士須知序」으로 밝혔다.

- 8월, 김해에 있는 우당공愚堂公 묘소를 이장해서 창녕 대곡大谷의 모부인 전주이씨 묘소에 합장하다.
- 가을, 『주인요편做人要編』을 엮다.

○ 1890년(고종27, 경인) 36세

- 5월, 모부인 전주이씨의 삼년상三年喪을 마치다.
- 9월, 진양하씨晋陽河氏(1873~1939)와 혼인하다.
  * 학생學生 하태긍河泰兢의 따님이고, 만헌晩軒 하석봉河錫鳳(1800~1872)의 손녀이다.
- 가을, 극기재克己齋에서 향음주례鄕飮酒禮를 행하다.
- 만성晩醒 박치복朴致馥(1824~1894)과 함께 5도道 사림士林에게 주창해서 단성丹城 법물法勿에서 『성재선생문집性齋先生文集』을 간행하기로 하다.

○ 1891년(고종28, 신묘) 37세

- 4월, 단성 법물의 여택당麗澤堂에 가다.
  * 이때 『성재선생문집』의 판각을 마치고 강당講堂이 신축되어 향음주례鄕飮酒禮를 행하였다.
- 『광주세고光州世稿』를 편집하다.
  * 동악東岳 노선경盧善卿, 묵재墨齋 노필盧㻶(1464~1532), 삼봉參奉 노수민盧秀民, 소암小菴 노수盧遂, 입재立齋 노흠盧欽(1527~1602), 화암和菴 노위盧偉(1531~1584), 옥촌沃村 노극홍

盧克弘(1553~1625), 매죽와梅竹窩 노극성盧克誠(1555~1629), 월화당月華堂 노극부盧克復(1573~1635), 월촌月村 노세후盧世厚(1583~1663), 국담菊潭 노해盧垓(1598~1663), 사매당四梅堂 노훈盧壎(1598~1646), 망호정望湖亭 노점盧坫(1600~1671), 송천松川 노석후盧碩垕(1631~1694), 방곡芳谷 노석빈盧碩賓(1639~1705), 해은海隱 노한석盧漢碩(1622~1702), 송음松陰 노한보盧漢輔(1635~1710), 창랑滄浪 노억盧嶷(1653~1732) 선생의 일고逸稿를 합편하니 모두 4책이다.

- 8월, 방리坊里의 유생儒生을 추원재에 소집해서 지패紙牌로 선성先聖과 선사先師를 배알하고는, 강석講席을 열어 고강考講하는데 선악적善惡籍을 두다.
  - * 이때 감사監司의 지휘를 받아 선발에 응해 강장講長이 되었다.
- 9월, 다시 제생諸生을 극기재克己齋에 모아서 고강考講하다.
  - * 청약聽約한 사람은 100여 명이었지만 강석講席에 나온 사람은 46명이었다. 그중 『소학小學』을 가지고 나온 사람이 반을 차지하여, 제생에게 『소학』의 의미를 올바르게 알고 실천하면서 읽었는지 묻겠다고 하고는 고강을 진행하였다.
- 10월, 족숙族叔 노응희盧應禧, 족손族孫 노재형盧在馨과 성주星州, 안동安東, 예안禮安 등지에 가서 여러 선현先賢의 사원祠院에 알묘謁廟하고, 여러 장덕長德을 만나고 돌아오다.
  - * 34일간 800여 리의 여행길에, 고령高靈 관동館洞에서 만구晩求 이종기李種杞(1827~1902), 양정陽亭에서 고헌顧軒 정래석鄭來錫(1808~1893)을 만나고, 성주 지촌枝村의 한강寒岡 정구鄭逑(1543~1620) 서원과 유적지를 들리고 후손을 만나고, 오

현梧峴 동강東岡 김우옹金宇顒(1540~1603) 묘소에 성묘하고, 봉화奉化 유곡酉谷의 충재冲齋 권벌權橃(1478~ 1548) 종가와 묘소 등을 들리고 이재頤齋 권연하權璉夏(1813~ 1896) 등 후손을 만나고, 안동 하회河回의 서애西厓 유성룡柳成龍(1542~1607) 종가와 병산서원屛山書院을 들려 후손을 만나고, 예안 토계兎溪의 퇴계退溪 이황李滉(1501~1570) 종가를 들리고 용산龍山 이만인李晩寅(1834~1897) 등 후손을 만나고, 하계下溪·원촌遠村 등의 퇴계 이황 후손을 만난 뒤 도산서원陶山書院을 들러 「도산도陶山圖」를 그리고, 분천汾川의 농암聾巖 이현보李賢輔(1467~1555)의 유적지와 사당을 들리고 후손을 만났으며, 안동 김계金溪의 학봉鶴峯 김성일金誠一(1538~1593) 종가와 사당을 들리고 종손 서산西山 김흥락金興洛(1827~1899)을 만나고 돌아왔다. 기행시紀行詩가 있다.

- 「옥야면강약결위의沃野面講約契立議」와 「옥야면강약결약조沃野面講約契約條」를 만들다.
- 「문당약속門黨約束」을 만들다.

○ 1892년(고종29, 임진) 38세

- 1월, 글을 지어 방리坊里 제생을 효유하다.
- 문당門黨들과 의논해서 추원재에서 『광주세고光州世稿』를 간행하다.
  - * 후지後識가 있다.
- 숙야실夙夜室이 완공되다.
  - * 매달 강약례講約禮를 행하였다.

○ 1893년(고종30, 계사) 39세

- 2월, 식용寔容이 응제진사시應製進士試에 합격하다.
- 3월, 아들 가용家容이 출생하다.
- 4월, 고헌顧軒 정래석鄭來錫(1808~1893)의 회장會葬에 참석하다.
  * 제문祭文 「제고헌정공문祭顧軒鄭公文」이 있다.
- 옥촌沃村(노극홍盧克弘), 국담菊潭(노해盧垓), 해은海隱(노한석盧漢碩) 세 선생의 묘갈후지墓碣後識(「십세조고옥촌선생묘갈후지十世祖考沃村先生墓碣後識」, 「팔세조고국담선생묘갈후지八世祖考菊潭先生墓碣後識」 등)를 짓다.
  * 이때 조정에서 임진왜란 때 의병을 일으킨 공훈으로 옥촌선생沃村先生을 이조참판吏曹參判에 추증하였고, 또 유소儒疏로 국담선생菊潭先生을 이조참의吏曹參議에 추증하고 그 자제 해은선생海隱先生을 이조판서吏曹判書에 추증하였기 때문에 후지後識를 지어 묘갈명墓碣銘 뒤에 적게 된 것이다.
- 7월, 창녕향교에서 제생의 강講을 받다.
- 사간원정언 석오石梧 권봉희權鳳熙(1837~1902)와 수파守坡 안효제安孝濟(1850~1916)가 직언直言으로 시폐時弊를 논하다가 해도海島에 위리안치圍籬安置되자, 그들을 격려하는 시 「기증권정언법강흑산도리중寄贈權正言法岡黑山島籬中」과 「기증안정언순중추자도리중팔수寄贈安正言舜仲楸子島籬中八首」를 지어서 부치다.

◯ 1894년(고종31, 갑오) 40세

• 9월, 만성晩醒 박치복朴致馥(1824~1894) 공의 죽음에 곡을 하다.

* 만사挽詞(「만만성박공십수挽晩醒朴公十首」)와 제문祭文(「제만성박공문祭晩醒朴公文」)이 있다.

• 11월, 시강공侍講公을 따라 가족을 데리고 김해의 옛집으로 피난하다.

* 이때 동학란東學亂이 일어나 마을이 소요했기 때문에 피난한 것이다.

• 『참삼록參三錄』을 엮다.

◯ 1895년(고종32, 을미) 41세

• 2월, 밀양密陽 금곡金谷에 우거寓居하다.

• 4월, 금산서당錦山書堂이 완공되다.

* 우거하고 있는 곳이 협소하고 또 서재도 없어서 초가 하나를 빌리려고 하자, 그곳에 사는 사람들이 자신들의 일이라고 하면서 힘을 모아 이 서당을 지어주었는데, 원근에서 믿고 따르는 이들이 찾아왔다. 퇴계 이황(1501~1570) 선생의 시 「도산복거陶山卜居」에 차운次韻한 시 「금산서당신성용이자도산복錦山書堂新成用李子陶山卜居韻」를 지어 앞으로 학문연구와 후진양성에 매진할 뜻을 밝혔다. 고금古琴 손휘수孫彙秀(1827~1896)가 기문記文 「금산서당기錦山書堂記」를 지었다.

• 5월, 고금 손장孫丈(손휘수)과 농암籠巖에 놀면서 시를 짓다.

* 점필재佔畢齋 김종직金宗直(1431~1492) 선생과 한훤당寒暄堂

김굉필金宏弼(1454~1504) 선생이 유상遊賞하던 곳이다. 이때 함께 유상한 사람들의 제명록題名錄의 서문序文 「농암제명서籠巖題名序」를 지었다.

◯ 1896년(고종건양1년, 병신) 42세

- 시강공侍講公을 따라 밀양 노곡蘆谷에 터를 잡다.
  * 금곡에서 동쪽으로 10리 떨어진 곳이다.
- 9월, 『극재집克齋集』을 간행하다.
- 자암초로紫巖草廬가 완공되다.

◯ 1897년(고종광무1년, 정유) 43세

- 봄, 『광주세고속光州世稿續』을 간행하다.
  * 6세조 금곡噤谷 노문필盧文弼(1650~1714), 5세조 낙재樂齋 노진헌盧振巘(1689~1756), 고조 임암林菴 노사정盧思程(1738~1814), 증조 묵와默窩 노우수盧禹壽(1778~1848), 조부 도천道川 노봉문盧奉文(1807~1855)의 일고逸稿를 합편한 것이다.
- 여름 이이정怡怡亭이 완공되다.
  * 시강공侍講公이 김해 모정慕禎 강가에 이 정자를 짓고는, 서쪽 문미門楣에는 대눌방大訥房이라는 편액을 걸고 동쪽 문미에는 소눌방小訥房이라는 편액을 거니, 형제가 화락하게 지낼 곳이 있게 되었다. 기문記文 「이이정기怡怡亭記」와 잡영雜詠 「이이정잡영怡怡亭雜詠」이 있다.
- 「공자불사노담설孔子不師老聃說」을 짓다.
- 12월, 아들 정용定容이 출생하다.

* 양자 가서 고조高祖의 종통宗統을 이었다. 이보다 앞서 삼종三從 종형宗兄 상헌相憲(1854~1886)이 후사 없이 죽고 종형의 종질도 또한 아들 하나밖에 없었기 때문에, 종형수宗兄嫂 창녕조씨昌寧曺氏(1853~1906)가 양자를 달라고 해도 허락하지 않았다. 從兄嫂는 일신을 의탁할 곳이 없어 울부짖지를 그치지 않자, 부군이 자신이 또 아들을 낳으면 양자를 줄 것이니 안심하라고 하였는데, 이 해에 정용定容이 출생해서 양자를 주게 된 것이다.

■ 시강공侍講公이 밀양 노곡에 노화정蘆花亭을 짓다.

* 기문記文 「노화정기蘆花亭記」가 있다.

◯ 1898년(고종광무2, 무술) 44세

• 상주尙州 도회道會에 가서 동락서원東洛書院의 통문通文을 작성하다.

* 이 행차에 문생門生 노재헌盧在憲(1874~?, 자字 성장聖章, 본本 광주光州, 족손族孫)과 유진옥柳震玉(1879~1928, 자 원진元振, 호號 거인居仁, 본 문화文化)이 배행하였다.

◯ 1899년(고종광무3, 기해) 45세

• 『익양기연翼陽紀年』을 엮다.

• 봄, 「관산재중건상량문冠山齋重建上樑文」을 짓다.

• 『자암일록紫巖日錄』을 쓰기 시작하다.

* 이때 먼 곳에서 배우려는 사람들이 모여들었다. 부군이 제생들에게 "벗 사이 경쟁함에 영명이 있나니, 사귀면서 영합

하길 일삼아야 되겠는가. 말과 행동 기록해서 바로잡고 경계하여, 잠시라도 나쁜 마음 생기지 말게 하라令名蓋在友之爭 相接那曾事合迎 籍記云爲規且警 須臾勿使惡心生"라는 시를 지어 보여주고, 또 훈시하시기를 "마땅히 장부 하나를 비치하여 매일 각자의 선악善惡을 기록해서 악을 없애고 선을 좇는데 도움이 되도록 해야겠고, 또 일을 처리하고 사람을 대하는 것을 아울러 기록해서 그 합당한 지의 여부를 살필 수 있게 해야겠다"라고 하였다.

- 동산銅山의 바위를 '나암懶巖'으로 명명하다.
  - * 바위는 나무그늘 속에 있는데, 제생들이 이곳에서 쉬다가 간혹 덥고 피곤해서 위의威儀를 갖추지 못하는 일이 있었기 때문에 이렇게 이름을 붙인 것이다.
- 하재下齋의 문을 '경수문警睡門'으로 명명하다.
  - * 상재上齋・중재中齋・하재下齋에서 지내는 제생들 가운데 늦게 일어나는 사람이 있었기 때문에 누가 문종이에 '수와睡窩'라고 써서 넌지시 꼬집었다. 부군이 보시고 말씀하기를 "잠자는 것을 좋아하는 사람은 이 문종이에 쓴 것을 보고서 경계하지 않겠는가"라고 하시고는, 조기종曺夔鍾(1880~1919, 자 순흠舜欽, 호 여암餘菴, 본 창녕)에게 그 문에다 '경수문警睡門'이라고 크게 써서 붙이게 하였다.
- 5월, 용중소容衆所가 완공되다.
  - * 제생들을 수용할 수 없어서 자암초로紫巖草廬 앞에다 임시 가옥을 지었다. 이필창李弼昌(1871~1911, 자 문극文極, 본 여주驪州)이 동쪽 문미門楣에다 '용중소容衆所'라고 쓰고, 조

정환曺正煥(1875~?, 자 의경義卿, 호 남강南崗, 별칭別稱 조진曺珍, 본 창녕)이 남쪽 문미에다 '피서대避暑臺'라고 쓰고, 이병무李炳務(1877~?, 자 유중裕仲, 본 여주)가 서쪽 문미에다 '유영대遊詠臺'라고 쓰고, 허함許銜(자 낙윤樂潤, 본 김해)이 북쪽 문미에다 '서식요棲息寮'라고 썼다. 부군이 조정환에게 말씀하기를 "임시가옥을 증수增修한 뒤로 제군들이 편액을 고치기를 청하기에 '유항시엄柳港詩广'으로 했으면 한다고 답하였지만, 다시 생각해 보니 '시詩'라는 글자는 한쪽으로 치우쳐 있다"라고 하였다. 조정환이 말하기를 "처음에는 비록 임시 가옥이었지만 지금은 누정樓亭의 체제를 갖추었고, 제생들도 이곳에서 늘 바람을 쐬면서 시를 읊조리니 '풍영루風詠樓'로 편액을 걸었으면 합니다"라고 하였다. 부군이 말씀하기를 "'풍영風詠'이라는 두 글자는 너무 지나치지 않겠는가?"라고 하였다. 조정환이 말하기를 "기우沂雩의 기상은 배우는 사람들이 모두 함께 흠모합니다. 오직 어리석고 하찮은 저희들의 지업志業이 옛 사람에게 미치지 못하는 것이 걱정입니다만, 누정의 이름으로 붙이는 것이 너무 지나치다고 생각하지는 않습니다"라고 하였다. 부군이 말씀하기를 "'풍영風詠'이라는 두 글자를 누정의 이름으로 한 곳이 많이 있으니, 나도 또한 너무 지나친 것이 아님을 모르지는 않는다. 그러나 요즈음 세상에서 남의 말을 하기 좋아하는 사람들 중에는 손가락질하면서 구설에 올릴 사람도 있을 것이고, 또 이 건물은 몹시 낮고 좁아 보잘것없으니 꼭 이렇게 과장해서 편액을 걸어야 할 것은 아닐 듯하다"라고 하였다. 노재덕盧在悳(1879~1900, 자 경장敬章, 호 선곡銑谷, 본 광주)이 말하기를 "이미 너무 지나친 이름을 붙이는 게 아니라면 손가락질하는 사람이 참으로 망령된 것이니, 낮고 좁아 보잘것없는 것이야 문제될 것은 아니겠습니다"라고 하였다. 허갑許鉀(1882~?, 자 덕상德常, 호 중와中窩, 개명改名 석鉐, 본 김해)이 말하기를 "이 건물은 본래 제생들을 수용하기 위해 지은 것이지, 제생들로 하여금 이곳에서 유상遊賞하도록 하려고 지은 것은 아닙니다. 증점曾點이 늦봄에 시를 읊조리며 돌아온 것은 그 기상은 비록 좋지만, 유상은 유상입니다. 지금 우리들이 공부하며 지내기 위해 지은 건물을 유상하기 공간과 동일한 곳으로 만들어버리는 것은 너무 혐의스럽지 않겠습니까?"라고 하였다. 허함이 말하기를 "갑鉀의 말이 옳을 듯합니다"라고 하였다. 노택용盧宅容(1878~1948, 자 찬윤贊允, 호 술재述齋, 본 광주)이 말하기를 "그 말이 꼭 근거가 없다고 할 수는 없습니다"라고 하였다. 이병무가 말하기를 "갑鉀의 말이 나을 듯합니다"라고 하였다. 조정환이 말하기를 "우리들이 이곳에서 바람을 쐬고 이곳에서 시를 읊조리므로 '풍영風詠'으로 편액을 거는 것이 불가할 것은 없겠지만, 선생님이 이미 구설을 걱정하시는 데다 중론衆論이 일치되지 않으니, 다른 좋은 이름으로 바꾸는 것이 좋겠습니다"라고 하였다. 허갑이 말하기를 "꼭 다른 이름을 찾을 것이 없이 저번에 필창弼昌이 정한 '용중소容衆所'가 합당할 듯합니다"라고 하였다. 노성명盧性明(1878~?, 자 덕재德哉, 개명 성일性日, 본 광주)이 말하기를 "두 말이 모두 불가할 것이 없으므로 둘 다 남겨, 한 칸은 '용중소容衆所'라고 적고 다른 한 칸은 '풍영루風詠樓'라고 적어서, 제생을 널리 수용하고 우뚝한 기상을 본받게 하는 뜻을 보이면 어떻겠습니까?"라고 하였다. 이병호李炳濩(1881~?, 자 은백殷伯, 본 여주)가 말하기를 "작은 건물에 두 개의 편액은 합당하지 않을 듯하고, '용중容衆'이라는 두 글자는 그 뜻이 참 원만합니다"라고 하였다. 허중許重(1881~? 자 후재厚哉, 개명 관瓘, 본 김해)이 말하기를 "같은 집이므로, '풍영風詠'이라고 하면 함께 풍영하면 되고, '용중容衆'이라고 하면 함께 용중하면 됩니다. 용중소에 거처하는 사람이 함께 풍영할 수 없겠으며, 또 풍영하려는 사람이 함께 섞여 용중할 수 없겠습니까? 이 집이 비록 작기는 하지만, 풍영하는 사람을 수용할 수 있습니다. 그렇다면 수용하는 집에 무게를 두어야겠습니까, 아니면 수용되는 사람에게 무게를 두어야겠습니까?"라고 하였다. 손상현孫上鉉(1878~1961, 자 형구亨九, 개명 병현柄鉉, 개자改字 겸수謙受, 본 밀양)이 말하기를 "필창弼昌의 편액이 아주 꼭 들어맞습니다"라고 하였다. 노식용盧寔容(1874~1912, 자 백능伯能, 호 지당志堂, 본 광주)이 말하기를 "여러분들이 이곳의 편액에 대해 서로 의견이 분분한데, 저는 그 뜻을 알 수 없습니다. 제 생각으로는 '용중容衆'이라는 것이 아주 합당하니, 그것이 이 건물을 세운 본래의 뜻이 아닙니까?"라고 하였다. 모두들 좋다고 하여 '용중소容衆所'라는 편액을 걸기로 결정되었다.

• 노성명盧性明에게 강회講會 일자를 써서 벽에 붙이게 하였다.

＊ 제생들이 성명姓名을 열서列書하여 『동강첩同講帖』이라고 하고, 봄 3월과 가을 9월의 상갑일上甲日을 회강會講 일자로 정하였다.

• 금주錦洲 허채許埰(1859~1935)가 찾아와서 향음주례鄕飮酒禮를 행하다.

• 7월[16일], 묵산默山(묵한默漢, 목산沐山) 이경구李景九(1856~1921), 그리고 제생들과 적벽탄赤壁灘에서 놀다.

＊ 적벽탄 신령에게 고유하는 글이 있다.

• "간艮, 진進, 의毅, 견堅, 평平, 존存, 정訂, 명明, 진振, 면勉, 겸謙"의 11글자를 택해 제생들로 하여금 명銘을 지어 서로의 부족한 점을 권면하게 하였다.

＊ 조정환曺正煥은 「간명艮銘」을 지어 허함許衔에게 주었고, 허함은 「진명進銘」을 지어 김봉운金琫運(1879~?, 자 응천應天, 본 서흥瑞興)에게 주었고, 허갑許鉀은 「의명毅銘」을 지어 조기종曺夔鍾에게 주었고, 민후식閔珝植(1879~?, 자 순회舜會, 본 여흥驪興)은 「견명堅銘」을 지어 허중許重에게 주었고, 김봉운은 「평명平銘」을 지어 허용許鎔에게 주었고, 이필창李弼昌은 「존명存銘」을 지어 노식용盧寔容에게 주었고, 허중은 「정명訂銘」을 지어 이필량李弼良(1880~1957, 자 상은相殷, 본 여주)에게 주었고, 노식용은 「명명明銘」을 지어 노정용盧正容(1875~1933, 자 성행聖行, 호 임수林叟, 본 광주)에게 주었고, 노택용盧宅容은 「진명振銘」을 지어 성일경成一慶(1881~1955, 자 만조萬祚, 호 우헌愚軒, 본 창녕)에게 주었고, 조기종은 「면명勉銘」을 지어 노택용에게 주었고, 조정환은 「겸명謙銘」

을 지어 허갑에게 주었다.

- 몽재蒙齋가 완공되다.
- 세곡정사細谷精舍가 완공되다.

  * 제생들을 시강공侍講公의 노화정蘆花亭과 묵산공默山公의 목산정沐山亭에 나누어 거처하게 하고도 또 모두 수용할 수 없었기 때문에 시강공이 이 집을 지었다.

- 11월, 성재省齋 정재기鄭在夔(1851~1919)가 찾아오다.

  * 성재공이 집으로 돌아가실 때, 부군과 제생들이 만유문萬柳門 밖 시내 반석에서 전송하였다. 그때 부군이 성재공에게 그곳 시내의 이름을 지어줄 것을 청하자, 성재공이 처음에는 '세이간洗耳澗'으로 지었다가 다시 '세심간洗心澗'으로 고쳐 지어주었다.

○ 1900년(고종광무4, 경자) 46세

- 1월, 세보世譜 사간四刊의 일로 창녕 추원재에 가다.
- 「강림재지패분황의江林齋紙牌焚黃儀」를 만들다.
- 만유문萬柳門 밖의 다리를 '단진교斷塵橋'로 명명하다.

  * 이곳 노곡이 밀양 읍성에서 30리 떨어져 있었기 때문에 주자朱子의 시 「서암瑞巖」에 "세상의 티끌을 삼십 리나 멀리하니, 흰 구름 누런 잎이 다 함께 유유하네[隔斷紅塵三十里 白雲黃葉共悠悠]"라고 한 말에서 취해서 명명한 것이다.

- 입춘[1월 5일], 벽에다 "노인의 독서 늘 잊음이 없어야 하고, 아이의 독서 늘 빠뜨림이 없어야 하리. 붕우들 찾아와서 가지 않으니, 산중의 세월은 많기만 하네[翁讀常無忘 兒

讀常無闕 朋友來莫去 山中多歲月]"라고 써서 붙이다.

* 또 "네 실심에 힘쓰고 네 실병을 없애라[務爾實心 去爾實病]"라고 써서 붙였다. 몽재蒙齋의 벽에는 『시경詩經』 「대아大雅 억抑」의 "네 안색을 온화하게 하여, 어찌 허물이 없겠는가 하며 자성한다오[輯柔爾顔 不遐有愆]"라는 글귀와 "네 발언을 삼가고, 네 몸가짐을 삼가라[愼爾出話 敬爾威儀]"라는 글귀를 써서 붙였다. 또 "천년 일월성신의 나라, 만세 요순공맹의 글[千年日月星辰國 萬世唐虞孔孟書]"이라는 두 구를 기둥에 써서 붙이고는, "이것은 내가 젊었을 때 꿈속에서 지은 것인데, 그 뜻이 입춘의 축사에 맞을 것 같기에 적은 것이다"라고 하였다. 문미에는 "내 잘못을 보고도 바로잡아주지 않는 사람은 들어오지 말 것[見吾過不規者勿入]"이라고 써서 붙이고, '경敬' 자를 써서 항상 눈에 띄는 곳에 내걸면서 말씀하기를 "일찍이 '경敬' 자를 내걸어 사람들에게 도움이 되게 하였지만, 바로잡아지지 않아서 다시 내거는 것이다"라고 하였다. 또 "어린이는 각기 장성하고, 붕우들은 날마다 강건하기를 바란다[童穉各長成 朋遊日彊健]"라는 두 구를 상재上齋와 하재下齋, 노화정蘆花亭과 세곡정사細谷精舍 등의 벽에 써서 붙이게 하였다.

- 「몽재소학강록蒙齋小學講錄」을 엮다.

◯ 1901년(고종광무5, 신축) 47세

- 4월, 제문祭文 「제이재권공묘문祭頤齋權公墓文」·「제룡산이공묘문祭龍山李公墓文」·「제서산김공문祭西山金公文」)을 짓고,

박경재朴景在(1881~?, 자 맹삼孟三, 본 죽산竹山)와 손병현孫柄鉉(1878~1961, 자 겸수謙受, 초명初名 상현上鉉, 초자初字 형구亨九, 본 밀양)을 보내 이재頤齋 권연하權璉夏(1813~1896)·용산龍山 이만인李晩寅(1834~1897)의 묘소와 서산西山 김흥락金興洛(1827~1899)의 영연靈筵에 치제하게 하였다.

- 주자朱子가 자신의 맏아들 수지受之에게 보낸 편지 「여장자수지서與長子受之書」를 쓴 서첩書帖을 초抄하고 그 뒤에 짤막한 후지後識 「약초주선생여장자수지서시서사제군略抄朱先生與長子受之書示書社諸君」를 붙여 서사書社 제생들에게 보여주다.
- 박약문博約門에다 주자朱子의 시 「박약博約」의 "일이 오면 예에 따라 일신을 실천하고, 일이 가면 학문으로 마음을 가져가네. 판이 짜여 다시는 다른 틈이 없나니, 이 두 가지 얻어서 늙어갈 것이로다[事來身向禮中行 事過將心去學文 局定更無他罅隙 得斯二者老吾身]"라는 글귀를 써서 걸다.
  - * 그 후지後識 「서박약문게주자시후書博約門揭朱子詩後」에서, 공자孔子가 사람을 가르친 것이 "글을 널리 배우고 예로써 단속한다[博學於文 約我以禮]"라고 한 '박약博約' 두 글자에 모두 담겨 있기 때문에 그 뜻을 부연한 주자를 시를 써서 건다고 하였다.
- 『대영인물지大嶺人物誌』를 엮다.
- 11월, 경주慶州 최희영崔希永(지헌止軒 최효술崔孝述(1786~1870)의 현손)에게 출가한 딸이 출생하다.
- 「가형사진기家兄寫眞記」를 짓다.

▪ 시강공侍講公이 밀양 노곡에 다시 풍뢰정風雷亭을 짓다.

＊ 기문記文 「풍뢰정기風雷亭記」가 있다.

○ 1902년(고종광무6, 임인) 48세

• 시 「시제생示諸生」을 지어 제생에게 보여주다.

＊ 그 시에 "재기 있는 소년들 모두가 당당하니, 시절 맞아 기쁜 눈빛 한낮이 더디다오. 학문함에 특이한 일 찾지를 말 것이라, 방안에 빛이 남을 하남선생 허여 않네[少年才氣摠堂堂 青眼逢時白日長 爲學休尋奇特事 河南不許室中光]"라고 하였다.

• 5월, 만구晩求 이종기李種杞(1827~1902)의 죽음에 곡을 하다.

＊ 만사挽詞 「만만구이장挽晩求李丈」과 제문祭文 「제만구이공문祭晩求李公文」이 있다.

• 주자朱子의 「경재잠敬齋箴」과 「구방심재명求放心齋銘」 2편을 종이에다 쓰고 기름을 먹여서, 휴대하고 다니면서 늘 보고 경계할 수 있도록 하였다.

○ 1903년(고종광무7, 계묘) 49세

• 봄, 밀양군 강장講長을 사직하다.

＊ 이때 밀양군수 조종서趙鍾緖가 문교文教를 일으키는 일에 힘을 쏟아 부군을 밀양군 강장에 천거하였지만, 복인服人이라서 사직하였다.

• 4월, 노곡 풍뢰정에서 『성재선생문집속편性齋先生文集續編』과 『성재선생문집부록性齋先生文集附錄』을 간행하다.

＊ 성재선생의 족질이자 문인門人인 진사 매강梅岡 허이許邇

(1862~1920)가 성재선생의 속집續集·연보年譜·만제록挽祭錄 등을 가지고 와서 간행하려고 하자, 부군 형제와 허금주許錦洲(허채許埰)가 연보 판각 비용을 부담하고, 성재선생 문인 집안에서 속집과 만제록 판각 비용을 부담하였는데, 방산舫山 허훈許薰(1836~1907)·약천約泉 김진호金鎭祜(1845~1908)·일산一山 조병규趙昺奎(1849~1931)가 번갈아 왕래하면서 간사刊事를 살폈다.

- 11월, 『주자성리설절요朱子性理說節要』를 엮다
  * 발문跋文 「주자성리설절요발朱子性理說節要跋」이 있다.
- 성재선생 시호諡號 '문헌文憲'의 시호주諡號註 "근학호문왈문勤學好問曰文"을 그 학덕學德에 맞게 "도덕박문왈문道德博聞曰文"으로 수정해 줄 것을 청하는 상소문 「청개선사문헌공성재허선생시주소請改先師文憲公性齋許先生諡註疏」를 짓다. 『역연제강歷年提綱』을 엮다.

○ 1904년(고종광무8, 갑진) 50세

- 1월, 『상체편람常體便覽』을 엮다.
  * 발문跋文 「발상체편람跋常體便覽」이 있다.
- 진주晋州 사림士林들에게 편지를 보내 『주자어류朱子語類』 간행 문제를 논하다.
  * 이듬해 대원암大源菴에다 간행소를 차렸다.
- 가을, 『고경중마방古鏡重磨方』을 중간하다.
  * 사람들이 배우러 오면 이 책으로 먼저 가르쳤는데, 가장家藏 영변본寧邊本한 책은 종이가 해지고 글자가 지워져서 읽을

수 없었기 때문에 중간하게 된 것이다. 발문跋文「고경중마방중간후지古鏡重磨方重刊後識」가 있다.

- 경상남도순찰사 김연식金璉植이 밀양에 왔다가 존문存問하다.
  * 김연식이 부군의 중망을 듣고 먼저 존문한 뒤에 조정에 상주하려고 하였지만, 정부가 바뀌며 체직되어 돌아가게 되자 그대로 할 수 없었다.
- 『가락사실략駕洛事實略』을 엮다.
- 10월, 아들 찰용察容이 출생하다.

○ 1905년(고종광무9, 을사) 51세

- 『동국역연지장東國歷年指掌』을 엮다.
  * 서문序文「동국역년지장서東國歷年指掌序」가 있다.
- 군용철도건축반軍用鐵道建築班에 편지를 보내 6세조 금곡공噤谷公(노문필盧文弼)의 묘소를 보전해 줄 것을 간청하다.
  * 철도 푯말이 금곡공 묘소를 침범하자, 부군이 편지를 보내 간청한 끝에 겨우 보전할 수 있었다.
- 8월, 아들 심용審容이 출생하다.
- 가을, 창녕 선영에 성묘하다.
- 12월, 정부에서 일본의 핍박으로 을사조약을 체결하다.
  * 의병장 단오丹吾 정용기鄭鏞基(1862~1907)에게 답한 편지에서, 나라가 이 지경에 이르렀는데도 되찾기 위한 계책을 도모하지 못하고 있으니 평소 배운 학문이라는 것이 모두 헛된 것이겠지만, 배우기 위해 찾아온 제생을 돌려보내지 않고 있는 것은 우리 조선의 근본인 유학의 맥이 끊어지지

않도록 하기 위해서라고 하였다. 이보다 앞서 대신이 누차 경연에서 아뢰어 고종황제가 부군의 성함을 써서 대전 벽에 써 두자, 조정에서는 부군이 곧 등용될 것으로 알았다. 그러나 이제 나랏일이 그릇되고 마니, 아는 사람들은 모두 애석하게 생각하였다.

• 밀양 삼랑진三浪津의 만랑정萬浪亭에서 시강공侍講公을 모시고 지내다.

  * 만랑정은 삼랑진에 있는 시강공의 별업別業이다. 시강공은 을사조약이 체결된 뒤, 나라에 변고가 생기면 급히 상경하려고 철도역이 가까운 이곳에 나와 있었다.

○ 1906년(고종광무10, 병오) 52세

• 시강공이 헌병대에 구금되었다는 말을 듣고, 곧바로 달려가 곁에서 떠나지 않고 지키다.

  * 이때 이토 히로부미가 일본에서 한양으로 가는데, 시강공이 철도역 가까운 곳에 있었기 때문에 위해가 될까 두려워 구금한 것이었다.

• 3월, 7일 강회講會에 멀리 사는 문생門生들이 적게 오자 시 「병오삼월강회丙午三月講會」를 지어 한탄하다.

• 유진옥柳震玉에게 답장 「답유원진答柳元振」을 보내, 대마도에서 순사殉死한 면암勉菴 최익현崔益鉉(1833~1906)의 죽음에 치제하는 것의 가부에 대해 물은 것에 답하다.

  * 면암 최익현은 을사조약이 체결된 뒤 의병을 일으켜서 항쟁하다가 대마도로 잡혀가서 순사하였으므로 그 의리는 대

단하지만, 그가 올린 「계유상소癸酉上疏」로 대원군이 실각하면서 척화정책이 무너진 것이 그가 대마도로 잡혀가서 순사하게 된 근본 원인라고 전제한 다음, 그가 고종이 친정하면서 고관高官에 기용되어 한 일은 자신의 사사로운 이익을 도모하는 것이 아님이 없는데다, 그가 권세가의 사주를 받아 갈암葛菴 이현일李玄逸(1627~1704) 선생의 시호를 환수하게 한 장본인이기에 南人의 입장에서 원한이 없을 수 없으니, 원한을 가지고 그의 영전靈前에 치제할 수는 없는 일이라고 하였다.

◯ 1907년(고종광무11, 순종융희1, 정미) 53세

- 6월, 고종황제가 태자에게 선위하니, 연호를 융희隆熙로 고치다.
  - * 16일 포시晡時(저물녘)에 햇빛이 검붉은 색을 띠었다.
- 병으로 누워 제생들에게 운자韻字를 부르게 하여 고종황제의 선위와 망국에 대한 소회를 담은 시를 즉석에서 짓다.
  - * 시에 "사람들을 만나면 서울의 일 묻게 되나, 왜인들을 심하게 죄줄 필요 없으리라. 재앙이 신하로부터 나올 줄 알았으랴. 경각 사이 나라는 넘어지고 말았다오. 선양하던 시대 먼데 이름 외려 남아 있어, 난신적자 손을 빌려 자못 성세 떨친다오. 서생에게 군사 논의 못하게 한 이 누구인가. 한 치 단심 한 치 홀만 그저 갖고 있다오[逢人輒問帝京事 不須深罪頑酋突 豈圖孽從臣僕出 頃刻之間大廈蹶 禪受世遠名猶存 賊子藉手頗揚扢 孰使書生不談兵 只有寸心與寸笏]"라고 하였다.

• 김약천金約泉(김진호金鎭祜)과 조일산趙一山(조병규趙昺奎)의 편지에 답장 「답김치수조응장答金致受趙應章」을 보내 『사의士儀』를 구본舊本대로 간행하자고 청하다.

• 『사의』 간행소에서 시 「봉시사의중간소제공奉示士儀重刊所諸公」을 지어 제공諸公에게 보여주다.

• 허방산許舫山(허훈許薰)의 죽음에 곡을 하다.

 * 제문祭文이 있다.

• 12월, 『씨족고氏族攷(동국씨족고東國氏族攷)』를 엮다.

 * 발문跋文 「발씨족고跋氏族攷」가 있다.

◯ 1908년(순종융희2, 무신) 54세

• 「심의편深衣編」 「심의고증深衣考證」을 짓다.

• 3월, 본생本生 형수 숙인淑人 광주안씨廣州安氏(1847~1908)의 죽음에 곡을 하다.

 * 시강공의 부인이다. 제문祭文 「제본생형수숙인광주안씨문祭本生兄嫂淑人廣州安氏文」이 있다.

• 『방산집舫山集』을 편교編校하다.

 * 발문跋文 「발방산집跋舫山集」이 있다.

• 12월, 『지종일록祗從日錄』을 쓰다.

 * 이 일록은 순종황제가 남쪽 지방을 순행하려고 기차를 타고 부산에 왔을 때, 시강공을 따라 부산에 갔다가 돌아올 때까지의 과정을 기록한 것이다. 시강공은 이튿날 대가大駕를 호종해서 마산馬山으로 가고, 부군은 집으로 돌아왔다.

• 「순수고巡狩攷」를 엮다.

◯ 1909년(순종융희3, 기유) 55세

- 「역고曆攷」를 짓다.
- 7세조 판서공判書公(노한석盧漢錫, 1622~1702)의 분황축문 焚黃祝文 「칠세조증이조판서해부군분황고유문七世祖贈吏曹判書海府君焚黃告由文」을 짓다.
- 「모정단결첩서慕禎壇契帖序」를 짓다.
  * 모정단慕禎壇은 바로 판서공의 장구소杖屨所인데, 비석을 세우던 날 선비들이 모여 치제하고 수결修契하였다.
- 11월, 시강공의 61세 생신(회갑)을 축수하다.
  * 시 「수가형육십일세생조壽家兄六十一歲生朝」가 있다.
- 12월, 경주 옥산서원玉山書院에 가서 체인묘體仁廟에 알묘謁廟하다.
  * 16운韻 32구句의 장시長詩 「옥산행玉山行」을 지어 소회를 피력하는 한편, 『구인록求仁錄』를 구하고 「옥산도玉山圖」를 그려서 돌아왔다.

◯ 1910년(순종융희4, 경술) 56세

- 「역대국계고歷代國界攷」를 짓다.
- 봄, 용재慵齋 이종준李宗準(1458~1499) 선생과 눌재訥齋 이홍준李弘準(?~1523) 선생 형제의 일고逸稿 『용눌재양선생유고慵訥齋兩先生遺稿』를 편교編校하다.
  * 발문跋文 「발용재눌재백숙일고跋慵齋訥齋伯叔逸稿」가 있다.
- 『소학절요小學節要』를 엮다.
- 달서재達西齋 채선수蔡先修(1568~1634) 공의 일고逸稿 『달

서재문집達西齋文集』의 발문跋文 「발달서재일고跋達西齋逸稿」를 짓다.

- 7월, 대한제국大韓帝國이 망하다.
  - * 부군은 이때부터 약물을 폐하고 제생을 사절하였다. 한동유韓東愈(1885~1961)에게 답한 편지 「답한일초내문答韓一初乃文」에 "우리들의 운명이 박복하여 고국故國의 역사를 지키지 못하였으므로 살아 있어도 살아 있는 것이 아니고, 학문을 해도 학문이 될 수 없습니다. 이미 죽을 자리를 얻지 못하였으니, 오히려 마땅히 우리 선왕先王께서 교육教育으로 자강自强을 꾀한 방책을 지켜야 할 것입니다"라고 하였다.
- 『국조문인생졸록國朝聞人生卒錄』을 엮다.
- 11월, 시강공이 왜인倭人의 옥에 구금되다.
  - * 이때 시강공은 은사금을 거부하고, 갇혀서도 음식을 먹지 않으면서 왜인을 꾸짖었는데, 부군은 며칠 동안 지친 기색도 없이 옥 밖에 지키고 서 있었다.

◯ 1911년(신해) 57세

- 사우당四友堂 조이추曺爾樞(1661~1707)의 『사우당문집四友堂文集』의 발문跋文 「발사우당집跋四友堂集」을 짓다.
- 11월, 시강공이 압록강을 건너 만주로 망명하다.
- 12월, 가족을 데리고 시강공을 따라 만주로 가서, 안동현安東縣 흥륭가興隆街에 거처를 정하다.
  - * 67수의 연작 기행시紀行詩 「신해기행辛亥紀行」이 있다.

○ 1912년(임자) 58세

• 선조들의 김해향안金海鄕案 입안立案 사실을 밝힌 『김해군안급읍지절략金海郡案及邑誌節略』을 발간할 때 그 서문序文 「김해향안급읍지절략합간서金海鄕案及邑誌節略合刊序」를 짓다. 창녕의 유儒들이 훼철된 연암서원燕巖書院의 유허비遺墟碑를 세울 때 그 비문碑文 「연암서원유허비燕巖書院遺墟碑」를 짓다. 봉천奉天 청淸나라 궁전 보고寶庫의 임자년 조사보고서 『봉천청조궁전신조사보고류지奉天淸朝宮殿新調査寶庫類誌』, 후지後識 「서봉천청조궁전임자조사보고류지書奉天淸朝宮殿壬子調査寶庫類誌」를 짓다.

• 회당晦堂 장석영張錫英(1851~1926), 홍와弘窩 이두훈李斗勳(1856~1918)과 안동현安東縣 원보산元寶山에 가 보다.

 * 압록강 가에서 헤어질 때 시 「압록강상별장순화리대훈鴨綠江上別張舜華李大勳」을 지어 송별하다.

• 참서參書 수춘壽春 이민응李敏應(1876~1955)과 안동현 접리수接梨樹에 가 보다.

 * 시 「접리도중신리참서接梨途中贐李參書」·「차리참서접리시삼수次李參書接梨詩三首」를 지었다.

• 봉천으로 가는 이규환李圭煥, 박봉렬朴鳳烈, 족손族孫 노재규盧在圭를 보내다.

 * 글을 지어 송별하였다.

• 중국인 유심일劉心一과 온차금溫次琴의 유낙流落하는 처지에 공감하여 증별하는 글 「증온차금서贈溫次琴序」를 지어 주고, 또 온차금의 시에 화운和韻하다. 중국인 명헌銘軒 손

신덕孫新德이 편지와 함께 부채를 보내 시구를 써주기를 청하기에 그에 응해 시 「손명헌발서기선요사시구잉작삼절孫銘軒發書寄扇要寫詩句仍作三絶」을 짓다. 중국인 전배점錢培塹을 글을 지어 송별하다.

- 5월, 손자 재혁在爀이 출생하다.
- 7월, 밀양 노곡으로 돌아오다.

 * 이때 식용寔容이 창녕 국동에서 병(홍진紅疹)으로 몹시 위독하였기 때문에 시강공의 명으로 가족을 데리고 고향으로 돌아왔다. 얼마 안 있어 시강공이 위독하다는 전보를 받고 곧바로 안동현에 갔다가, 8월에 시강공의 병이 나아서 다시 창녕 국동으로 돌아왔다.

- 11월, 식용이 안동현에서 죽다.

 * 식용은 병이 더욱 위중해지자, 부군에게 거듭 "이곳에서 죽어도 어버이가 계시지 않는 곳이니 객지입니다"라고 하면서, 병을 무릅쓰고서라도 근친覲親하러 만주에 가겠다고 하였기 때문에 부군이 데리고 안동현으로 오게 된 것이다. 12일은 시강공의 생신이라, 술상을 차리고 고국故國의 지구知舊들을 청해 망명하신 시강공의 심사를 위로해 드리는데, 어버이가 걱정하시지 않도록 여러 날 신음 소리를 입 밖에 내지 않았다. 14일에 세상을 떠나고, 이틀 뒤 원보산元寶山에 가매장하였다.

- 12월, 환국還國하여 부인 유인孺人 장수황씨長水黃氏의 묘소를 창녕 국동 손좌巽坐 등성이로 이장하다. 다시 만주 안동현으로 가서 시강공을 모시고 지내다.

○ 1913년(계축) 59세

- 1월, 사판祠版을 받들고 밀양 노곡으로 돌아오다.
  * 양대兩代 상부孀婦를 고국에다 홀로 둘 수도 없고, 또 망명지로 데려갈 수도 없었기 때문에 시강공의 명으로 돌아오게 된 것이다.
- 2월, 중국 안동현 원보산에 가매장한 식용을 반구返柩해서 밀양 노곡에다 장사지내다.
  * 이때 부군의 병이 위중해서 가용家容 등은 시병侍病하느라 갈 수 없었기 때문에 고종형 안종달安鍾達이 만주로 가서 반구하였다.
- 5월, 시강공의 문집 『대눌수권大訥手卷』을 편교編校 정사淨寫하고는, 그 뒤에 그 발문跋文 「대눌수권발大訥手卷跋」을 붙이다.
- 7월, 시강공을 뵈러 만주 안동현 접리수로 가다.
  * 이보다 앞서 시강공은 안동현 흥륭가興隆街에서 접리수로 이주하였다.
- 지지당止止堂 김맹성金孟性(1437~1487) 선생의 행장行狀 「지지당김선생행장止止堂金先生行狀」을 짓다. 『지지당시집止止堂詩集』을 중간重刊할 때 그것을 편교하고, 발문 「지지당시집중간발止止堂詩集重刊跋」을 짓다.

○ 1914년(갑인) 60세

- 4월, 시강공을 뵈러 만주 안동현 접리수에 가다. 전 홍문관교리 수파守坡 안효제安孝濟(1850~1916)의 시에 화운和韻하여 시 「화안순중이수和安舜仲二首」를 짓다. 또 같은 운자

韻字로 시 「용전운상가형이수用前韻上家兄二首」·「복용전운정접리수첨공復用前韻呈接梨樹僉公」을 지어 시강공에게 드리고, 또 접리수에 살고 있는 분들에게도 드리다.

- 10월, 자암서당紫巖書堂이 신축되다.
  - * 낙성하는 날 향음주례鄕飮酒禮를 행하고, 『대학大學』을 강의하다. 「자암서당기紫巖書堂記」, 「자암서당신성행향음례강대학紫巖書堂新成行鄕飮禮講大學」, 「자암서당잡영紫巖書堂雜詠」 등의 작품이 있다. 또 「자암서당기」는 부군의 것 외에도 1915년 8월에 회당晦堂 장석영張錫英(1851~1926)이 지은 것과 1916년 7월에 경재耕齋 이건승李建昇(1858~1924)이 지은 것이 더 있고, 순재醇齋 김재화金在華(1887~1964)의 「자암서당상량문紫巖書堂上樑文」이 있다.
- 진암進菴 정각鄭墧(1799~1879) 선생의 문집 『진암집進菴集』을 편교編校하다.
  - * 묘갈명墓碣銘 「진암선생정공묘갈명進菴先生鄭公墓碣銘」을 지었다.

○ 1915년(을묘) 61세

- 4월, 시강공을 뵈러 만주 안동현 접리수로 가다.
- 『대동풍아大東風雅』의 서문을 짓다. 격재格齋 손조서孫肇瑞(1412~1473) 선생 문집 『격재집格齋集』의 삼간三刊 발문 「격재집삼간발格齋集三刊跋」을 짓다. 서강西岡 김계금金係錦 선생 문집 『서강일고西岡逸稿』의 중간重刊 발문 「서강일고중간발西岡逸稿重刊跋」을 짓다.

• 겨울, 김해 하계荷溪에서 성재선생의 영정影幀에 치제하다.
  * 이때 사림이 성재선생의 영정을 창원 적현赤峴의 여택당麗澤堂에 봉안하기 위해 서울에서 옮기는 도중 김해 하계의 광주 안씨廣州安氏 재실에 잠시 모셨기에 가서 치제한 것이다.
• 11월, 가용家容 등이 회갑연을 열자고 청하였지만 허락하지 않다.

○ 1916년(병진) 62세

• 선조 시중공侍中公(노인정盧仁正)의 묘각墓閣 부해정浮海亭(고성固城 당항산堂項山)의 기문記文 「부해정기浮海亭記」를 짓다. 소암小菴 이매구李邁久(1841~1927)에게 답하여 소재穌齋 노수신盧守愼(1515~1590) 선생의 학문 연원을 논하다.
  * 노소재는 퇴계 이황(1501~1570) 선생의 제자가 아니고, 회재晦齋 이언적李彦迪(1491~1553) 선생의 제자임을 변증하였다.
• 권징勸懲 조목을 써서 하산동약회夏山同約會에 주다.
  * 발문이 있다.
• 7월, 시강공을 뵈러 만주 안동현 안민산安民山에 가다.
  * 이때 시강공은 접리수에서 10리 떨어진 이곳 안민산으로 이주하였다.
• 진정眞幀(영정影幀)을 만들다.

○ 1917년(정사) 63세

• 봄, 성헌省軒 이병희李炳憙(1859~1936), 금주錦洲 허채許埰(1859~1935)와 함께 경향京鄉 사림들에게 주창해서 『성호

선생문집星湖先生文集』을 밀양 퇴로退老에서 간행하기로 하다.

- 4월, 시강공을 뵈러 만주 안동현 안민산에 가다. 안수파安守坡(안효제安孝濟)의 죽음에 곡하다.
  - * 만사挽詞 「만안순중挽安舜仲」과 제문 「제안순중祭安舜仲」이 있다.
- 정무공貞武公 잠와潛窩 최진립崔震立(1568~1636) 종가宗家 사랑인 흠흠당欽欽堂의 중수기문重修記文「흠흠당중수기欽欽堂重修記」를 짓다. 『일두정선생사실략一蠹鄭先生事實略』과 『수우당최선생사실守愚堂崔先生事實』을 편교하다. 「취정보유결약속就正補遺契約束」을 만들다. 해봉海峯 남호양南浩良(1876~1942)의 부탁으로, 영해寧海의 영양남씨英陽南氏 소장所藏의 선조대왕 어제御製『도화신첩桃花宸帖』에 차운次韻한 시「경갱소경왕도화시첩이수敬賡昭敬王桃花詩帖二首」를 짓다.
- 가을, 경향 사림에게 편지「여경향사림與京鄉士林」를 보내 『하려선생문집下廬先生文集』의 간행을 촉구하다.
- 겨울, 창원 적현의 영모각永慕閣에서『하려선생문집』을 간행하다.
  - * 발문「하려선생문집발下廬先生文集跋」이 있다.
- 12월,『동현학칙東賢學則』의 발문「동현학칙발東賢學則跋」을 짓다.『대령승람大嶺勝覽』을 엮다.

◯ 1918년(무오) 64세

- 「성묘급종사위패척도분서묵서고聖廟及從祀位牌尺度粉書墨書考」를 짓다. 영무성재寧無成齋 하응도河應圖(1540~1610) 선생

의 일고逸稿 『영무성재선생일고寧無成齋先生逸稿』의 서문 「영무성재일고서寧無成齋逸稿序」를 짓다.

- 4월, 시강공을 뵈러 만주 안동현 안민산에 가다. 이 달 『광주세고속光州世稿續』을 엮어서 간행하다.
  * 풍헌風軒 노시건盧時鍵(1630~1705), 영귀정詠歸亭 노이합盧爾柙(1709~1756), 농와農窩 노상보盧尙普(1775~1841), 소성小醒 노기필盧基弼(1826~1885) 네 분 선조의 합고合稿이다. 이 해 밀양 노곡 풍뢰정에서 간행하였는데, 본손本孫 근용根容(1884~1965)이 와서 그 일을 주관하였다.
- 12월, 고종황제가 덕수궁에서 승하하다.
  * 시강공에게 편지를 올려 순종황제의 국상에 복服을 입어야 하는 것이 당연함을 말하다.

○ 1919년(기미) 65세

- 3월, 한국의 독립를 청원하는 파리장서巴里長書에 문하의 제자 이정후李定厚(1871~1950), 이학규李學奎(1876~?), 안종달安鍾達(1878~1928), 손상현孫上鉉(1878~1961), 강신혁姜信赫(1879~1966), 유진옥柳震玉(1879~1928), 안효진安孝珍(1879~1946), 박상윤朴尙允(1880~1938), 허평許坪(1882~1929), 노도용盧燾容(1883~1952), 박정선朴正善(1884~?), 김정기金定基(1885~1946), 배종순裵鍾淳(1890~?)의 13인과 함께 서명하다. 이 달 『하려선생문집』 장판각藏板閣 장산재長山齋가 창원 적현에 지어지자 그 상량문을 짓다.
- 가을, 가용에게 만주 안동현 안민산에 가서 시강공을 뵙

고 오게 하다.

- 9월, 사연泗淵 말방秣方으로 이거하다.
  * 노곡에서 몇 리 떨어진 곳이다.
- 이곳에 서당 사남서장泗南書庄을 짓다.
  * 「사남서장잡영泗南書庄雜詠」이 있다.
- 삼족당三足堂 김대유金大有(1479~1551) 선생의 행장 「삼족당김선생행장三足堂金先生行狀」을 짓다. 『이자수어李子粹語』를 편교하다.
  * 사남서장에서 기암起菴 이중업李中業(1863~1920)과 그 의조疑條에 대해 논정論定하다.
- 경재敬齋 하문효공河文孝公(하연河演, 1373~1453)의 문집 『경재선생문집敬齋先生文集』의 발문 「경재하문효공문집발敬齋河文孝公文集跋」을 짓다. 「예림단규禮林壇規」를 정하다.
  * 밀양의 사림들이 예림서원禮林書院 구지舊址에 단소壇所를 세우고 점필재佔畢齋 김종직金宗直(1431~1492) 선생, 우졸재迂拙齋 박한주朴漢柱(1459~1504) 선생, 송계松溪 신계성申季誠(1499~1562) 선생을 제향祭享하려고 단소를 세웠기에 그 단규壇規를 정하게 된 것이다.
- 예림서원 단소 설립 고유축문告由祝文 「점필재우졸재송계삼선생고유문佔畢齋迂拙齋松溪三先生告由文」을 짓다.

○ 1920년(경신) 66세

- 탁영濯纓 김일손金馹孫(1464~1498) 선생 문집 『탁영선생문집濯纓先生文集』의 사간四刊 발문 「탁영집사간발濯纓集四刊跋」

을 짓다. 정암定菴 곽월郭越(1518~1586) 선생의 행장 「통정대부수황해도관찰사증자헌대부예조판서겸지경연춘추관사세자좌빈객정암선생곽공행장通政大夫守黃海道觀察使贈資憲大夫禮曹判書兼知經筵春秋館事世子左賓客定菴先生郭公行狀」을 짓다. 미수眉叟 허목許穆(1595~1682) 선생의 영당影堂 봉안문奉安文과 상향축문常享祝文 「미수선생영당봉안문眉叟先生影堂奉安文 상향축문常享祝文」을 짓다. 『동국유현편연東國儒賢編年』을 엮고, 그 서문을 짓다. 주자朱子가 위응중魏應仲에게 준 서간을 초절抄節해서 사남서장泗南書庄 동실東室 방재方齋에 걸다. 정용定容과 을현乙鉉에게 만주 봉황성鳳凰城에 가서 시강공을 뵙고 오게 하다.

* 이때 시강공은 만주 안동현 안민산에서 이곳으로 이거하였다.

- 12월[30일], 제석除夕에 꿈에서 깨어나 소회를 시 「경신제석몽파서회상가형육수庚申除夕夢罷書懷上家兄六首」로 적어 만주에 있는 시강공에게 부치다.

◯ 1921년(신유) 67세

- 『봉황성지鳳凰城志』를 엮고, 그 서문을 짓다. 「김해향교중수기金海鄕校重修記」를 짓다. 「장산재석채상향축문長山齋釋菜常享祝文」(「하려황선생석채상향축문下廬黃先生釋菜常享祝文」)을 짓다. 「예림단향의禮林壇享儀」를 만들다. 을현乙鉉에게 만주 봉황성에 가서 시강공을 뵙고 오게 하다. 사남서장 우측에 광의문재廣疑問齋를 짓다.

* 상량문이 있다.

• 지신사知申事 노공盧公(상촌桑村 노숭盧嵩, 1337~1414)의 실기實記를 엮고, 그 발문을 짓다. 만수재晩修齋 이시좌李時佐가 내방하다. 「무흘서당중건상량문武屹書堂重建上樑文」을 짓다. 『풍천노씨세고豐川盧氏世稿』의 발문 「풍천세고발豐川世稿跋」을 짓다.

◯ 1922년(임술) 68세

• 3월, 『봉암동범록鳳巖同泛錄』을 엮다.
• 12월, 출계出系 자부子婦[식용寔容의 아내] 광주안씨光州安氏(1874~1922)의 죽음에 곡을 하다.
  * 제문 「제출계자부안씨문祭出系子婦安氏文」이 있다.
  ▪ 시강공이 환국還國하다.

◯ 1923년(계해) 69세

• 사남서장에서 『미수선생연보眉叟先生年譜』를 중간重刊하다.
• 2월, 『수사언인록洙泗言仁錄』과 『오복연혁도五服沿革圖』를 간행하다.
  * 모계慕溪 김용희金容禧(1862~1942)가 간역刊役을 주관해서 그 판목板木을 자계서원紫溪書院에 옮겨서 보관하였다.
• 『한강선생속집寒岡先生續集』과 『한강선생문집부록寒岡先生文集附錄』을 편교하다. 「지성사봉안문至聖祠奉安文」을 짓다. 「동산서당상량문東山書堂上樑文」을 짓다. 『성경성지盛京省誌』를 엮다.

◯ 1924년(갑자) 70세

• 시 「제광의문재벽題廣疑問齋壁」을 지어 광의문재廣疑問齋 벽에 쓰다.

＊ 그 시에 "이룬 게 하나 없이 칠십 나이 되었나니, 그저 서책 가지고서 혼자 정신 즐긴다오. 풍운의 일월은 중원갑자 돼버렸고, 재지 있고 총명한 상학할 인재라오. 산 바깥 일 입을 닫고 언급을 하지 않고, 골짝의 봄 문을 열고 넘치도록 즐긴다오. 울긋불긋 온갖 꽃들 모두 다 내 소유라, 천옹의 길러주는 인을 깊이 믿는다오[一事無成到七旬 秖携黃卷自怡神 風雲日月中元甲 才智聰明上學人 閉口不言山外事 開門剩賞洞中春 千紅萬紫皆吾有 多賴天翁育物仁]"라고 하였다.

• 경재警齋 곽순郭珣(1502~1545) 선생의 실기實記 『경재선생실기警齋先生實記』를 엮고, 그 서문 「곽경재선생실기서郭警齋先生實記序」를 짓다.

• 봄, 계당溪堂 유주목柳疇睦(1813~1872) 선생의 문집 『계당선생문집溪堂先生文集』을 편교하다.

• 고암古巖 김세락金世洛(1854~1928), 만수재 이시좌, 이강二江 유만식柳萬植과 상주尙州 도남서원道南書院에서 놀다. 서파西坡 유필영柳必永(1841~1924)의 죽음에 곡을 하다.

＊ 만사挽詞 「만서파유장挽西坡柳丈」가 있다.

◯ 1925년(을축) 71세

• 수파守坡 안효제安孝濟의 묘지墓誌를 짓다. 『하산권징안夏山勸懲案』의 후지後識 「서하산권징안후書夏山勸懲案後」를 짓

다. 『주례사의周禮私議』 「육관사의목록六官私議目錄」를 엮고 그 발문을 짓다. 『기묘록己卯錄』, 『정경政經』, 『권학록勸學錄』을 엮다. 「만성박공행장晩醒朴公行狀」을 짓다.

- 여름, 개령開寧 감문甘文에서 계당溪堂 유선생柳先生, 유주목柳疇睦이 편집한 『전례유집全禮類輯』을 편교하다.
- 8월, 유이강柳二江(유만식柳萬植)이 찾아와서 『계당선생문집溪堂先生文集』의 의조疑條에 대해 질의하다.
- 가을, 환종患腫 때문에 시강공을 모시고 온천에 가다.
  - * 좇아온 원근의 사우들이 몹시 많았다. 온천욕을 하는 여가에 한강선생寒岡先生의 『봉산욕행록蓬山浴行錄』을 열람하고는, 모두들 동의해서 경현계景賢契를 결성하고 그 서문을 짓다.
- 11월, 환종이 더욱 심해져서 다시 온천에 가다.
  - * 이번 행차에는 가용家容, 정용定容, 이병기李炳祺가 배종하였다. 3일을 온천욕을 하니 환종이 나았고, 10여 일을 머물다가 돌아왔다.
- 겨울, 말방秣方에서 노곡蘆谷으로 돌아오다.

○ 1926년(병인) 72세

- 봄, 사남서장泗南書庄에서 지내다. 자암서당紫巖書堂을 중수重修하다.
  - * 상량문이 있다.
- 김해 산해정山海亭의 제공諸公과 남명南冥(조식曺植) 송계松溪(신계성申季誠) 두 선생의 석채의례釋菜儀禮를 논정論定하다.
  - * 허복許埁의 물음에 답하여(「답허대래答許大來」), 산해정에서

는 남명선생이 생전에 도의지교道義之交를 나누어 "오당의 인물들 가운데, 신군이 최고였다오[吾黨有人 申君爲最]"라고 허여하고, 사후에 서원(신산서원新山書院)에서 연향聯享(병향幷享)하였다면, 남명선생의 뜻과 서원 향사의례享祀儀禮에 따라 남명선생만이 아니라 송계선생에게도 석채례釋菜禮를 올리는 것이 마땅할 것이라고 하였다.

- 이강二江 유만식柳萬植의 죽음에 곡을 하다.
  - * 제문 「제유건일문祭柳建一文」이 있다.
- 3월, 창덕궁에서 순종황제가 승하하다.
  - * 국조國祚가 영영 끊긴 것에 통분해서 여러 날 문을 닫고 손님을 사절하였다.
- 「역대저술선성선유성휘총록歷代著述先聖先儒姓諱總錄」을 작성하다.
- 5월, 온천욕을 가다.
  - * 이때 김고암金古巖(김세락金世洛)과 밀양의 사우들이 함께 가서 수창酬唱하였다.
- 7월, 「성재선생김해영당상량문性齋先生金海影堂上樑文」을 짓다.
- 「가세십천도병家世十遷圖屛」과 「자암서당십곡도병紫巖書堂十曲圖屛」을 만들다.
  - * 아석我石 김종대金鍾大(1873~1949)의 그림이다. 제시題詩 「제가세십천도병題家世十遷圖屛」과 「제자암서당십곡도병題紫巖書堂十曲圖屛」가 있다.
- 장회당張晦堂(장석영張錫英)의 죽음에 곡을 하다.
  - * 만사 「만장순화삼수挽張舜華三首」가 있다.

○ 1927년(정묘) 73세

• 숭정崇禎 융희隆熙 시대에 순국殉國한 제현諸賢의 사행事行을 기록한 『정희록禎熙錄』를 엮다.

○ 1928년(무진) 74세

• 1월[1일], 원조元朝에 자경문自警文 「무진원조자경戊辰元朝自警」을 지어, 73년 동안 살아오면서 했던 일의 그릇됨을 반성하고, 남은 생에는 그릇됨이 없기를 각오하였다.

  * 지난 73년을 돌아보건대, 소시에 글 읽기를 부지런히 하지 않은 것, 장년에 명리名利를 구했던 것, 과거를 그만두고도 문사文詞에 마음을 써 왔던 것, 사문師門의 가르침을 복응服膺하지 못했던 것, 붕우朋友에게 도움을 주지 못하면서 강학講學을 소임으로 했던 것, 천발闡發하지도 못하면서 남의 문자를 지었던 것, 사수辭受에 신중하지 못했던 것, 경적慶吊를 살피지 못했던 것, 서적을 좋아해서 재력이 다하는 것을 걱정하지 않았던 것, 자손들을 번거롭게 부려서 그 학업을 방애했던 것이 그릇되었다고 하고는, 어찌하면 남은 생에는 그릇됨이 없을지 반성하였다.

• 창녕의 어촌漁村 양훤楊喧(1597~1650) 선생의 광산단소光山壇所(광산서당光山書堂) 고유축문告由祝文 「어촌선생양공광산단소고유문漁村先生楊公光山壇所告由文」을 짓다. 두와蠹窩 최흥벽崔興壁(1739~1812) 선생의 묘지명墓誌銘 「두와선생최공묘지명蠹窩先生崔公墓誌銘」)을 짓다. 『아아록我我錄』 중 한강 선생 계축소癸丑疏에 대한 무함誣陷을 변무辨誣하다.

* 회연서당檜淵書堂(회연서원檜淵書院) 수석首席(당장堂長)으로 회연서당 사림과 연명해서 『아아록』 간행소에 발문發文(「여아아록간소與我我錄刊所」)하여 변무하였다.

- 봄, 김해 취정당就正堂에 가서 성재선생의 영정을 봉안奉安하다.
  * 「선사문헌공성재허선생취정당영정봉안문先師文憲公性齋許先生就正堂影幀奉安文 상향축문常享祝文」을 지었다.
- 여름, 창녕 추원재에서 세보世譜를 교정하다.
  * 4월에 갔다가 6월에 돌아왔다. 돌아올 때 시 「여이보역무진사월도추원재륙월장환제종래전余以譜役戊辰四月到追遠齋六月將還諸宗來餞」을 제종諸宗과 전별하였다.
- 조선 개국부터 1906년까지 상신相臣과 각도各道 감사監司를 연대별로 정리해서 수록한 『국조출치록國朝出治錄』을 엮다.
  * 1930년 사천泗川 박채규朴彩奎가 만암당晩巖堂에서 간행하였다.
- 「한강선생사례휘유발寒岡先生四禮彙類跋」을 짓다.

◯ 1929년(기사) 75세

- 1월[1일], 원조元朝에 시 「기사원조서회己巳元朝書懷」를 지어 회포를 적다.
- 황강黃江 이희안李希顔(1554~1559)의 정사精舍 황강정黃江亭 중수기重修記 「황강정중수기黃江亭重修記」를 짓다. 『국조진문수록國朝進文蒐錄』을 엮다. 간송澗松 조임도趙任道(1585~1664)

선생의 속집續集 발문 「간송속집발澗松續集跋」을 짓다.

• 8월, 김해 금곡金谷에 가서 시강공을 뵙다.

  * 시강공은 이때 81세였는데, 환국還國 이후 자손들의 봉양을 받지 않은 채, 절이나 섬에서 지내다가, 금곡 선영 아래에 터를 잡아 天山齋를 짓고 여생을 보내려고 하였다.

• 백불암百弗菴 최흥원崔興遠(1705~1786) 선생의 장구소杖屨所 대구大邱 부인동夫仁洞(옻골마을)에서 놀다.

  * 시 「부인행夫仁行」을 지어 소회를 적다. 동화록同話錄이 있다.

• 점필재佔畢齋 김종직金宗直(1431~1492) 선생의 사당에 알묘謁廟하다.

  * 시 「알점필선생묘謁佔畢先生廟」를 지어 소회를 읊었다. 그 시에 "늦게야 근원 찾아 도의 못에 도달하여, 정자에 올라서자 서원에서 뵙게 된 듯. 영남 지역 곳곳에 광휘 두루 비쳤나니, 쇄락한 오월양풍 사백 년이었다오[晩始尋源到道淵 登亭如拜禮林筵 山南處處光輝遍 梧月楊風四百年]"라고 하였다.

• 고령高靈 도진桃津의 고령박씨高靈朴氏 재실齋室 문연재文淵齋를 방문하다.

  * 수창酬唱한 시 「문연재수제군자文淵齋酬諸君子」가 있다.

• 한강선생의 사당에 알묘하고, 「월조약회의月朝約會儀」를 행하다.

  * 이때 부군은 약장約長이 되었는데, 사우 50여 명이 모였다.

• 봉강서당鳳岡書堂을 방문해서 상읍례相揖禮를 행하고, 『대학大學』과 『중용中庸』을 강의하다. 『문헌공실기文獻公實記』를 신간新刊함에 증산增刪한 조목條目에 대해 질의하다.

* 회연서당檜淵書堂(회연서원檜淵書院) 수석首席(장안堂長)으로 회연서당 사림과 연명해서 남계서원灆溪書院 제공諸公에게 발문發文(「여람계서원제공與灆溪書院諸公」)하여 질의하였다.

- 심재深齋 조긍섭曺兢燮(1873~1933)이 만성晩醒 박치복朴致馥(1824~1894)의 묘갈명墓碣銘 「만성선생묘갈명晩醒先生墓碣銘」에서 남인南人의 학문을 영학嶺學(영남남인의 학문)과 기학畿學(근기남인近畿南人의 학문)으로 구분한 것을 강력하게 비판하고, 이 둘 모두가 퇴계退溪 → 정주程朱 → 공맹孔孟으로 통하는 동일한 법도法度, 동일한 심법心法에서 나온 것이 아닐 수 없음을 천명하였다.
  * 「답정성국答鄭聖國」(1929), 「만성박공행장晩醒朴公行狀」(1925) 등.

◯ 1930년(경오) 76세

- 1월, 노계蘆溪 안우安遇(1449~1527) 선생의 강도처講道處 창랑정滄浪亭의 중수기문重修記文 「창랑정중수기滄浪亭重修記」를 짓다.
- 제문 「제노참판경함문祭盧參判景涵文」을 지어 흠재欽齋 노영경盧泳敬(1845~1929)의 영연靈筵에 곡을 하다. 함재涵齋 정은석鄭恩錫의 죽음에 만사挽詞 「만정겸수挽鄭謙叟 은석恩錫 삼수三首」를 지어 애도하다. 창녕 추원재에서 세보世譜를 간행하다. 「추원재기追遠齋記」를 짓다. 『세보요편世譜要編』을 간행하다. 『둔산동화록屯山同話錄』과 『속둔산동화록續屯山同話錄』를 엮어 화수花樹의 정다운 모임을 기록으로 남기다.
  * 서문 「둔산동화록서屯山同話錄序」이 있다.

• 7월[26일], 봉곡鳳谷, 죽전竹田, 대곡大谷 친영親塋에 성묘하다.

＊ 시 「칠월이십육일성친롱七月二十六日省親壟」을 지어 소회를 적었다.

• 10월[30일], 마산 우제寓第로 돌아오다. 출발할 때 근용根容(노근용盧根容)이 준 시를 미처 펴 보지 못했다가, 창녕에서 열차가 두어 시간 정차할 때 펴 보고서 급히 화답和答해서 부치다.

• 11월, 마산 우제에서 며칠 머문 뒤 밀양 노곡으로 돌아가려다가 날씨가 추워서 그만두다. 설창雪窓 하철河澈(1635~1704) 선생의 행장行狀 「증가선대부사헌부대사헌설창선생하공행장贈嘉善大夫司憲府大司憲雪窓先生河公行狀」을 짓다.

• 12월, 묵산默山(묵한默漢, 목산沐山) 이경구李景九(1856~1921)의 유고遺稿를 편교하다.

◯ 1931년(신미) 77세

• 1월, 원조元朝에 시강공의 83세를 축수祝壽하다.

＊ 시 「신미원조수가형팔십삼세삼수辛未元朝壽家兄八十三歲三首」가 있다.

• 22일[갑자], 처음 아프기 시작하다. 이날 저녁 자암紫巖 조성원趙性源(1838~1891)의 행장行狀을 초抄하다가 마치지 못하고, 극심한 통증으로 자리에 눕다. 24일[병인], 통증이 줄어들어 가용家容 등에게 재엽在燁의 사성단자四星單子와 「화당배공실기서花堂裵公實記序」를 쓰게 하다. 25일[정묘], 환후患候가 다시 더해져 가용家容에게 명하여……

- ▪ 이하 고종考終과 초상初喪 등을 기록한 부분이 결락缺落되었다. 허석許鉐의 「소눌선생장초小訥先生狀草」, 노근용盧根容의 「소눌선생유사小訥先生遺事」, 안붕언安朋彦의 「소눌선생묘갈명小訥先生墓碣銘」, 후손의 증언 등으로 보충하였다.
- 30일, 마산 우제에서 서거하시다.
- 3월, 12일[갑인]에 김해 금곡 함박산[芎藥山] 인좌寅坐 등성이에 장사지내다.
  - * 회송會送한 사람이 수천 명이었고, 가마加麻한 문인이 수백여 명이었다. 일인日人이 3량의 임시열차를 내주어 마산에서 김해 모정慕禎으로 운구하였다. 장례 당일 끝없는 문상행렬로 백의白衣의 물결이 금곡에서 진영進永까지 이어졌다고 한다. 4월 10일(임오)에 같은 함박산 갑좌甲坐 등성이에 개장改葬하였다가, 2009년 대전 현충원 독립유공자 묘역으로 이장하였다.

○ 1933년(계유)

- 문인門人들이 자암서당紫巖書堂에서 문집文集『소눌선생문집小訥先生文集』48권을 간행하다.

○ 2003년(계미)

- 건국포장[3 · 1운동]이 추서되다.

7

소눌선생 묘갈명小訥先生 墓碣銘

漢山後人 安朋彦 謹撰
[西紀1975年, 檀紀4308年]

光山後人 盧萏盧 拙譯
[西紀2010년, 檀紀4343年]

소눌선생 광주노공光州盧公 휘상직諱相稷 묘갈명墓碣銘

先生 諱相稷 字致八 號小訥 姓盧氏 本貫光州 昌寧 東山書院 嘗享三先生 最後爲菊潭先生垓 其仲子贈史判漢錫 自昌徙金海 號海隱 子文弼 號噤谷 於先生爲六世 曾祖禹壽 祖奉文 俱以孝贈司憲府監察

선생先生의 휘諱는 상직相稷이요, 자字는 치팔致八, 호號는 소눌小訥이다. 성姓은 노씨盧氏로 관향貫鄕은 광주光州이다.

일찍이 창녕 동산서원東山書院에 세 분의 선생先生이 향사享祀되어 있는데 국담선생菊潭先生 해垓가 가장 뒤이다. 그 중자仲子 증이조판서贈吏曹判書인 한석漢錫이 창녕으로부터 김해로 옮겨왔으며, 호號를 해은海隱이라 하였다. 그 아들 문필文弼은 호가 금곡噤谷인데 선생의 육세조六世祖다. 증조曾祖 우수禹壽와 조祖 봉문奉文은 다 효자孝子로 사헌부감찰司憲府監察에 증직贈職되었다.

考滈淵 號愚堂 師事性齋許文憲先生 妣李氏 本生考佖淵 號克齋 於愚堂爲兄 亦文憲之門人 妣成氏 夢巨人有身 以哲宗乙卯 先生生于金谷里第 有紫黃氣繞室 彌日不散 五歲上學 九歲能屬文

고考 호연滈淵은 호가 우당愚堂이며, 문헌공文憲公 성재性齋 허전許傳 선생을 사사師事하였고, 비妣는 이씨李氏다. 생부生父는 필연佖淵인데 호號는 극재克齋며, 우당愚堂의 형으로 또한 문헌공文憲公 성재性齋 허전許傳 선생의 문인門人이다. 비妣는 성씨成氏인데, 꿈에 거인巨人을 보고 회임懷妊하였다. 철종 을묘년(1855년)에 금곡리 집에서 선생이 태어났다. 자황색 기운이 종일토록 방을 둘러져 흩어지지 않았다. 다섯 살에 글을 배우기 시작해서, 아홉 살에 능히 문장文章을 지었다.

高宗乙丑 文憲來宰本府 時十一歲 已讀畢四書 從克齋公 贄謁以請業 文憲試先生 以四書中諸要義 而大奇愛之

고종 을축년(1865)에 문헌공이 김해부사金海府使로 왔다. 이때가 나이 11세였는데, 이미 사서四書를 다 읽었었다. 극재공克齋公을 따라 폐백幣帛을 드리며 뵙고 배움을 청하니, 문헌공이 선생에게 사서四書 중의 여러 요의要義를 시험하고는 크게 기특하게 여기고 사랑하였다.

既而 文憲解歸 又往從其學 時則輒留多月 如是 終文憲之世 卒得盡傳文憲之學 文憲卒於丙戌 以有喪不得赴 先擬草行狀 至明年始往哭

뒤에 문헌공이 [김해부사金海府使] 임기를 마치고 돌아감에, 또한 [한양漢陽으로] 따라가 배웠는데, 때로는 여러 달을 머물기도 하였다. 이와 같이 하여, 문헌공이 세상을 떠날 때까지, 마침내 문헌공의 학문學問을 다 전수받았다. 문헌공이 병술년(1886년)에 돌아가심에, 친상중親喪中이라 가지 못하고, 먼저 헤아려 [성재선생性齋先生의] 행장行狀을 대략 서술하고, 다음 해에 이르러 비로소 가서 곡哭하였다.

勘整庸語 踵成年譜 尋同晩醒朴公致馥 刊文集于丹城

중용中庸과 논어論語를 교감하여 정리하고, 이어 연보年譜를 이루었다. 이윽고 [동문선배同門先輩] 만성晩醒 박치복朴致馥 공과 함께 단성丹城에서 [성재선생性齋先生의] 문집文集을 간행하였다.

又與伯氏侍講公 議于許舫山薰 金約泉鎭祜 趙一山昺奎 許錦洲埰 刊續附集于風雷亭

또한 백씨伯氏 시강공侍講公과 더불어 방산舫山 허훈許薰, 약천約泉 김진호金鎭祜, 일산一山 조병규趙昺奎, 금주錦洲 허채許埰

등과 의논하여, [성재집性齋集의] 속집續集과 부록附錄을 [대눌大訥의] 풍뢰정風雷亭에서 간행하였다.

星湖下廬 二先生之文 尙未出 與李省軒炳憙及許錦洲 刊星湖集於退老 下廬集 則先生開刊廬谷 後以黃洙建之力請擔夯 移役昌原赤峴 竣之

성호李瀷와 하려黃德吉 두 선생의 문집文集이 아직 출간 되지 않은지라, 성헌省軒 이병희李炳憙 금주錦洲 허채許埰 등과 더불어 퇴로退老에서 성호집星湖集을 간행하였다. 하려집下廬集은 곧 노곡蘆谷에서 선생이 개간開刊하였는데, 뒤에 황수건黃洙建이 맡겠다고 힘써 요청하여서, 그 간역刊役을 창원 적현赤峴으로 옮겨서 마쳤다.

盖其報效於師門 而幷致力所自源 如此其摯也

대개 그 사문師門의 은혜에 보답하고 본받으면서 아울러 스스로 근원한 바에 힘을 다함이 이처럼 진지하였다.

先生 以欲學朱子 先學退陶 爲師門相傳之旨訣 嘗往謁陶山之祠 以償其寤寐之願

선생은 주자朱子를 배우려 한다면, 먼저 퇴도退陶를 배우라는 말로써 사문師門에 서로 전하는 지결旨訣을 삼았다. 그래서 일찍이 도산서원陶山書院 상덕사尙德祠를 배알拜謁하여 오매간寤寐間의 소원을 이루었다.

因徧拜鄭顧軒來錫權頤齋璉夏李龍山晩寅金西山興洛李晩求種杞李響山晩燾諸公 所資益又甚多

이 일[도산서원陶山書院 배알拜謁]로 인연하여 고헌顧軒 정내석鄭來錫, 이재頤齋 권연하權璉夏, 용산龍山 이만인李晩寅, 서산西山 김홍락金興洛, 만구晩求 이종기李種杞, 향산響山 이만도李晩燾 등의 선비들을 두루 방문하여, 이들에 의지하여 유익한 것이 매우 많았다.

盖先生鎔冶畿嶺之學於一爐 而會通之 故其宏綱大用 靡不具有 尤爲所卓然傑特也

대개 선생이 기호畿湖와 영남嶺南의 학통學統을 한 용광로에 넣어 용야鎔冶하여, 이치를 회통會通하였기 때문에, 그 굉강宏綱과 대용大用이 갖추어지지 않음이 없어 더욱 탁연卓然히 높아 걸특傑特하였다.

嘗屢徙其居 甲午從侍講公 返海第 因復從遷密州之盧谷 築紫岩草廬 居之 自是從學者 四至至益假家以爲容

일찍이 여러 번 거처를 옮겼는데, 갑오년에 시강공侍講公(대눌大訥)을 따라 김해[금곡金谷]의 집에 돌아 왔다가, 이어 다시 [시강공侍講公을] 따라 밀주密州의 노곡蘆谷으로 옮겨 자암초려紫巖草廬를 지어 거처하였다. 이로부터 따라 배우려는 자가 사방四方에서 이르러, 임시 가옥을 더 지어서 수용하기에 이르렀다.

門庭之盛 一時爲最 彬彬之士 接踵而出 及庚戌國亡 而侍講公避地遙河 則先生亦往家焉

문정門庭의 성대盛大함이 한 시대의 최고여서, 훌륭한 선비가 잇달아 배출되었다. 경술년庚戌(1910)에 이르러 나라가 망함에 시강공侍講公이 중국 요하遼河 땅으로 피지避地(망명亡命)하니, 곧 선생도 가서 살았다.

時安守坡孝濟及李耕齋建昇 已皆竄逃於是 而中國人溫次琴 孫銘軒 錢培塾 張世叔輩 亦與之爲隣居

이때에 수파守坡 안효재安孝濟와 경재耕齋 이건승李建昇이 이미 모두 [왜倭를] 피하여 요하遼河에 숨어 있었고, 중국인 온차금溫次琴 손명헌孫銘軒 전배숙錢培塾 장세숙張世叔 등도 역시 더불어 이웃하여 살았다.

數年 還廬山 更築紫岩書堂 以扶翼斯學爲己任 開導學者如初 雖常有病 而未嘗見其或倦也 己未自儒林 有送長書 巴里萬國會議之擧 而先生卽署姓名 應之 在外諸門下士 與焉者 亦至十數人

몇 년 뒤에 노산蘆山으로 돌아와 다시 자암서당紫巖書堂을 짓고 사학斯學을 부익扶翼하는 것으로써 자신의 책임으로 삼아, 배우는 자를 계도啓導하기를 처음과 같이 하되, 비록 몸에 항상 병病이 있었지만 혹시라도 태만함을 보인 적이 없었다. 기미년己未年(1919)에 유림儒林이 장서長書를 파리만국회의巴里萬國會議에 보내는 일이 있었다. 선생이 곧 서명署名하여 이에 호응하니, [자암서당紫巖書堂 안팎] 문하門下의 선비 중에 [장서長書의 서명署名에] 참여한 이가 십수인十數人에 이르렀다.

所後愚堂公 旣早世 而克齋公之喪 與侍講公自京館奔歸 尤齎爲至慟

입후入后한 우당공愚堂公은 일찍 세상을 떠났고, 극재공克齋公의 상喪에는 시강공侍講公과 같이 서울의 임시 거처로부터 분상奔喪하여 [창녕으로] 돌아옴에 더욱 더 지극히 슬퍼하였다.

於侍講公 敬事特摯 世間悌弟 孰其過之 而侍講公 時或未之諒然 至衷之愛流露 無所間隔

시강공侍講公을 공경하여 섬기기에 특별히 지극하였다. 세간世間에서 형[백씨伯氏]을 공경하는 아우가 그 누가 선생보다 나았을까마는, 시강공侍講公이 혹여 이해하지 못하는 일이 있으면 지극히 진실된 사랑이 흘러 나와서 간격間隔이 없었다.

子姪輩 或有失法 誨而誠諭之 開其自新之路 俾得復全於人理 行己方嚴 閑家嗃嗃 而亦未嘗傷其慈和之氣 閨門之內 嘗歡喜洽如也

아들과 조카들이 혹 법도法道를 잃으면, 이를 가르치되 정성精誠으로 깨우쳐서, 스스로 새로워지는 길을 열도록 하였다. [그리하여] 사람의 도리가 다시 온전하게 되도록 하였다. 자기의 행실은 방정엄숙方正嚴肅하고, 집을 다스림에 엄嚴하였으나, 또한 이 가운데 자화慈和의 기운을 상한 적이 없었으며, 규문閨門의 안에서도 늘 기쁨과 즐거움이 넉넉하였다.

人有一善 樂爲之道 苟其實蹟 雖寒微 懼或湮滅 以故世之欲闡先者 惟恐不得先生一言 而先生自有分寸未嘗曲筆 以徇人

누구라도 한 가지 착함이 있으면 그것을 즐거이 말하고, 진실로 그 실다운 거취가 보이는 이는 비록 [그 신분이] 한미寒微해도 혹 인멸湮滅될까 두려워하였다. 그런 고로 세상에 선조先祖를 드러내고자 하는 사람은, 오직 선생의 한 말씀을 얻지 못할

까 두려워하였다. 그러나 선생은 스스로 한 푼이나 한 치라도 일찍이 붓을 굽혀서 남을 따른 적이 없었다.

著有顧諟錄 性理說節要 深衣攷 國界攷 六官私議 師服攷 做人要編 大嶺人物志 兵學要選 四書疑解 政經勸學錄 國朝進文蒐錄 等數十種書 又有文集二十五冊

저서著書로는 고시록顧諟錄, 성리설절요性理說節要, 심의고深衣考, 국계고國界攷, 육관사의六官私議, 사복고師服攷, 주인요편做人要編, 대령인물지大嶺人物志, 병학요선兵學要選, 사서의해四書疑解, 정경권학록政經勸學錄, 국조진문수록國朝進文蒐錄 등 수십 종의 책이 있으며, 또 문집文集 이십오책二十五冊이 있다.

先生 微言至論 罄竹難書 至言一日無欲 可作一日聖人 一月無欲 可作一月聖人 終身無欲 可作終身聖人 寔前人所未道也

선생의 미언지론微言至論은 죽간竹簡을 다 쓰더라도 모두 기록하기 어렵다. [선생의] 지극한 말씀으로,

"일일무욕一日無慾하면 일일성인一日聖人이요, 일월무욕一月無慾하면 일월성인一月聖人이요, 종신終身토록 무욕無慾하면 종신성인終身聖人이다."

라고 하였으니, 전인前人이 말하지 않은 바이다.

辛未正月三十日 啓手足于合浦寓第 享年七十七歲 訃聞 遠近人士 咸曰 斯文喪矣

신미년(1931) 정월 삼십일에 마산의 우거寓居에서 서거逝去하시니 향년享年이 칠십 칠세다. 부음訃音이 알려지자, 멀고 가까운 곳의 선비들이 모두 다 "사문斯文을 잃었다"고 하였다.

以三月甲寅 葬金海新安 會送至數千 加麻者數百餘人 後十三年甲申 遷窆金谷艮原 配黃氏河氏 有男女各五人 男寔容惟黃出 出後侍講公進士早卒 家容 定容出 察容 審容

삼월 갑인일에 김해金海 신안新安에 장사하니, 회송會送하는 사람이 수천에 이르렀고, 가마加麻한 문인門人이 수백 인이었다. 십삼 년 뒤 갑신년에, 금곡金谷쇠실 간원艮原에 이장하였다. 부인은 황씨黃氏와 하씨河氏요, 아들과 딸이 각각 다섯이다. 아들 식용寔容은 오직 황씨부인의 소생인데, 시강공侍講公에게 출후出後하였다. 진사進士였고 일찍 세상을 떠났다. 그 다음은 가용家容 정용定容 찰용察容 심용審容인데, 정용定容은 출후出後하였다.

女適 朴河鎭 孫璟鉉 崔希永 許珀 趙鏞瓚 孫曾及外孫 甚繁不錄

딸은 박하진朴河鎭, 손경현孫璟鉉, 최희영崔希永, 허박許珀, 조용찬趙鏞瓚에게 시집갔다. 손자孫子와 증손曾孫및 외손外孫은 심히 많아 기록하지 아니한다.

先生資粹行備 學有淵源 涵養之深 而蓄積亦富 道之成矣 德之立矣 何可以尙之哉

선생은 자품資品이 순수純粹하고 행실行實이 구비具備되었으며, 학문學問은 연원淵源이 있다. 도학道學의 함양涵養이 깊고, 온축한 것이 풍부하여 도道가 이루어지고 덕德이 세워졌나니, 무엇을 여기에 더할 수 있겠는가!

粤自山頹于今四十有四年 先進凋謝 喆嗣之存者 亦惟察容季敬一人 而已顧 以朋彦之晩學微末 重又衰荒墜失 而執役墓道 未能善其形容 是爲所惶懍 惟謹據狀文 述其大者 而爲銘 其辭曰

아아, 선생先生이 돌아가신 지, 이제 사십사 년이라[1975년 안붕언安朋彦 찬술撰述], 선배들은 다 시들어 떠났고, 현명한 아들 중에 생존한 이는 찰용察容[자字; 계경季敬] 한 사람 뿐이다. 돌아보건대 붕언朋彦은 만학미말晩學微末이요, 게다가 또 쇠황衰荒하고 추실墜失하니, 묘도문墓道文 짓는 일을 맡음에, 제대로 잘 형용形容해 낼 능력이 없어 황송하고 떨린다. 오직 삼가 행장行狀

을 근거하여 그 대의大義를 기술하고 명銘을 짓는다. 그 명사銘辭는 다음과 같다.

於惟先生	아! 선생이시여!
正學宗師	정학正學의 으뜸 스승이었도다.
成材既衆	인재人材 이룸이 이미 많으셨고
亦有書遺	또 저서著書 남김이 있으시도다.
大源在陶	큰 연원은 도산陶山에 있으며
由寒而眉	한강寒岡을 통해 미수眉叟에 이르고
星順廬性	성호星湖 순암順庵 하여下廬 성재性齋로
嫡嫡相傳	적통嫡統을 이어 전하였네.
先生是承	선생이 이를 계승繼承하여
得其大全	크게 온전함[大全]을 얻었네.
既熟於爲	이미 행함에 순숙純熟하여
若成于天	천성天性으로 이룬 듯하네.
厲操濁世	탁한 세상 힘써 잡아
以終天年	그로써 천수를 마치셨네.
巖堂皐比	자암서당紫巖書堂 스승 자리는
一世企踵	온 세상이 존숭尊崇하였네.
亦粤泗庄	또한 저 사연서장泗淵書莊은
晩暮攸講	만년에 강학講學한 곳.
徽猷清芬	좋은 계책 맑은 향기
終古豈沫	종고終古토록 어찌 희미하랴!
得以想慕	생각하며 그릴 수 있음은

永於斯在　길이 이곳이 있기 때문.
東洛之濱　낙동강 물가와
西山之巓　서산의 봉우리
載昭得懿　밝게 의덕懿德 실었으니
豊碑屹然　큰 비가 우뚝하도다.
大江遠注　큰 강 멀리 쏟아지고
日夜泱泱　밤낮으로 출렁거리네.
流厥福澤　그 복록과 은택 흘러
萬祀以長　만년토록 영원하리.

漢山後人 安朋彦 謹撰
[서기1975년, 단기4308년]
光山後人 盧菑虛 拙譯
[서기2010년, 단기4343년]

8

가세십천家世十遷

鄭錫胎 譯

가세십천家世十遷

題家世十遷圖屛

가세십천도 병풍에 쓰다.

제1도

송도 만수산萬壽山, 고려가 망하자 18세 조고祖考 시중공侍中公 휘 인정仁正이 이 산으로 들어가셨다

第一 松京萬壽山 麗亡 十八世祖考侍中諱仁正 入此山

搖落高麗國	요락고려국
崔嵬萬壽山	최외만수산
孱孫念祖蹟	잔손념조적
朝夕畫中覸	조석화중한

고려국이 망하고도 여전히 남아
만수산은 우뚝 높이 솟아 있었지.
잔손孱孫은 조상님의 자취 생각해
조석으로 그림 속을 살펴본다오.

제2도

고성 구만九萬 리, 시중공 만수산에서 바다로 배를 타고 이곳에 이르셨다

第二 固城九萬里 侍中公 自萬壽山 浮海至此

孤舟無定所	고주무정소
水盡乃留停	수진내류정
敢述乘桴義	감술승부의
追成浮海亭	추성부해정

외로운 배 정박할 곳이 없어서
물 다하자 그대로 멈추었다오.
배 타고 떠나오신 의리 잇느라
부해정을 훗날에 세워뒀다오.

제3도

초계 중동, 14세 조고 동악東岳 선생 휘 선경善卿이 천령군에서 벼슬을 버리고 비로소 이곳에 터를 잡으셨다

第三 草溪中洞 十四世祖考東岳先生諱善卿 自天嶺棄紱 始卜于此

園林尙蕭灑	원림상소쇄
想像歸田時	상상귀전시
斥佛功彌著	척불공미저
煌煌閭表碑	황황려표비

원림은 아직도 소쇄하나니
귀전하신 그 때를 상상한다오.
척불하신 공적이 더욱 드러나
여표비는 찬란히 빛이 난다오.

제4도

창녕 국동菊洞, 12세 조고 첨정공僉正公 휘 경창慶昌이 옥천玉泉에서 시묘侍墓하시고, 그대로 국동에 사시면서 자손들이 국동에 세거世居하게 되었다

第四 昌寧菊洞 十二世祖考僉正諱慶昌 侍墓玉泉 仍家于菊 子孫世居焉

守墓家仍徙	수묘가잉사
治書世作賢	치서세작현
院墟堂復起	원허당부기
永冀儒模傳	영기유모전

시묘侍墓하다 집을 옮겨 그대로 사시면서
글공부로 대대로 어진 사람 만드셨지
서원書院 터에 서당書堂을 다시금 일으켜서
유가儒家 법도 길이길이 전해지길 바라셨지

제5도

김해 정촌, 7세 조고 증 이조판서吏曹判書 휘 한석漢錫이 세상을 피해 이곳에 은거해서 숭정의 의리를 지키셨다

第五 金海禎邨 七世祖考贈吏判諱漢錫 避地于此 守崇禎義

人說崇禎事	인설숭정사
村傳海隱閭	촌전해은려
香煙猶不盡	향연유불진
似印民華書	사인민화서

사람들 숭정의 일 말하는데

마을에선 해은海隱의 정려旌閭 전하네.

향화 아직 다하지 않고 있나니

중화인민 글씨를 찍어 놓은 듯.

제6도

김해 금곡, 6세 조고 금곡공噤谷公 휘 문필文弼이 금곡金谷에 터 잡고 사셨는데, 을묘년 겨울에 상직相稷이 이곳에서 태어났다

第六 金海金谷 六世祖考噤谷諱文弼 卜居于金谷 乙卯冬 相稷懸弧于此

南亭春樹碧	남정춘수벽
龍塾春池深	용숙춘지심
歲月已遲暮	세월이지모
誰知弧矢[1]心	수지호시심

남정의 봄날 나무 짙푸르고
용천서당 봄날의 못물 깊구려
세월은 하마 흘러 노년이 되니
그 누가 호시하던 마음을 알랴.

1 호시(弧矢) : 상호봉시(桑弧蓬矢)로, 천하를 경영하려는 남아의 큰 포부를 말한다. 고대에 사내아이가 태어나면, 뽕나무 활에 쑥대 화살을 메워서 천지 사방에 쏘게 함으로써, 장차 천하에 원대한 일을 할 것을 기대하였던 고사에서 유래한 말이다. ≪禮記 內則≫

제7도

청송青松 국동菊洞, 본생 선친 극재공克齋公 휘 필연佖淵이 기유년에 이곳 국동에서 일곱 달 우거하셨다

第七 靑松菊洞 本生先人克齋諱佖淵 己酉 寓菊洞七朔

粤昔黃鷄歲	월석황계세
先人此卜居	선인차복거
南君持畵示	남군지화시
歷歷舊時廬	역력구시려

그 옛날 황계黃鷄의 해였을 때
선친께서 이곳에 우거하셨지
남군南君이 그려다가 보여 주나니
당시에 사시던 집 역력하다오.

제8도

밀양 노곡蘆谷, 상직相稷이 갑오년에 창녕에서 가족을 데리고 와서 병오년에 이곳에 터 잡고 살았다

第八 密陽蘆谷 相稷甲午 自昌寧挈家 丙申 定棲于此

天秘盧峯久	천비노봉구
資余兄弟棲	자여형제서
偶玆病不死	우자병불사
壽與蘆峯齊	수여노봉제

오래도록 비경 숨긴 노봉蘆峰 자락에
우리 형제 의지해 살게 됐다오.
우연히 병도 없고 불사하나니
수壽를 누림 노봉과 나란하다오.

제9도

만주 안동현, 신해년에 본생 형님 시강侍講 상익相益이 압록강을 건너 이곳으로 가셔서 돌아오지 않으니 마침내 따라갔는데, 나는 이듬해에 고향으로 돌아왔고 형님은 그곳에 그대로 계셔서, 형제가 서로 떨어져 산 것이 모두 12년이었다.

第九 安東縣 辛亥 本生兄侍講相益 渡鴨江不還 遂從焉 明年還 兄弟相離 凡十二年

誰送山南叟	수송산남수
躬耕遼塞田	궁경요새전
風霜十二載	풍상십이재
淚積戀兄篇	누적련형편

그 누가 영남의 노인을 보내
요동 변방 땅을 몸소 갈게 했던가.
풍상이 섞어 치던 열두 해 동안
형님 그린 시편詩篇에는 눈물 쌓였지.

제10도

밀양 말방秣方, 기미년에 사남서장泗南書庄을 완공하였다
第十 密陽秣方 己未 泗南書庄成

余非貪得者	여비탐득자
曷又泗南庄	갈우사남장
犬馬飼爲賴	견마사위뢰
剛欣養有方	강흔양유방

나는 진정 욕심 많은 사람 아닌데
어찌 또 사남서장泗南書庄 지은 것인가.
견마犬馬를 사육해도 도움 받나니
기를 방도 생긴 것이 그저 기쁘네.

9

자암서당십곡도병紫巖書堂十曲圖屛

자암서당십곡도병訥翁吟

圖屛題, 我石 金鍾大

盧蓄盧 譯

자암서당십곡도병紫巖書堂十曲圖屛

제일곡第一曲 추화산推火山

推火山前都護城	추화산전도호성
樓臺民物正繁英	누대민물정번영
漏盡鍾鳴有意倦	누진종명유의권
驛亭無寐計前程	역정무매계전정

추화산推火山 앞 도호성都護城이라,
영남루 아래 민물民物이 반듯이 성쿠려!
봄비 젖은 종소리에 의경意經 나른하나
역정驛亭에 무매無寐코, 갈 길을 헤아릴세.

제이곡第二曲 장선진長善津

匹馬行尋長善津	필마행심장선진
綠楊如海草如烟	녹양여해초여연
寸絲斗穀提携者	촌사두곡제휴자
渾是山邨實業人	혼시산촌실업인

필마匹馬로 장선진長善津을 찾아드니
녹양綠楊은 바다 같고, 풀빛은 연기煙氣 같네.
사신絲身과 곡복穀腹에 제휴자提携者라
모두가 산촌山村에서 농사짓는 이라오.

제삼곡第三曲 금천평琴川坪

凝川土沃煅南州	응천토옥단남주
特數琴坪地利優	특삭금평지리우
潦旱不憂蟲鼠遠	노한불우충서원
居人蠲却歲荒愁	거인견각세황수

응천凝川땅 비옥하여 남주南州에 떨치나니
특삭特數커니 금평琴坪의 땅심이 우수하다네.
큰 물과 가뭄에 벌레 쥐의 근심 없거니
촌민村民들은 황추荒秋를 알지 못한다네.

제사곡第四曲 다죽촌茶竹邨

格老碑高節義彪	격노비고절의표
雲江樓闢宦情休	운강누벽환정휴
漸覺東湖塵氣少	점각동호진기소
名花桂木又深幽	명화계목우심유

격재노인格齋老人 빗돌에 절의가 우뚝 빛나나니
구름과 강江과 누각樓閣을 벗하여 벼슬길을 잊었다네.
동호東湖에 속진俗塵이 적음을 깨닫나니
명화名花와 계목桂木이 짙어 그윽하도다.

제오곡第五曲 금곡錦谷

余來初接錦山邱	여래초접금산구
歲月悠悠三十秋	세월유유삼십추
塾舍居然民舍做	숙사거연민사주
停車偏憶舊朋遊	정거편억구붕유

내 처음 금산錦山의 산천山川을 만났을 때로부터
세월은 유유悠悠히 흘러 어언 삼십년.
서당書堂의 숙사塾舍는 민사民舍로 고쳐졌나니
수레 멈추고 옛 벗과 종유從遊하던 때를 생각하네.

제육곡第六曲 단정교丹亭橋

地勢稍寬俗益淳	지세초관속익순
禾麻桑柘自成隣	화마상자자성린
錦水珠山知不遠	금수주산지불원
臨橋如見所懷人	임교여견소회인

지세地勢는 좁다가 넓어지고 풍속風俗은 더욱 순박淳朴하데
벼와 삼, 누에와 산뽕나무가 절로 이웃을 이루었다네.
금수錦水와 주산珠山이 멀지 않음을 알겠거니와
다리에 다달으니 마치 그리운 사람 보는 듯하네.

제칠곡第七曲 영경시映鏡市

物品皆從峽戶輸　　물품개종협호수
貨權終賴郡城搜　　화권종뢰군성수
交易雖便民受病　　교역난편민수병
一場全入半囊收　　일장전입반낭수

물품은 다 산골에서 지게로 나르나니
물화物貨의 저울질은 마침내 군성郡城에서 이룬다네.
교역편交易便이나 범민이 노병勞病을 얻거니
일장一場에는 모두 주머니의 반을 채우누나.

제팔곡第八曲 정각산正覺山

雄深盤礴又崔嵬	웅심반박우최외
三峽千峯入壼[1]闈[2]	삼협천봉입곤위
正似儒林先覺坐	정사유림선각좌
諸生趨拜作依歸	제생추배작의귀

웅심雄深하고, 너르고 우뚝하며, 또 높고 높나니
삼협三峽의 천봉千峯이라 곤위壼闈에 닿았구나.
단정端正함이 마치 유림의 선각先覺이 앉은 듯
제생이 추배趨拜하며 돌아갈 의지처 삼누나.

1 壼 : 문지방
2 闈 : 명당[天帝堂]의 문

제구곡第九曲 말방秣方

凝廣余疑力購書	응광여의력구서
青衿[3]相對卷而舒	청금상대권이서
千松萬栗深深裏	천송만율심심리
自信窮居樂有餘	자신궁거낙유여

응광여의凝廣余疑를 밝히고자 힘써 책을 구하고
유생[青衿]을 마주하여 책을 세고 폄이라
천송千松과 만율萬栗의 심심리深深裏,
자신궁거自信窮居에 선비의 즐거움이 남을지라.

3 青衿 : 유생(儒生)

제십곡第十曲 노곡蘆谷

及到蘆山別有天	급도노산별유천
白雲黃葉遍郊原	백운황엽편교원
著書課子無餘事	저서과자무여사
不覺殘生已耋年	불각잔생이질년

노산蘆山의 별천別天에 이르나니
백운白雲과 황엽黃葉이 들녘에 가득구나.
책 짓고 청유淸儒 가르치는 밖에 다른 일 없나니
잔생殘生 불각不覺할새, 이미 질로耋老로다.

10

자암서당잡영紫巖書堂雜詠

省略

11

사사연서장잡영淵書庄雜詠【省略】

省略

선생의 시편은 따로 묶어 출간할 예정

12

벽설壁說

서벽書壁

小訥心學 二十六題
三碧子 譯

벽설壁說 이십육제二十六題

소눌선생小訥先生 만년서벽심제晩年書壁心題

1. 무욕無欲

學聖一爲要 一者無欲也. 無欲則靜虛動直. 靜虛則明 明則通, 動直則公 公則溥.

성인聖人의 도道를 배우는 데는 하나一의 요체要諦가 있다. 그 하나는 무욕無欲이다. 무욕하면 마음이 정靜할 때는 비고, 마음이 동動할 때는 곧다. 마음이 고요하여 비면 밝고, 마음이 밝으면 통通하며, 마음이 움직임에 곧으면直 사思에 무사無邪하고, 마음이 사思에 무사無邪하면 통연명백洞然明白하여 허공虛空 같이 넓다.

2. 지수止水

君子役物 小人役於物. 見可喜可怒之事 自家着一分陪奉他 此太勞矣. 聖人之心如止水.

군자君子는 정情을 부리고, 소인小人은 정情에게 부려진다.

기뻐하고 노怒할 만한 일을 보고서 제 스스로 일분一分이라도 그것을 받들면 이는 크게 고생스럽다. 성인聖人의 마음은 고요한 물과 같은 것이다.

3. 심학心學

人之所以好生者 以欲也. 所以惡死者 亦欲也. 生求稱其欲 死懼失其欲. 衝衝天地間 莫不以欲爲事 而心學不傳.

사람이 살아 있기를 좋아하는 까닭은 삶에 대한 욕망欲望 때문이요, 죽음을 싫어하는 까닭 역시 삶에 대한 욕망欲望 때문이다. 살아서는 그 욕심欲心을 채우려고 하고, 죽음에는 그 욕심欲心을 잃을까 두려워한다. 하늘과 땅 사이에 그득한 사람들이 모두들 욕심欲心으로 일삼지 아니함이 없는 까닭에 심학心學이 전해지지 않는 것이다.

4. 자득自得

持守之要 只是要得此心. 常自整頓 惺惺了了 則未發時不昏昧 已發時不放縱.

도심道心을 붙잡아 지키는 대요大要는 다만 이 마음道心을 자득自得하는 것이다. 항상 스스로 정돈整頓하여 또렷하게 깨어 있으면, 마음이 발發하지 않았을 적에 혼매昏昧하지 않고, 이미 발發하였을 때 방종放縱하지 않는 것이다.

5. 본원本源

涵養本源之功 易間斷. 然纔覺得間斷 便是相續處.

본원本源을 함양涵養하는 공부는 사이사이 끊어지기 쉽다. 그러나 끊어졌다고 깨닫는 자리가 곧 도심道心이 이어지는 곳이다.

6. 무외無畏

無所不欲者 無所不畏 無所欲者 無所畏.

하고자 않는 바가 없는 자는 두렵지 않은 바가 없고, 하고자 하는 바가 없는 자는 두려울 바가 없다.

7. 천리天理

明得一分天理 滅却一分人欲.

일분一分의 천리天理를 밝혀 알면, 일분一分의 인욕人欲을 더는 것이다.

8. 소욕消欲

鏡纔磨塵垢去而光彩發 心纔敬 人欲消而天理明.

거울을 갈면 먼지 때가 제거되어 光彩가 나타난다. 마음이 경敬에 돈독敦篤하면 인욕人欲이 사라지고 천리天理가 밝아진다.

9. 광대무변廣大無邊

心本廣大無邊 一有己私 則不勝其小.

마음[道心]은 본디 가없이 넓고 크나, 자기의 사심邪心이 하나라도 있으면 그처럼 작을 수가 없다.

10. 무욕성인無欲聖人

一日無欲 可作一日聖人 一月無欲 可作一月聖人. 終身無欲 便是終身聖人.

하루 동안 무욕無欲하면 하루의 성인聖人이 될 수 있고, 한 달 동안 무욕無欲하면 한 달 동안의 성인聖人이 될 수 있으며, 종신終身토록 무욕無欲하면 곧 종신終身토록 성인聖人이다.

11. 제망除妄

除去一切閑思量 天理自在.

일체의 부질없는 생각을 제거除去하면, 천리天理가 저절로 드러난다.

12. 불위不爲

凡不可與父兄師友道者 不可爲也.

무릇 부父와 형兄과 사師와 우友에게 말할 수 없는 행동을 해서는 아니 된다.

13. 선악善惡

終身爲善不足 一朝爲惡有餘.

종신終身토록 선善을 행해도 선善이 부족不足하고, 하루아침에 악惡을 행해도 악惡이 남아돈다.

14. 극기克己

克己可以治怒 明理可以治懼.

극기克己하면 칠정[怒]을 다스리고, 천리天理를 밝히면 두려움을 다스린다.

15. 음식남녀飮食男女

飮食男女之欲 堯舜與桀紂同 但中理中節 則爲天理 無理無節 則爲人欲.

음식飮食과 남녀男女의 욕구欲求는 요순堯舜이나 걸주桀紂가 동일同一하다. 다만 이치理致가 절도節度에 맞으면 천리天理가 되고, 이치가 없고 절도節度가 없으면 인욕人欲이 된다.

16. 간입間入

人欲如寇賊 專以窺我之虛實 斯須防閑不密 則乘間而入.

인욕人欲은 강도나 좀도둑과 같아서 오로지 나의 허실을 엿보다가, 잠시라도 방비를 치밀하게 아니하면 틈을 타고 들어온다.

17. 대안大眼

人當大着眼目 不爲小小者所動.

사람은 마땅히 크게 안목眼目을 가져야 자그마한 데 움직거리지 않는다.

18. 공리功利

去得一箇計功謀利之心 則心下自然坦夷.

공功을 헤아리고 이익利益을 꾀하는 하나의 마음[人心]을 소거消去하면 마음이 자연히 평탄平坦하다.

19. 치기治己

治己必先治心 心者舟之舵也 欲正其舟 先治其舵.

자기를 다스림에는 반드시 마음[雜念]을 다스려야한다. 마음은 배의 방향타이다. 그 배를 바로잡으려면 그 방향타를 먼저 다스려야 한다.

20. 병약病藥

纔覺退便是進 纔覺病便是藥.

물러난다고 깨닫는 순간이 곧 나아감이요, 병이라고 깨닫는 순간이 곧 약이다.

21. 단련鍛鍊

金之在冶 經熱炎 受鉗錘 當此之時 爲金者心苦然自他人視之 方喜金之益精鍊 而惟恐火力鉗錘之不至, 及其出冶 金亦自喜其鍛鍊之有成矣.

쇠가 대장간에서 뜨거운 불꽃을 거쳐서 집게와 망치질을 받는데, 이때를 당하여 쇠 된 자로서는 마음이 고통스럽겠지만, 그러나 다른 사람이 보기에는 바야흐로 쇠가 더욱 정하게 단련되어 화력과 망치질이 모자랄까 걱정이 되거니와, 담금질을 하고 나면 쇠 또한 자기가 단련鍛鍊되어 공이 이루어짐을 기뻐한다.

22. 무실務實

務實之心重一分 則務名之心輕一分.

실심實心이 일분一分 밝아지면, 명리名利에 힘쓰는 정념情念이 일분一分 덜어진다.

23. 학도學道

學以憂勤爲正脈 逸欲爲痼疾.

학문學問은 도道가 밝지 못함을 걱정하여 부지런히 닦음을 정맥正脈으로 삼아야 하고, 학문學問을 벗어나 명리名利를 따르려는 욕구를 고질痼疾로 여겨야 한다.

24. 신언검신愼言檢身

愼言動於妻子僕隷之間 檢身心於起居飮食之際.

처자妻子와 종복從僕들 사이에서 언동言動을 삼가 하고, 거처居處와 음식飮食 사이에서 자신自身을 검속檢束하라.

25. 역행力行

行不力 不知爲善之難 省不深 不知入惡之易.

힘써 행하지 않으면 선善을 하는 것에 어려움을 모르고, 깊이 반성反省하지 않으면 악惡에 들어가는 것이 쉬움을 모른다.

26. 이치二恥

君子有二恥 肯小能 恥也 飾所不能恥也.

군자君子에게는 두 가지 부끄러움이 있다. 자그마한 재능을 뽐내는 것은 부끄러움이요, 능력 없는 것을 꾸미려 드는 것은 부끄러움이다.

대미大尾

13

자암문답칠제 紫巖問答七題

三碧子 譯

問弟子

南岡 曺正煥　　磊軒 鄭宗鎬
退山 姜信哲　　進士 盧寔容
誠菴 盧根容　　牛山 姜信赫
誠庵 盧根容　　溪菴 成嗜憓
校理 朴海徹　　許 銛
彦夫 蔣仁根　　學初 安鍾達

자암문답칠제紫巖問答七題

1.

남강南岡 조정환曺正煥이 선생께 여쭈었다.

문 사무사思無邪의 사邪는 무엇을 이릅니까?

답 사邪는 유위有爲의 칠정七情이다. 궁리窮理로써 알기 어렵다. 실심實心,道心에 계합契合해야 명연明然히 알 수 있다. 공부자孔夫子께서 "적연불동감이통천하지고寂然不動感而通天下之故"라 하였다.

2.

뇌헌磊軒 정종호鄭宗鎬가 여쭈었다.

문 정이천程伊川의 설에 성性에 본연지성本然之性과 기질지성氣質之性이 있다 하였고, 허성재許性齋의 종요록宗堯錄에 선사先師 설에 성性을 이성二性이라 정리하여 명언明言하였습니다. 공부자孔夫子의 일이관지一以貫之와 그 뜻이 같지 않은 듯합니다. 그 뜻에 어떠합니까?

답 공부자孔夫子께서 일一 이라 하였다.

3.

퇴산退山 강신철姜信哲이 여쭈었다.

문　중용中庸의 “성즉명誠則明이요 명즉성明則誠이니라”의 뜻에 어떠합니까?

답　이는 돈오법頓悟法이다. 필시 대인大人이라야 돈입頓入하는 것이다. 이는 성性의 본래本來를 열어 보인 공부자孔夫子의 말씀이다. 맹자가 “언성고이言性故已”라 함이 “성즉명誠則明 명즉성明則誠”의 도리를 가리켜 이른 것이다.

4.

성암誠菴 노근용盧根容이 여쭈었다.

문　불혹不惑의 뜻이 어떠합니까?

답　무엇에 불혹不惑하는가? 다만 인심人心과 도심道心에 불혹不惑하는 것이다.

5.

진사進士 노식용盧寔容이 여쭈었다.

문　이순耳順, 종심從心의 경지境地가 어떠합니까?

답　개오開悟하여 숙연소요肅然逍遙에 거처한 이후에 이순耳順할 수 있다. 공부자께서 50세에 개오開悟, 知天命 하시고 4년을 숙연肅然히 정심正心하신 후, 철환천하轍環天下하여 인재를 찾으려 다니셨다. 이순耳順과 종심從心의 경지는 그 경지가 아니면 알 수 없다.

6.

우산牛山 강신혁姜信赫이 여쭈었다.

문　육경신六庚申공부는 어떤 연유입니까?

답　육경신六庚申은 채침蔡沉이 창안하였는데, 묵연올좌默然兀坐하여 십이시十二時에 경敬을 하는 것이다. 일 년에 경신일庚申日이 여섯 번 들었으므로 육경신六庚申이라 한다. 후인이 독서와 궁리에 침잠沈潛하므로 채침이 육경신六庚申을 고집하여 실심實心을 실참實參하도록 권면勸勉한 것이다. 그러나 성인이 수사선도守死善道하여 윤집궐중允執闕中하라고 하신 뜻에서는 가깝지 아니하다.

7.

허석許鉐, 허평許坪, 박정선朴正善, 박상윤朴尙允, 안종달安鍾達, 노근용盧根容, 성기덕成嗜德, 장인근蔣仁根, 박해철朴海徹 등이 함께 여쭈었다.

문　선생님의 시구詩句 “천년일월성신국千年日月星辰國 만고당우공맹서萬古唐虞孔孟書”를 가슴에 새기고자 합니다.”

답　그 구句는 내가 젊은 날 꿈속에서 얻은 것인데, 중히 여기는 것은 세상의 웃음거리가 되기 쉽다.

정뇌헌[鄭宗鎬]이 옆에 있다가 읊어 말한다.

“계사천고심繫辭天古心
반독지불이返讀知不易
지정현고도止情顯古道
홀연대성현忽然對聖賢”

소눌선생小訥先生이 긍정肯定하였다.

— 대저 소눌선생의 강요講要는 “사단四端과 칠정七情이 모두 칠정七情이다”라고 하며 ‘사칠가미론四七加味論’을 설하였고, 또한 “사단四端은 칠정七情의 선善함을 가린 것이요, 칠정七情은 거친 정情이다”라고 하였으며, “무욕無欲의 하지 아니함으로써 념念의 함[爲]을 두어야, 순舜임금의 무위無爲를 알 수 있다”라고 하고, “무위無爲를 알고자 하면 산란한 마음을 쉰 다음 칠정七情을 그쳐서, 경敬을 독행篤行한 이후에야 밝아져 나아갈 수 있다. 밝아[明]지면 성誠하고, 성誠하면 무위無爲를 안다”라고 하였다. —

— 선생이 자득自得한 공부工夫의 대요大要는 서벽書壁의 심설心說에 갖추어 있다. —

14

서구결사록西溝結社錄

大訥主導　小訥補留

西溝結社錄

[中國南滿洲安東縣接梨樹圖 由安東縣南距參拾里]

侍講盧相益：字致三，生己酉，本光州，號大訥。自密陽，辛亥冬，渡西。壬子，購家庄五，日耕於接梨樹西溝，使同志構屋。

校理安孝：字舜仲，生庚戌，本耽津，號守坡。自宜寧，辛亥，渡西。壬子，自臨江縣來。

李慶一：字德善，生壬子，本碧珍。自密陽，壬子，渡西，構屋。

蔡熙東：字春可，生丁巳，本仁川，號秋潭。自大邱，壬子，渡西，構屋。

主事李建昇：字保卿，生戊午，本全州，號耕齋。自江華，庚戌，渡西。甲寅，自懷仁縣來。

黃圭顯：字舜明，生辛酉，本長水，號西隱。自密陽，壬子，渡西，構屋。

朴尙林：字可見，生己巳，本密陽，號忍窩。自密陽，壬子，渡西，構屋。

安衡遠：字錫謨，生丙子，本廣州，號曉峯。自金海，壬子，渡西，構屋。

[補]來留同苦

參奉李承熙：字繼道，生丁未，本星州，號剛齋。自星州，辛亥，渡西，入吉林蜂密山。癸丑，來留西溝。

參判鄭元夏：字聖肇，生甲寅，本延日，號綺堂。自江華，庚戌，渡西。甲寅，甲寅，自懷仁縣，來留西溝。

直閣朴東欽：字勳汝，生甲寅，本密陽，號海山。自泰川，乙卯，渡西，居西溝。

家弟相稷：字致八，生乙卯，號小訥。辛亥十二月，渡西，與我住縣內，購庄屋西溝，而壬子冬，迫於家憂，違志還渡。其後逐年，有覲兄之行。

李敏應：字□□，生□□，本全州，號壽春。與同志合資，多購庄土，西渡農民，賴以資生。

中國南滿洲安東縣接梨樹圖 由安東縣南距參拾里

중국 남만주 안동현 접리수도, 안동현安東縣에서 남쪽으로 30리 거리에 있다.

서구결사팔사록西溝結社八士錄

시강侍講 노상익盧相益

자는 치삼致三, 기유년(1849, 현종15) 출생, 본관은 광주光州, 호는 대눌大訥이다. 신해년1911 겨울에 서간도西間島로 건너 왔다. 임자년(1912)에 농장農莊 다섯 곳을 매입하여 접리수接梨樹 서구西溝에서 농사를 짓는 한편, 동지들로 하여금 그곳에 집을 짓고 살도록 하였다.

교리校理 안효제安孝濟

자는 순중舜仲, 경술년(1850, 철종1) 출생, 본관은 탐진耽津, 호는 수파守坡이다. 의령宜寧에서 신해년(1911)에 서간도西間島로 건너 왔다.

이경일李慶一

자는 덕선德善, 임자년(1852, 철종3) 출생, 본관은 벽진碧珍이다. 임자년(1912)에 서간도西間島로 건너 와서 집을 짓고 살았다.

채희동蔡熙東

자는 춘가春可, 정사년(1857, 철종8) 출생, 본관은 인천仁川, 호는 추담秋潭이다. 임자년(1912)에 서간도西間島로 건너 와서 집을 짓고 살았다.

주사主事 이건승李建昇

자는 보경保卿, 무오년(1858, 철종9) 출생, 본관은 전주全州, 호는 경재耕齋이다. 영재寧齋 이건창李建昌의 아우이다. 강화江華에서 경술년(1910)에 서간도西間島로 건너 왔다. 갑인년(1914)에 회인현懷仁縣에서 접리수接梨樹 서구西溝로 왔다.

황규현黃圭顯

자는 순명舜明, 신유년(1861, 철종12) 출생, 본관은 장수長水, 호는 서은西隱이다. 밀양密陽에서 임자년(1912)에 서간도西間島로 건너 와서 집을 짓고 살았다.

박상림朴尙林

자 가견可見, 기사년(1869, 고종6) 출생, 본관은 밀양密陽, 호는 인와忍窩이다. 밀양密陽에서 임자년(1912)에 서간도西間島로 건너 와서 집을 짓고 살았다.

안형원安衡遠

자는 석모錫謨, 병자년(1876, 고종13) 출생, 본관은 광주廣州, 호는 효봉曉峯이다. 김해金海에서 임자년1912에 서간도西間島로 건너 와서 집을 짓고 살았다.

[보류補留] 접리수에 와서 동고同苦한 선비들

참봉參奉 이승희李承熙

자는 계도繼道, 정미년(1857, 철종8) 출생, 본관은 성주星州, 호는 강재剛齋이다. 성주星州에서 신해년(1911)에 서간도西間島로 건너 와서 길림성吉林省 봉밀산蜂密山에 들어가서 지냈다. 계축년(1913)에 접리수接梨樹 서구西溝로 와서 지냈다.

참판參判 정원하鄭元夏

자는 성조聖肇, 갑인년(1854, 철종5) 출생, 본관은 연일延日, 호는 기당綺堂이다. 강화江華에서 경술년(1910)에 서간도西間島로 건너 왔다. 갑인년(1914)에 회인현懷仁縣에서 접리수接梨樹 서구西溝로 와서 지냈다.

직각直閣 박동흠朴東欽

자는 훈여勳汝, 갑인년(1854, 철종5) 출생, 본관은 밀양密陽, 호는 해산海山이다. 태천泰川에서 을묘년(1915)에 서간도西間島로 건너 와서 접리수接梨樹 서구西溝에서 살았다.

아우 상직相稷

자는 치팔致八, 을묘년(1855, 철종6) 출생, 호는 소눌小訥이다. 신해년(1911) 12월에 서간도西間島로 건너와 나와 함께 안동현安東縣에 살면서 접리수接梨樹 서구西溝에다 장옥莊屋을 매입하였고, 임자년(1912) 겨울에 후학양성後學養成의 뜻을 안고 환국還國하였다. 그 뒤 매 해, 형인 나를 만나러 이곳으로 왔다.

이민응李敏應

자는 경행敬行, 병자년(1876, 고종13) 출생, 본관은 전주全州, 호는 수춘壽春이다. 동지들과 함께 자본을 모아 토지를 많이 매입하니, 서간도西間島로 건너온 농민들이 그에 의지해서 살았다.

15

소눌小訥과 석곡石谷

鄭錫胎 譯
三碧子 補正

눌재訥齋(소눌小訥) 석곡石谷 화용구華用句

盧訥齋 相稷 字致八 庄上	石谷 李圭晙, 1855~1923
첨부 : 눌재 시附訥齋詩	小訥 盧相稷, 1855~1931
盧訥齋 備聞滿洲風物 因次其絶句詩	石谷 李圭晙, 1855~1923
紫巖書堂新成 行鄕飮禮 講大學	小訥 盧相稷, 1855~1931
奉和紫巖原韻	石谷 李圭晙, 1855~1923

노눌재[상직 字치팔]가 사시는 마을에서

盧訥齋 相稷 字致八 庄上

석곡石谷 이규준李圭晙(1855~1923)

狂瀾千里一區清	광란천리일구청
纔到亭前豁我情	재도정전활아정
四壁圖書明鏡在	사벽도서명경재
百年榮辱片雲輕	백년영욕편운경
山扃如水虛舟泛	산경여수허주범
海國多風獨鳥征	해국다풍독조정
安得大敷忠恕道	안득대부충서도
域中無戰世咸平	역중무전세함평

천 리에는 미친 물결 한 구역 청정清淨할세
정자亭子 앞에 다다르자 마음 활짝 열린다오.
네 벽에는 도서圖書 가득 명경明鏡을 놓아두니
백 년 인생 영욕이야 편운片雲처럼 가볍거라.
산문山門은 강물인양 빈 배[1]를 띄워두고
바람 많은 나라를 한 마리 새 날아 가네.
어찌하면 충서忠恕의 도道를 크게 베풀어
세상에 전쟁 없애 모두 태평하게 할런지.

---

1 빈 배[虛舟] : 세상사에 무심함을 비유하는 말이다. 『장자(莊子)』 「산목(山木)」에 "배를 타고 황하를 건너다가 사람이 타지 않은 빈 배[虛舟]가 와서 부딪치면 아무리 마음이 좁은 사람일지라도 성내지 않는다"라고 한 데서 유래한 말이다.

첨부添附 : 눌재시

附訥齋詩

소눌小訥 노상직盧相稷(1855~1931)

石叟質高神氣清	석수질고신기청
讀書有力祛塵情	독서유력거진정
鄭公鄉里風猶在	정공향리풍유재
玉藻篇中議不輕	옥조편중의불경
出門縱厭交蹄跡	출문종염교제적
立志先須役羨征	입지선수역선정
廿載幽居眉弗展	입재유거미불전
逢君今日意和平	봉군금일의화평

석곡石谷은 자질 높고 신기神氣가 청명하여
독서에 힘 쏟아 속된 정情을 민멸泯滅했네.
정공향鄭公鄉[2] 마을 풍속 아직도 남아 있고
「옥조玉藻」[3]에 대한 논의 가볍지 않다마다.
문 나서면 짐승들 누빈 흔적 싫겠지만
뜻 세움엔 무엇보다 선정羨征[4]에 힘써야지.

---

2 정공향(鄭公鄉) : 후한(後漢)의 학자 정현(鄭玄, 127~200)이 살던 고을이다. 후에 학행(學行)이 뛰어난 사람이 사는 고을을 가리키는 말로 쓰이게 되었다.

3 옥조(玉藻) : 『예기(禮記)』의 편명이다. 구용(九容)을 포함한 천자와 제후의 복장과 제도, 의식을 행할 때의 몸가짐과 절차 등에 대한 것을 기록하였다.

4 선정(羨征): 장정(長征), 곧 먼 길을 간다는 말이다. 『논어(論語)』「태백(泰伯)」

이십 년 간 유거幽居하며 환히 웃지 못했는데
오늘은 그대 만나 뜻에 화평和平하다오.

■ 이 시는 『소눌집小訥集』에는 실려 있지 않다. 소눌의 기세棄世 후, 문인門人과 기차其次가 소눌이어小訥里語를 편차編次하였는데, 그들의 안목에 석곡石谷이 다만 기인奇人이요, 유의儒醫요, 또한 중인中人의 신분이라 평하여 소눌이어小訥里語에 포함하지 않았다. 그런 연유로 자연히 소눌집小訥集에 위의 시詩가 실리지 아니한 것이라 하겠다. 소눌은 석곡石谷을 평하여 거정이청신祛情而淸神이라 했는데, 뒷사람의 안목이 어두워 기피한 것이다.

에 증자(曾子)가 "선비는 뜻이 크고 굳세지 않으면 안 되니, 등에 진 짐이 무겁고 앞으로 가야 할 길이 멀기 때문이다. 인(仁)을 자기의 임무로 인지하고 있으니 그 짐이 또한 무겁지 않겠는가. 죽은 뒤에야 그만두는 것이니 그 길이 또한 멀지 않겠는가[士不可以不弘毅, 任重而道遠. 仁以爲己任, 不亦重乎? 死而後已, 不亦遠乎?]"라고 하였다.

밀양의 노눌재盧訥齋 치팔致八을 찾아가서 만주의 풍물에 대해 자세하게 듣고는 인因하여, 그 절구 시에 차운次韻하다.

방밀양노눌재 치팔 비문만주풍물 인차기절구시

訪密陽盧訥齋 致八 備聞滿洲風物 因次其絶句詩

석곡石谷 이규준李圭晙(1855~1923)

何事簪巾渡鴨江	하사잠건도압강
遼河一半卽吾邦	요하일반즉오방
至今多集穿床客	지금다집천상객
不向南天著膝雙	불향남천착슬쌍

어찌하여 사대부가 압록강을 건넜는가
요동 지역 그 반이 우리나라여서이지
지금은 천상객穿床客[5]이 많이들 모였는데
남쪽 하늘 향하여 무릎 꿇지 않는다오.

---

5 천상객(穿床客): 학덕이 높고 절개가 곧은 선비를 말한다. 삼국시대 위(魏)나라 관녕(管寧)의 고사를 끌어다 쓴 것이다.
관녕의 자는 유안(幼安), 주허(朱虛) 출신이다. 한(漢)나라 말기 황건적의 난 때 요동(遼東)으로 피난을 갔는데 따르는 자가 매우 많았으며, 그 덕화(德化)에 백성들이 감화되어 다투거나 송사(訟事)하는 일이 없었다. 난이 평정되자 고향으로 돌아갔는데, 조정에서 누차 불렀으나 나아가지 않았다. 하나의 나무 걸상에 55년 동안 단정히 꿇어앉아서 글을 읽다 보니, 양쪽 무릎이 닿은 곳이 닳아서 구멍이 뚫렸다고 한다. 《三國志 魏書 卷11 管寧傳》《高士傳 卷下 管寧》

원운原韻 : 자암서당을 신축하고는 향음주례를 행하고 『대학』을 강의하다.

原韻 : 紫巖書堂新成 行鄕飮禮 講大學

소눌小訥 노상직盧相稷(1855~1931)

巖堂新築柳門東	암당신축류문동
路入丹崖巷首通	노입단애항수통
餘日秖宜調病骨	여일지의조병골
殘經那望振頹風	잔경나망진퇴풍
階因疊級循無懈	계인첩급순무해
園有群栽養則同	원유군재양칙동
古鏡重磨非別法	고경중마비별법
請看曾傳十章中	청간증전십장중

만류문 동쪽에다 자암서당 신축하니
단애丹厓 사이 길이 나서 골목 어귀로 통한다오.
남은 생애生涯 병든 몸 치료하긴 마땅하나
잔경殘經으로 퇴풍진작頹風振作 바랄 수 있으리오.
순서대로 계단階段 오름 나태하지 말지라.
정원의 초목들도 기르기는 매한가지.
고경古鏡 거듭 가는 것은 별 다른 법 아니거니
『대학』의 증자십전 내용을 살피게나.

자암서당 원운原韻에 받들어 차운하다.

奉和紫巖原韻

석곡石谷 이규준李圭晙(1855~1923)

幽居卜築武陵東	유거복축무릉동
不許漁郎舊路通	불허어랑구로통
勝形雖遜陶山水	승형수손도산수
堂扁盡追雲谷風	당편진추운곡풍
爲己須知忘已大	위기수지망이대
安人當使與人同	안인당사여인동
潔身自好非難事	결신자호비난사
道在平平蕩蕩中	도재평평탕탕중

무릉武陵의 동쪽에다 유거幽居할 터를 잡고
어부漁夫(석곡石谷)가 찾은 옛길, 통함을 허락 않네.
형승形勝이야 도산陶山의 산수山水보다 빠지지만
서당書堂 편액扁額 모두다 운곡雲谷 유풍 좇았다오.
위기爲己[6]에는 칠정七情을 단박에 잊을 지고

---

6 위기(爲己) : 위기지학(爲己之學)으로, 자기의 덕성(德性)을 함양하는 학문, 곧 자기의 본성(本性)을 밝히는 공부를 말한다. 남에게 알려지기를 바라는(자기에 어두우면서 남을 가르치는) 학문인 위인지학(爲人之學)과 반대되는 말이다. 공자(孔子)가 "옛날의 학자들은 자기의 덕성을 함양하더니, 지금의 학자들은 남에게 알려지기를 바라는구나(자기에 어두우면서 남을 가르치는구나)[古之學者, 爲己 ; 今之學者, 爲人]"라고 한 것에서 유래한 것이다.《論語 憲問》 여기서 '위기(爲己)'는 '수기치인(修己治人)' 또는

안인安人[7]에는 즐거움을 사람과 함께 해야 하네.
제 몸 아껴 결신潔身[8]함은 어려운 일 아닐세라
평평平平하고 탕탕蕩蕩한 그 속에 도道 있나니.

▪ 이 시는 석곡(石谷)이 자암서당으로 소눌선생을 찾아왔다가 못 만나고 돌아간 뒤에 지어서 편지와 함께 부친 것이다.

'수기안인(修己安人)'의 '修己'와 같은 말이다.

7 안인(安人) : 자로(子路)가 공자(孔子)에게 군자(君子)에 대해서 묻자, 공자(孔子)께서 "경으로써 자기를 닦는 것이다.[修己以敬]"라고 하였다. 자로(子路)가 "이와 같을 뿐입니까?[如斯而已乎]"라고 하자, 공자(孔子)께서 "자기를 닦아서 사람을 편안하게 하는 것이다[修己以安人]"라고 하였다. 다시 자로(子路)가 "이와 같을 뿐입니까?[如斯而已乎]"라고 하자, 공자(孔子)께서 "자기를 닦아서 백성을 편안하게 하는 것이니. 자기를 닦아서 백성을 편안하게 하는 것은 요순도 오히려 부족하게 여기셨다[修己以安百姓. 修己以安百姓, 堯舜其猶病諸]"라고 하였다. 《論語 憲問》

8 결신(潔身): 潔身亂倫을 말한다. 도사(道士)나 승려(僧侶)처럼 세상을 떠나서 자기의 일신을 깨끗이 지키는 것을 말한다. 자로(子路)가 세상을 버리고 은거하는 노인에 대해 "출사하지 않는 것은 의리가 아니니, 장유의 예절도 없애서는 안 되는데, 군신의 의리를 어떻게 없앨 수 있겠는가. 자기 일신을 깨끗이 하고자 큰 인륜을 없애는 짓이다[不仕無義, 長幼之節, 不可廢也, 君臣之義, 如之何其廢之? 欲潔其身而亂大倫]"라고 하였다. 《論語 微子》

석곡石谷 간찰簡札

이별한 뒤에 세월이 얼마나 지났는지요? 나라 안의 일은 또 지난해와 다른데, 오직 남풍南風만은 의구依舊하여 보리추수가 풍년을 알립니다. 이러한 때에 형제분의 경체經體 신명神明이 보우하사 크게 형통하시고 자제 형제들은 가학家學을 성취하였는지요?

지금 세도世道는 크게 무너지고 사문斯文은 모두 추락했는데, 광란狂瀾 속의 지주砥柱처럼 우뚝 버텨낼 책은 누구에게 있겠습니까. 문하門下에서 가르침을 받은 사람들 중 몇 사람이 빼어나며 몇 사람이 실질實質을 이루었는지, 저는 우러러 듣기를 원합니다.

저 규준圭晙은 속사俗事로 마음이 빼앗겨 지업志業을 이루지 못한 채, 얻은 것이라고는 오직 눈이 캄캄하게 어두워지고 흰 머리만 많아진 것뿐입니다. 눈을 감고 정신을 모으고 앉아 심상心相을 묵묵히 점검해 보니, 전일의 공부는 지리支離한 것이 너무도 괴롭습니다.

이理를 말하고 기氣를 말한 것은 모두 허공에 속하는데, 갈라지고 흩어져서 한갓 시비是非를 다투는 데만 뛰어나니, 도리어 심술心術을 해쳤습니다. 그래서 오직 이 하나의 심心을 굳게 붙잡고서 이목구비耳目口鼻의 오관에 이끌리지 않도록 해 보고 있지만, 오히려 그렇게 할 수 없을까 두렵습니다.

그러나 더는 이理라는 글자와 기氣라는 글자를 두고 시비를 다투는 곳에서 허공을 더듬어 그림자를 잡는 말을 하지 않게 되니, 문득 대단히 사려가 그치고 대단히 힘이 줄어져 실로 손 쓸 곳을 있게 됩니다.

바라건대 한두 동지同志와 이러한 뜻을 강론해서, 색목色目으로 편당偏黨을 지어 너와 내가 승부하는 생각을 반드시 제거한다면, 이 심心의 본체本體를 얻어 볼 수 있을 것입니다.

심心의 본체本體가 바로 이른바 성性입니다. 심心을 물[水]에 비유하면, 성性은 근원과 같고 정情은 흐름과 같아서 근원과 흐름이 하나의 물[水]일 뿐이니, 성性과 정情도 하나의 심心일 뿐이라, 이理와 기氣는 모두 그 안에 있습니다.

맹자孟子가 말하기를 "그 심心을 다하는 자[盡心者]는 그 성性을 알고, 그 성性을 아는 자[知性者]는 천天을 알게 된다"라고 하였고, 정자程子는 말하기를 "심心이라 성性이라 천天이라 하는 것은 하나의 이理이다"라고 하였으니, 심心과 성性에 대한 풀이는 이보다 더 적절한 것이 없습니다.

제가 사는 누추한 곳에는 이러한 설說에 대해 함께 논의할

사람이 없어서 곧바로 헌병軒屛에 다시 나아가 정견定見을 살펴 구해 보려고 하고 있지만, 지금은 길이 많이 막혀서 그렇게 하지 못하고 있습니다. 장래에 함께 만날 때가 어느 날인지 알 수 없어서, 단지 서쪽을 바라보며 정신만 모으고 있을 뿐입니다. 가지 못한 채 편지로 대신 질의를 드리니, 혹 몽매하다고 혜음惠音을 아끼지 마시고 인편을 구하여 부쳐주실는지요?

나머지는 도道를 위해 보중保重하시기를 축원합니다. 격식을 갖추지 못한 채 편지를 드립니다.

무신년(1908) 5월 10일

경제庚弟 이규준李圭晙 재배再拜

奉別後 日月幾何 域中事 又異去年 惟有南風依舊 麥秋告豊 未審此時 棣床經體神佑大亨 子舍連璧 詩禮成就否 方今世道大壞 斯文盡墜 狂瀾砥柱 責任在誰 門下解笈 幾箇發秀 幾箇就實 仰傃區區爲之願聞 晙冗累所奪 志業未就 所得者 惟眼霧濛濛 鬓霜種種而已 閉目凝坐 點檢心相 向來工夫 太苦支離 說氣說理 都屬虛空 岐貳流散 徒長是非 反害心術 於是只將一箇心操執之 不使爲耳目口鼻所引去 猶恐其不能 更不向理字氣字是非中 摩空捉影打話去 便覺得大段息慮 大段省力 實有下手處 要與一二同志 講論此意 必須掃除了偏黨色目爾我勝負之念 此心本體 乃得可見矣 心之本體 即所謂性也 心譬諸水 性猶源也 情猶流也 源流一水而已 性情一心而已 而理氣皆在其中矣 孟子曰 盡其心者知其性 知其性則知天矣 程子曰 心也性也天也一理也 心性之解 莫切於此 陋地無與論此說 即欲重晉軒屛以求審定見 今途道多梗未果也 將來盍簪 未知那日 只有西望 凝神而已 玆用替書仰質 或蒙不吝惠音 討便轉送耶 餘惟蘄爲道保重 不備候禮

戊申五月初十日 庚弟 李圭晙 再拜

16

고운집서孤雲集序

小訥集의 孤雲集序
孤雲集의 孤雲集序

고운최선생문집서孤雲崔先生文集序

[소눌집小訥集 권26]

世之論新羅者 於山必曰頭流伽倻清凉 於水必曰東溟東洛 於人必曰文昌崔先生 蓋國之爲國有名山名川名人 而後可以擅地靈而彰皇猷也 之三者亦相須而成其美也 得名山川鍾毓之厚而先生生焉 先生之於名山川 不能無意焉 然非先生自爲 天爲之也

세상에서 신라新羅를 논할 적에 산에 대하여는 반드시 두류頭流·가야伽倻·청량清凉을 말하고, 물에 대하여는 반드시 동명東溟·동락東洛을 말하고, 사람에 대하여는 반드시 문창文昌 최선생崔先生을 말한다. 대개 국가가 국가답게 됨에는 명산名山·명천名川·명인名人이 있는 이후에 산천의 뛰어난 기운[地靈]을 점유하여 황제의 계책을 드러낼 수 있다. 이 세 가지는 또한 서로 필요하여 그 아름다움을 이룬다. 명산名山·명천名川의 뛰어난 기운의 두터움을 얻어 선생이 태어났다. 선생이 명산名山·명천名川에 대하여 뜻이 없을 수는 없으나, 그러나 〈이는〉 선생이 스스로 한 것이 아니라, 하늘이 그렇게 한 것이다.

使先生終有遇於唐 則先生爲唐人而止 又使有遇於羅 則先生之迹 不暇遍於名山川也 未弱冠而射策金門 二十三歲而筆挫浙賊 天子賜以魚袋 天下誦其文章 方是時 世皆知爲唐之孤雲 豈圖復尋其懸弧之國哉 先生已知幾 不欲居亂邦 乃於銀河列宿之年 作爲奉詔錦還之人 羅之幸福大矣 然羅褊邦也 豈能容四海第一人物 疑忌者漸朋興焉 先生所以再不遇也 雖然 吾不以先生之不遇爲恨 而悼其遭値之不辰也

가령 선생이 끝내 당唐나라에서 〈기회를〉 얻음이 있었더라면 선생은 당나라 사람이 되었을 것이고, 또 가령 신라에서 〈기회를〉 얻음이 있었더라면 선생의 자취는 명산名山·명천名川에 두루 미침을 겨를 하지 못하였을 것이다. 〈선생이〉 아직 약관弱冠이 되지 않았는데 금문金門에서 과거[射策]하였고, 23세에는 붓으로 절강浙江의 적도賊徒 황소黃巢를 꺾자, 천자가 어대魚袋를 하사하고 천하가 그 문장을 암송하였다. 이때에는 세상 사람들이 모두 당唐나라의 고운孤雲으로 알고 있었으니, 어찌 〈그가〉 다시 자신이 태어났던 국가를 찾아갈 줄을 헤아렸겠는가? 선생은 이미 기미를 알아 어지러운 나라에서 거처하고자 하지 않아, 이에 은하銀河에 열수列宿가 벌어진 나이에 조서詔書를 받들고 금의환향하는 사람이 되었으니, 신라의 행복이 크도다. 그러나 신라는 좁은 나라였으니, 어찌 사해四海의 제일 인물을 용납할 수 있었겠는가? 의심하고 시기하는 자들이 점차 무리지어 일어나자, 선생은 이 때문에 다시 불우하였다. 비록 그러하나, 나는 선생이 불우함을 한으로 여기지 않고, 그가 때를 만난 것이 제 때가 아니었음을 슬퍼한다.

唐之興 歷十九帝而碭山之俘虜承寵 羅之三姓傳四十九王而菩提之堂斧荐起 淫恣之女弟當阼 豈先生隻手所能持扶哉 旣不能安於朝廷 則海雲臨鏡月影 足以紓孤臣憤愾之懷 頭流巖門 示廣濟之志 淸凉棊板 觀勝敗之數 伽倻流水 聾是非之聲 於是而知先生之不幸 爲山川之遭遇也

당나라가 흥기함에 19명의 황제를 거치고 나서 탕산碭山의 부로俘虜가 〈새로〉 하늘의 총애를 받았고, 신라의 삼성三姓은 49명이 왕위를 전하고 나서 보리菩提의 당부堂斧가 거듭 일어남에 음탕한 여제女弟가 제위에 올랐으니, 어찌 선생이 한 손으로 이를 부지扶持할 수가 있었던 것이겠는가? 이미 조정에서 편안하지 못하여서는 해운대海雲臺와 임경대臨鏡臺와 월영대月影臺에서는 고신孤臣의 분개한 회포를 풀 수 있었고, 두류頭流의 암문巖門에서는 널리 구제하려는 뜻을 보였으며, 청량淸凉의 기판棊板에서는 승패의 운수를 관찰하였고, 가야伽倻의 유수流水에서는 시비是非의 소리를 듣지 않을 수 있었으니, 이를 통해서 선생이 불행해지면서 산천과 조우하게 되었음을 알 수가 있다.

歷年旣久 聲徽頗湮 人但以影響自揣 以黃葉青松 謂爲麗王上書 麗之後王 亦以躋聖廡 謂之報密贊祖業 若然 洪裵申卜四功臣 何不先於先生歟 從祀 大禮也 非王自專 而公議有所定 至麗祀羅賢 微先生 無以當之 先生實東方初頭出之文學也

세월이 오래되어 아름다운 명성이 차츰 인멸되자, 사람들이 다만 소문만을 가지고 자기들끼리 헤아려 황엽黃葉 청송青松의 구절을 가지고 고려의 왕을 위하여 상서한 것이라 말하고, 고려의 후대의 왕도 또한 성무聖廡에 올린 것을 가지고 태조太祖의 왕업을 은밀히 도운 것을 보답한 것이라고 말하니, 만약 그렇다면 홍洪·배裵·신申·복卜의 네 공신이 어찌 선생보다 앞서지 않겠는가?

종사從祀는 대례大禮인지라, 왕이 독단할 수 있는 것이 아니요, 공의公議에서 결정되는 것이다. 고려에서 신라의 현인을 종사함에 있어서는 선생이 아니면 해당되는 자가 없었을 것이다. 선생은 실로 우리 동방에서 처음으로 출현한 문학가였다.

先生之學 以四術六經爲宗旨所著述 往往有說到性理者 而今不盡傳 惟以四山碑銘之藏在僧舍爲疵 然觀其辨沈約孔發釋窮之語則曰 佛語心法 終類係風 限老佛之爲異道則曰 教門分階擯子房從赤松之說則曰 鶴背幻軀 以此三言而

推之 先生之所願 學孔子也 所棲而與緇流相混者 高遯之術也 林間遺屨者 示不復寄在人間而已 寧有佗哉

선생의 학문은 사술四術과 육경六經을 저술에 종지宗旨로 하였다. 왕왕 말이 성리性理에 이른 것이 있었는데, 지금에는 모두 전해지지 않고, 오직 《사산비명四山碑銘》이 승사僧舍에 숨겨져 있던 것을 흠으로 삼았다. 그러나 선생이 심약沈約의 "공자는 단초端初를 열었고 석가釋迦는 극치極致를 다했다[孔發其端 釋窮其致]"라는 말을 변론한 것을 보면 말하기를 "부처가 심법心法을 말한 것은 〈현묘玄妙하고도 현묘玄妙하여〉 끝내 '바람이나 그림자를 붙잡기 어려운 것'과 같다[佛語心法 終類係風]"라고 하였고, 노장老莊과 불교가 이도異道라고 한계 지으며 말하기를 "교문이 〈이로부터〉 계척을 나누게 되었다[教門分階]"라고 하였으며, 장자방張子房이 적송자赤松子를 따라 노닐었다는 설을 배척하며 말하기를 "학의 등 '위'의 허깨비 같은 몸이다[鶴背幻軀]"라고 하였다. 이 세 가지의 말을 가지고 미루어 본다면, 선생이 원한 것은 공자孔子를 배우는 것이었다. '선생이' 승려僧侶와 어울려 노닐었던 것은 멀리 은둔하려는 계책에서 나온 것이요, 숲 사이에 신발을 남겨 두었던 것은 인간 세상에 다시 기대어 살지 않겠다는 뜻을 보여준 것일 따름이니, 어찌 다른 것이 있겠는가.

佔畢先生馬鬣在山之句 足以破千古之惑也 況濯纓發執杖屨之願 愼齋歎倡文學之功 李子有留神向我傳之詩 而餘人之紛紜雌黃 尙不息於佛銘者 實不知衛道闢異之功在佛銘之中也

점필佔畢(김종직金宗直) 선생의 "빈산에 무덤이 있다[馬鬣在山]"라는 시구는 천고千古의 의혹을 풀 수 있는 것이라고 하겠다. 하물며 탁영濯纓; 金馹孫이 선생의 지팡이와 신발을 들고 '시봉侍奉하며 따르고 싶다' 발원하였고, 신재愼齋(주세붕周世鵬)가 문학을 창도한 선생의 공을 찬탄하였으며, 이자李子(이황李滉)가 '월영대月影臺의' '정신을 담아내어 내게 전해준다[留神向我傳]'는 시구詩句를 두었으며, 그 밖에 많은 사람들이 어지럽게 평론하는 것 중에서 아직도 불명佛銘을 지었다는 것에 끊이지 않고 있는 것은 실로 사도斯道를 보위하고 이단을 배척한 공이 불명佛銘 속에 있다는 사실을 모르기 때문이다.

後孫國述君 積年蒐求遺文 出貨以付剞劂者 欲令世之人知先生之作佛銘 皆所以恭承君命而以寓諷諫之義也 優遊山澤 終身不返 非欲與勝區相遻 惟恐忝跡於王氏之朝也

후손 최국술崔國述 군이 여러 해 동안 선생의 유문遺文을 수집하고 자금을 내어 간행에 부쳤다. 이는 세상 사람들로 하여금 선생이 불명佛銘을 지은 것들은 모두 임금의 명을 삼가 받들면서 그 속에 풍간諷諫하는 뜻을 부치려 했다는 것을 알게 하고자 함이요, 선생이 산택山澤에서 소요逍遙하며 종신토록 돌아오지 않은 것은 명승지에서 지내려 함이 아니라 오직 왕씨王氏의 조정에서 몸을 더럽힐까 염려하여서이다.

고운선생문집중간서孤雲先生文集重刊序

[고운집孤雲集]

世之論新羅者。於山必曰頭流，伽倻，清涼。於水必曰東溟，東洛。於人必曰文昌崔先生。蓋國之爲國。有名山名川名人。而後可以擅地靈而彰皇猷也。之三者亦相須而成其美也。得名山川鍾毓之厚而先生生焉。先生之於名山川。不能無意焉。然非先生自爲。天爲之也。

세상에서 신라新羅를 논할 적에 산에 대하여는 반드시 두류頭流·가야伽倻·청량淸涼을 말하고, 물에 대하여는 반드시 동명東溟·동락東洛을 말하고, 사람에 대하여는 반드시 문창文昌 최 선생崔先生을 말한다. 대개 국가가 국가답게 됨에는 명산名山·명천名川·명인名人이 있는 이후에 산천의 뛰어난 기운[地靈]을 점유하여 황제의 계책을 드러낼 수 있다. 이 세 가지는 또한 서로 필요하여 그 아름다움을 이룬다. 명산名山·명천名川의 뛰어난 기운의 두터움을 얻어 선생이 태어났다. 선생이 명산名山·명천名川에 대하여 뜻이 없을 수는 없으나, 그러나 〈이는〉 선생이 스스로 한 것이 아니라, 하늘이 그렇게 한 것이다.

使先生終有遇於唐。則先生爲唐人而止。又使有遇於羅。則先生之迹。不暇徧於名山川也。未弱冠而射策金門。廿三歲而筆挫浙賊。天子賜以魚袋。天下誦其文章。方是時。世皆知爲唐之孤雲。豈圖復尋其懸弧之國哉。先生已知幾。不欲居亂邦。乃於銀河列宿之年。作爲奉詔錦還之人。羅之幸福大矣。然羅。褊邦也。豈能容四海第一人物。疑忌者漸朋興焉。先生所以再不遇也。雖然。吾不以先生之不遇爲恨。而悼其遭値之不辰也。

가령 선생이 끝내 당唐나라에서 〈기회機會를〉 얻음이 있었더라면 선생은 당나라 사람이 되었을 것이고, 또 가령 신라新羅에서 〈기회機會를〉 얻음이 있었더라면 선생의 자취는 명산名山·명천名川에 두루 미침을 겨를 하지 못하였을 것이다. 〈선생이〉 아직 약관弱冠이 되지 않았는데 금문金門[1]에서 과거[射策][2]

1 금문(金門) : 금마문(金馬門)의 준말로, 한무제(漢武帝)가 학사(學士)로 하여금 금마문에서 대조(待詔)하여 고문(顧問)에 대비하게 하였다. 미앙궁(未央宮) 앞에 동마(銅馬)가 있으므로 생긴 이름이다. 후세에는 한림원(翰林院)을 가리키게 되었다.

2 과거[射策] : 옛날 선비를 시험하던 한 방법으로 대개 사책(射策)과 대책(對策)이 있는데, 사책은 의의(疑義)를 책(策)에 써서 함봉해 두고 응시하는 자로 하여금 하나씩 가져다 연역해서 바치게 하는 것이요, 대책은 정사(政事) 경의(經義)를 미리 내걸고 응대하게 하는 것이다. 경서(經書) 또는 정치상의 의문을 죽간(竹簡)에 쓰게 하여 이것으로 우열을 분별하던 제도인데 곧 과거를 가리킨 것이다.

하였고, 23세에는 붓으로 절강浙江의 적도賊徒 황소黃巢를 꺾자,[3] 천자가 어대魚袋를 하사하고 천하가 그 문장을 암송하였다. 이때에는 세상 사람들이 모두 당唐나라의 고운孤雲으로 알고 있었으니, 어찌 그가 다시 자신이 태어났던 국가를 찾아갈 줄을 헤아렸겠는가? 선생은 이미 기미를 알아 어지러운 나라에서 거처하고자 하지 않아, 이에 은하銀河에 열수列宿가 벌어진 나이[4]에 조서詔書를 받들고 금의환향하는 사람이 되었으니, 신라의 행복이 크도다. 그러나 신라는 좁은 나라였으니, 어찌 사해四海의 제일 인물을 용납할 수 있었겠는가? 의심하고 시기하는 자들이 점차 무리지어 일어나자, 선생은 이 때문에 다시 불우하였다. 비록 그러하나, 나는 선생이 불우함을 한으로 여기지 않고, 그가 때를 만난 것이 제 때가 아니었음을 슬퍼한다.

唐之興。歷十九帝而碭山之俘虜承寵。羅之三姓。傳四十九王而菩提之堂斧荐起。淫恣之女弟當阼。豈先生隻手所能持扶哉。旣不能安於

---

3 23세에는……꺾자 : 최치원이 당나라에서 벼슬하던 중, 황소(黃巢)의 난을 만나서 병마 도통(兵馬都統) 고병(高駢)의 종사관(從事官)이 되어 〈토황소격문(討黃巢檄文)〉을 초하였다. 그 격문에 "온 천하 사람이 모두 너를 공개로 처형할 것을 생각할 뿐만 아니라 또한 지하의 귀신들도 이미 은밀히 베어 죽이기를 의논하고 있다[不惟天下之人皆思顯戮, 抑亦地中之鬼已議陰誅]"라는 구절이 있었는데, 황소가 그 글을 보고 자신도 모르게 평상에서 떨어지고 말았다고 한다.

4 은하(銀河)에……나이 : 28세를 가리킨다. 열수(列宿)는 28수(宿)의 별자리를 뜻한다.

朝廷。則海雲，臨鏡，月影。足以紓孤臣憤愾之懷。頭流巖門。示廣濟之志。淸凉碁板。觀勝敗之數。伽倻流水。聾是非之聲。於是而知先生之不幸。爲山川之遭遇也。

당나라가 흥기함에 19명의 황제를 거치고 나서 탕산碭山의 부로俘虜[5]가 〈새로〉 하늘의 총애를 받았고, 신라의 삼성三姓[6]은 49명이 왕위를 전하고 나서 보리菩提의 당부堂斧[7]가 거듭 일어남에 음탕한 여제女弟가 제위에 올랐으니, 어찌 선생이 한 손으로 이를 부지扶持할 수가 있었던 것이겠는가? 이미 조정에서 편안하지

---

5 탕산(碭山)의 부로(俘虜) : 부로는 송주(宋州) 탕산 출신으로, 당나라를 멸망시키고 후량(後梁)의 태조가 된 주전충(朱全忠)을 가리킨다. 원래 황소(黃巢)의 적도(賊徒) 출신으로 당나라에 귀순하여 사진절도사(四鎭節度使)에 이르고 양왕(梁王)에 봉해졌는데, 그 뒤 소종(昭宗)과 애제(哀帝)를 시해하고 국호를 양(梁)으로 바꿨으나, 만년에 누차 패하면서 세력이 위축되다가 마침내는 차자(次子)인 주우규(朱友珪)에게 시해당하였다. 《新五代史 卷1 梁本紀 太祖》

6 신라의 삼성(三姓) : 옛날 신라의 왕족인 세 성씨, 즉 박(朴), 석(昔), 김(金)을 가리킨다.

7 보리(菩提)의 당부(堂斧) : 불교의 사탑(寺塔)을 가리킨다. 보리는 깨달음이라는 뜻을 지닌 산스크리트어의 음역으로 불교를 의미하고, 당부는 《예기(禮記)》 〈단궁 상(檀弓上)〉에 나오는 말로 무덤을 뜻하는데, 사원의 탑이 원래 사리(舍利)를 보관하는 곳이기 때문에 그렇게 말한 것이다. 참고로 신라 문성왕(文聖王) 17년(855)에는 창림사(昌林寺)에 무구정탑(無垢淨塔)이 세워지고, 경문왕(景文王) 10년(870)에는 보림사(寶林寺)에 남북으로 두 개의 석탑이 세워지고, 3년 뒤에는 높이 23장(丈)의 황룡사(皇龍寺) 9층탑이 개수(改修)되었는데, 그 이듬해인 경문왕 14년에 고운이 당나라에서 등과(登科)하였다.

못하여서는 해운대海雲臺와 임경대臨鏡臺[8]와 월영대月影臺[9]에서는 고신孤臣의 분개한 회포를 풀 수 있었고, 두류頭流의 암문巖門[10]에서는 널리 구제하려는 뜻을 보였으며, 청량淸涼의 기판棋板[11]에서는 승패의 운수를 관찰하였고, 가야伽倻의 유수流水에서는 시비是非의 소리를 듣지 않을 수 있었으니, 이를 통해서 선생이 불행해지면서 산천과 조우하게 되었음을 알 수가 있다.

---

8 임경대(臨鏡臺) : 임경사(臨鏡寺)는 경상남도 양산군 물금과 삼랑진 사이에 황산강을 굽어보고 있던 사찰의 누대로, 지금은 사찰은 없고 임경대만 남아 있다. 임경대는 최치원이 올랐기 때문에 고운대라고도 한다. 최치원은 여기서 "안개 낀 봉우리 우뚝우뚝, 물은 출렁출렁. 거울 속 인가는 푸른 봉우리 마주했네. 외로운 돛배는 바람 안고 어디로 가는고? 별안간 새의 자취 아스라하다[煙巒簇簇水溶溶 鏡裏人家對碧峯 何處孤帆飽風去 瞥然飛鳥杳無蹤]"라고 시를 읊었다. 고려의 김극기(金克己)가 여기에 차운해 시를 남겼고, 이후로 많은 문인들이 임경대에 올라 시를 지었다. 임경사는 바로 이 근처에 있었던 절로 추정되는데, 상고할 문헌은 따로 없고 정범조의 《해좌집(海左集)》에 그 이름만 보인다.

9 월영대(月影臺) : 창원(昌原)의 남쪽 바닷가에 있는 대이다. 고운이 일찍이 이곳에서 노닐었다고 하는데, 서거정(徐居正)의 시 〈월영대〉에 이르기를, "월영대 앞에 달은 길게 있건만, 월영대 위에 사람은 이미 갔네. 최고운이 고래를 타고 하늘로 올라간 뒤, 흰 구름만 아득하여 찾을 곳이 없구나. [月影臺前月長在 月影臺上人已去 孤雲騎鯨飛上天 白雲渺渺尋無處]" 하였다.

10 두류(頭流)의 암문(巖門) : 두류는 지리산(智異山)을 말하고, 암문은 쌍계사(雙溪寺)를 말한다. 쌍계사의 골짜기 입구에는 두 바위가 서로 마주 서 있어 대문의 모양새를 이루고 있는데, 고운이 이곳에서 글을 읽을 적에 동쪽의 바위에는 '쌍계(雙溪)', 서쪽의 바위에는 '석문(石門)'이라고 새겼다고 한다.

11 청량(淸涼)의 기판(棋板) : 청량산은 안동(安東)에 있는 산이며, 이 산의 풍혈(風穴) 입구에는 두 개의 판이 있는데, 전설에 의하면 고운이 앉아서 바둑을 두던 판이라고 한다.

歷年旣久。聲徽頗湮。人但以影響自揣。以黃葉青松。謂爲麗王上書。麗之後王。亦謂之密贊祖業。躋之聖廡。若然。洪，裵，申，卜四功臣。當先於先生矣。從祀。大禮也。非王自專。而羣臣之議有定。至麗祀羅賢。微先生。無以當之。先生實東方初頭出之文學也。三千里內禮義之俗。先生實倡發焉。人或以先生文句往往有梵語爲疵。然俗之所尙。聖人或不免焉。獵較是也。先生豈眞佞佛者哉。

세월이 오래되어 아름다운 명성이 차츰 인멸되자, 사람들이 다만 소문만을 가지고 자기들끼리 헤아려 황엽黃葉 청송靑松의 구절[12]을 가지고 고려의 왕을 위하여 상서한 것이라고 말하고, 고려의 후대의 왕도 또한 〈그 구절이〉 태조太祖의 왕업을 은밀히 도와 성무聖廡에 올려서 제사를 받게 한 것이라고 말하니, 만약

12 황엽(黃葉) 청송(靑松)의 구절 : 《동국통감(東國通鑑)》에 "고려 현종(顯宗) 경신(庚申) 11년(1020)에 신라의 집사성 시랑(執事省侍郞) 최치원을 내사령(內史令)에 추증하고, 선성(先聖)의 묘정에 종사(從祀)하게 하였다. 당초 태조(太祖)가 잠저(潛邸)에 있을 적에 고운이 보낸 글 중에 "계림에는 누런 잎이 지고, 곡령에는 소나무가 푸르다[雞林黃葉 鵠嶺靑松]"라는 구절이 있었는데, 이와 관련하여 "최치원이 태조의 왕업을 은밀히 도운 그 공을 잊을 수 없다고 하여 이런 명이 있게 된 것이다"라는 말이 나온다. 이 밖에 《동사찬요(東史纂要)》와 《서악지(西岳誌)》와 〈청학동비명(靑鶴洞碑銘)〉에도 청송 황엽의 구절이 각각 언급되어 있는데, 한마디로 청송은 새로이 흥기하는 고려를 가리키고 황엽은 시들어 가는 신라를 가리키는 것으로 고운이 비유했다는 내용으로 되어 있다. 곡령은 개경(開京)의 송악(松嶽)을 가리킨다.

그렇다면 홍洪·배裵·신申·복卜의 네 공신[13]이 마땅히 선생보다 앞서야 했을 것이다. 종사從祀는 대례大禮인지라, 왕이 독단할 수 있는 것이 아니요, 신하들과의 의논에서 결정되는 것이다. 고려에서 신라의 현인을 종사함에 있어서는 선생이 아니면 해당되는 자가 없었을 것이다. 선생은 실로 우리 동방에서 처음으로 출현한 문학가였다. 〈그리고〉 삼천리강산에 있는 예의의 풍속도 선생이 실로 창발시킨 것이다. 사람들은 혹 선생의 문구文句에 왕왕 범어梵語가 섞여 있는 것을 흠으로 여기기도 한다. 그러나 세속에서 숭상하는 것에는 성인도 혹 면하지 못하는 경우가 있었으니, 엽각獵較[14]이 이러한 것이다. 선생이 어찌 참으로 불교에 아첨한 사람이었겠는가.

先生之學。以四術六經仁爲本孝爲先爲宗旨。辨沈約孔發其端。釋窮其致之語則曰。佛語心法。玄之又玄。終類係風影難行捕。限老佛之爲異道則曰。麟聖依仁乃據德。鹿仙知白能守黑。更迎佛日辨空色。教門從此分堦墄。擯子房從赤松之說則曰。假學仙有始終。果能白日上升

13 홍(洪)……공신 : 고려의 개국 공신(開國功臣)인 홍유(洪儒), 배현경(裵玄慶), 신숭겸(申崇謙), 복지겸(卜智謙)을 가리킨다.

14 엽각(獵較) : 사람들과 경쟁적으로 사냥하여 잡은 짐승으로 제사 지내는 것을 말하는데, 《맹자》〈만장 하(萬章下)〉에 "공자가 노나라에서 벼슬할 적에 노나라 사람들이 엽각을 하자 공자 역시 엽각하는 일을 행하였다[孔子之仕於魯也 魯人獵較 孔子亦獵較]"라는 말이 나온다.

去。止得爲鶴背上幻軀。以此三言而推之。先生之所願。學孔子也。所棲而與緇流相混者。高遯之術也。一朝早起。林間遺屨者。示不復生在人間而已。寧有佗哉。佔畢先生世上但云尸解去。那知馬鬣在空山之句。足以破千古之惑也。

선생의 학문은 사술四術과 육경六經에서 인仁을 근본으로 삼고 효孝를 시작으로 삼는 것을 종지宗旨로 하였다. 〈선생은〉 심약沈約의 "공자는 단초를 열었고 석가는 극치를 다했다[孔發其端 釋窮其致]"라는 말을 변론하여 말하기를, "부처가 심법心法을 말한 것은 현묘玄妙하고도 현묘玄妙하여 끝내 바람이나 그림자를 붙잡기 어려운 것과 같다[佛語心法 玄之又玄 終類係風影難行捕]"라고 하였고,[15] 노장老莊과 불교가 이도異道라고 한계 지으며 말하기를 "공자孔子는 인에 의지하고 덕에 의거하였으며, 노자老子는 백白

15 〈선생은〉……하였고 : 《고운집》 권2 〈진감 화상 비명(眞監和尙碑銘)〉에 "심약의 말 중에 '공자는 단초를 열었고 석가는 극치를 다했다'라는 말이 있다. 그는 대체(大體)를 안 자라고 이를 만하니, 이 정도는 되어야 비로소 지극한 도에 대해서 더불어 이야기할 수 있을 것이다. 그런데 불교가 심법에 대해서 이야기하는 것으로 말하면 현묘하고 현묘해서 어떤 이름으로도 이름 지을 수가 없고 어떤 설명으로도 설명할 수가 없다. 비록 달을 가리키는 손가락의 뜻이나 앉아서 잊는 경지를 체득했다고 할지라도, 끝내는 바람이나 그림자를 붙잡아 매기기 어려운 것처럼 표현하기 어렵다고 해야 할 것이다[沈約有云 孔發其端 釋窮其致 眞可謂識其大者 始可與言至道矣 至若佛語心法 玄之又玄 名不可名 說無可說 雖云得月指或坐忘 終類係風影難行捕]"라는 말이 나온다. 이는 불교를 폄하하여 비판한 말이 아닌데, 서문의 저자는 이를 잘못 해석해서 이렇게 인용한 듯하다. 아래의 말도 마찬가지이다.

을 알면서도 흑黑을 잘 지켰다. 불일佛日을 다시 맞이하여 공색空色을 분변하니, 교문이 이로부터 계척을 나누게 되었다[麟聖依仁乃據德 鹿仙知白能守黑 更迎佛日辨空色 敎門從此分階墄]"라고 하였으며,[16] 장자방張子房이 적송자赤松子를 따라 노닐었다는 설을 배척하며 말하기를 "그가 가령 신선술神仙術을 처음부터 끝까지 배웠다고 하더라도, 실제로 한낮에 하늘로 올라갈 수가 있었겠는가. 학鶴의 등 위의 허깨비 같은 몸이 되고 말았을 뿐이다[假學仙有始終 果能白日上升去 止得爲鶴背上幻軀]"라고 하였다.[17] 이 세 가지

16 노장(老莊)과……하였으며 : 《고운집》 권3 〈지증 화상 비명(智證和尙碑銘)〉에 "공자는 인에 의지하고 덕에 의거하였으며, 노자는 백을 알면서도 흑을 잘 지켰다네. 두 종교만이 천하의 법도로 일컬어졌으므로, 석가의 가르침은 경쟁하기 어려웠다네. 그래서 십만 리 밖에서 서역의 거울이 되었다가, 일천 년 후에야 동국의 촛불이 되었다오. 계림은 땅이 오산의 옆에 있는지라, 예로부터 도교와 유교에 기특한 자가 많았다네. 어여쁘게도 희중이 직분에 충실하여, 다시 불일을 맞아 공색을 분변하였다오. 종교의 문이 이로부터 단계별로 나뉘고, 말의 물길이 특색 있게 각자 퍼져 나갔다네[麟聖依仁乃據德 鹿仙知白能守黑 二敎徒稱天下式 螺髻眞人難确力 十萬里外鏡西域 一千年後燭東國 鷄林地在鼇山側 儒仙自古多奇特 可憐曦仲不曠職 更迎佛日辨空色 敎門從此分階墄 言路因之理溝洫]"라는 말이 나온다.

17 장자방(張子房)이……하였다 : 《고운집》 권2 〈무염화상비명(無染和尙碑銘)〉에 "저 문성후는 한 고조(漢高祖)의 사부가 되어 만호에 봉해지고 열후의 지위에 오른 것을 크게 과시하였다. 그리하여 한나라 재상의 자손으로서 최고의 영광으로 여겼으니 비루한 일이다. 그가 가령 신선술을 처음부터 끝까지 배웠다고 하더라도, 실제로 한낮에 하늘로 올라갈 수가 있었겠는가. 그런데 그것도 중간에 그만두어 학의 등 위의 하나의 허깨비 같은 몸이 되고 말았을 뿐이다. 그러니 어떻게 우리 대사가 처음에 속세를 초월하고 중도에 중생을 제도하고 마지막에 자기 자신을 깨끗이 한 것과 같을 수가 있겠는가[彼文成侯爲師漢祖 大誇封萬戶位列侯 爲韓相子孫之極 則佃矣 假學仙

의 말을 가지고 미루어 본다면, 선생이 원한 것은 공자를 배우는 것이었다. 〈선생이〉 승려와 어울려 노닐었던 것은 멀리 은둔隱遁하려는 계책에서 나온 것이요, 어느 날 아침에 일찍 일어나 숲 사이에 신발을 남겨 두었던 것은 인간 세상에 다시 살지 않겠다는 뜻을 보여준 것일 따름이니, 어찌 다른 것이 있겠는가.

점필佔畢(김종직金宗直) 선생의 "세상에서는 다만 신선이 되어 떠났다 말할 뿐, 어찌 빈산에 무덤[18]이 있는 것을 알겠는가[世上但云尸解去 那知馬鬣在空山]"라는 시구야말로 천고千古의 의혹을 풀 수 있는 것이라고 하겠다.

先生著經學隊仗一書. 發明性理. 暗先相孚於宋儒之論. 而俗皆不嗜. 故先生亦不屑以示人. 麗之時誦佛益甚. 不但不讀隊仗. 亦鮮讀先生詩文. 惟四山碑銘一弓. 播在四方. 於此而求彷彿焉. 故人不知眞孤雲先生矣.

有始終 果能白日上升 去於中止得爲鶴背上一幻軀爾 又焉琁大師拔俗於始 濟衆於中 潔己於終矣乎]"라는 말이 나온다. 자방(子房)은 한(漢)나라 개국 공신 장량(張良)의 자이고, 문성후(文成侯)는 그의 시호이다.

18 무덤[馬鬣] : 봉분의 모양을 도끼 모양으로 만드는 것을 말한다. 자하(子夏)가 말하기를 "예전에 부자(夫子)께서 말씀하기를 '내가 옛날에 보니 봉분을 쌓는 것을 당(堂)처럼 쌓은 것이 있고, 제방처럼 쌓은 것이 있으며, 하(夏)나라 때의 가옥처럼 쌓은 것이 있고, 도끼처럼 쌓은 것이 있다. 나는 도끼처럼 하는 것을 따르겠다'라고 하였는데, 바로 세속에서 마렵봉(馬鬣封)이라고 하는 것이다"라고 하였다《禮記 檀弓上》

선생은 《경학대장經學隊仗》이라는 책 1권을 저술하여 성리性理를 드러내 밝혔는데, 이는 암암리에 시대를 앞서서 송유宋儒의 주장과 서로 부합되는 것이었지만 세상에서 모두 이를 좋아하지 않았기 때문에 선생도 또한 사람들에게 보여주려고 하지 않았던 것이다.

고려 시대에는 불경을 암송하는 것이 더욱 심했기 때문에 다만 《경학대장》을 읽지 않았을 뿐만 아니라 또한 선생의 시문을 읽는 경우도 드물었다. 그러고는 오직 《사산비명四山碑銘》 하나만이 사방에 전파되었으므로 이를 통해서만 방불한 모습을 구할 수 있을 따름이었다. 그러므로 고운 선생의 참모습을 사람들은 알지 못하였다.

至我朝。濯纓發執杖屨之願。愼齋歎倡文學之功。李子許西岳之設。猶未見隊仗。此則先生之又不遇於堯夫也。

〈그러다가〉 아조我朝에 들어와서는 탁영濯纓 金馹孫이 선생의 지팡이와 신발을 들고 〈시봉侍奉하며 따르고 싶다〉 발원하였고, 신재愼齋(주세붕周世鵬)가 문학을 창도唱導한 선생의 공을 찬탄하였으며, 이자[李滉]가 서악정사西岳精舍라고 선생의 서원書院을 명명하기도 하였다. 하지만 그때에도 《경학대장》에 대한 말은 보이지 않았으니, 이는 선생이 또 요부堯夫에게 진가를 인정받지 못한 것이었다.[19]

餘人之紛紜雌黃。尙不息於佛銘。而實不知衛道闢異之功在佛銘之中也。昌黎爲太顚留衣。而佛骨之表。猶爲萬古昌言。先生爲佛作銘。而斥佛之意。闇然而章焉。

그 밖에 많은 사람들이 어지럽게 평론하는 것 중에서 아직도 불명佛銘을 지었다는 것에 끊이지 않고 있는데, 이는 실로 사도斯道를 보위하고 이단을 배척한 공이 불명 속에 있다는 사실을 모르기 때문이다. 창려昌黎가 태전太顚을 위하여 의복을 남겨 주었지만 그의 〈불골표佛骨表〉는 오히려 만고萬古의 창언昌言이 된 것처럼 선생이 불교를 위해 명銘을 지었지만 불교를 배척하는 뜻이 은연중에 드러나고 있는 것이다.[20]

後孫國述君。積年蒐求遺文。而出貨以付剞劂者。欲令世之人知先生之爲佛作銘。皆所以恭

---

19 이는……것이었다 : 후세에 제대로 평가받지 못했다는 말이다. 후세에 제대로 평가해 주는 식견이 높은 사람을 기다린다고 할 때, 흔히 양자운(揚子雲)과 소요부(邵堯夫)를 거론하는데, 자운은 한(漢)나라 양웅(揚雄)의 자이고, 요부는 송(宋)나라 소옹(邵雍)의 자이다.

20 창려(昌黎)가……것이다 : 고운이 어디까지나 유자(儒者)로서 불교를 배척했다는 주장을 합리화시키기 위하여 무리하게 논리를 전개하며 견강부회하고 있다는 느낌이 짙다. 창려는 창려백(昌黎伯)에 봉해진 당(唐)나라 한유(韓愈)를 가리킨다. 그가 조주 자사(潮州刺史)로 있을 적에 친하게 지냈던 노승 태전(太顚)과 작별하면서 자신의 의복을 남겨 주었던[留衣服爲別] 이야기가 그의 〈여맹상서서(與孟尙書書)〉에 실려 있다.

承君命而以寓諷諫之義也。優遊山澤。終身不返。非欲與勝區相遇。惟恐忝迹於王氏之朝。始與麋鹿爲友。竟鴻飛於冥冥也。桂苑筆耕經學隊仗。已各爲一書而刊布。四六集無以求。此卷所載。草草如此。後學之所共恨也。

후손 최국술崔國述 군이 여러 해 동안 선생의 유문遺文을 수집하고 자금을 내어 간행에 부쳤다. 이는 세상 사람들로 하여금 선생이 불교佛敎를 위해 명銘을 지은 것은 모두 임금의 명을 삼가 받들면서 그 속에 풍간諷諫하는 뜻을 부치려 했다는 것을 알게 하고자 함이요, 선생이 산택山澤에서 소요逍遙하며 종신토록 돌아오지 않은 것은 명승지에서 지내려 함이 아니라 오직 왕씨王氏의 조정에서 몸을 더럽힐까 염려하여 처음에는 미록麋鹿과 벗을 삼다가 끝내는 기러기처럼 아득한 하늘로 날아오르게 되었다는 것을 알게 하고자 함이었다. 《계원필경桂苑筆耕》과 《경학대장》은 이미 각각 1책씩 만들어 간행하여 배포하였지만, 《사륙집四六集》은 구할 수가 없었다.[21] 그래서 이 책

21 계원필경(桂苑筆耕)과……없었다 : 고운의 저술은 문집으로는 중국에서 지은 시문집인 《계원필경》 20권, 《중산복궤집(中山覆簣集)》 5권, 《금체시(今體詩)》 1권, 《오언칠언금체시(五言七言今體詩)》 1권, 《잡시부(雜詩賦)》 1권, 《사륙집(四六集)》 1권이 있고, 국내에서 지은 문집(文集) 30권이 있다. 역사서로는 《제왕연대력(帝王年代曆)》이 있고, 불교 관계 저술로는 《부석존자전(浮石尊者傳)》 1권, 《법장화상전(法藏和尙傳)》 1권, 《석이정전(釋利貞傳)》, 《석순응전(釋順應傳)》, 《사산비명(四山碑銘)》 등이 있었다. 이 가운데서 《계원필경》 20권과 《법장화상전》 1권, 《사산비명》만이

에 기재된 것이 이처럼 허술하게 되었으니, 후학이 함께 한스럽게 여기는 바이다.

丙寅六月下浣。後學光州盧相稷。謹書。

1926년 6월 하순에 후학 광주光州 노상직盧相稷은 삼가 쓰다.

현전한다.《정구복 외, 譯註 三國史記 권4 주석편 하, 한국정신문화연구원, 1997, 762쪽》 고운의 문집은 고려 때부터 여러 차례 간행되었으나 모두 중간에 없어져 버렸다. 본《고운집》은《계원필경집》이나《동문선》에 실린 것과 불교 관계 자료집, 금석문 등에 산재한 것을 한데 모아 놓은 것으로, 사실상 '습유(拾遺)'의 형태를 면치 못하고 있으며, 잘못된 글자나 내용이 있음을 면치 못하고 있다. 최영성, 『譯註 崔致遠全集2』, 아세아문화사, 1999, 18~19쪽.

17

통부록通訃錄

통부록通訃錄

鄭錫胎 徹述

이는 소눌小訥 노상직盧相稷의 초종初終 때 부고통지명부訃告通知名簿『통부록通訃錄[신미辛未(1931) 정월正月 30일 묘시卯時 외간초종外艱初終]』 정본正本이다. 현재 이 정본과 함께 처음 기록한 초본草本도 부산대학교도서관 소장 소눌문고小訥文庫로 전한다. 소눌 노상직의 장례는 유림儒林들이 회집會集해서 주관하는 장례인 유림장儒林葬[회장會葬]으로 거행되었다. 이때는 비록 일제강점기이기는 하였지만, 유림이 전래의 예법禮法을 지키면서 여전히 존속하고 있었기 때문에 그들에 의한 유림장은 거의 마지막 유림장이 되고 말았다.

소눌 노상직의 유림장에 대한 자료는 이『통부록[신미(1931) 정월 삼십일 묘시 외간초종]』 초본과 정본 외에도『부의록賻儀錄[신미(1931)정월 3일 묘시 외간초종]』[부산대학교도서관소장 소눌문고],『소눌노선생양례시파임小訥盧先生襄禮時爬任(록錄)[신미(1931) 3월 12일]』[개인소장(노규현盧圭鉉)],『가마록加麻錄[신미(1931) 3월 12일 양례시襄禮時]』[부산대학교도서관소장 소눌문고] 등 현재 비교적 온전하게 남아 있다.

그 자료들을 중심으로 소눌 노상직의 유림장, 조선시대 유림장의 모습을 대략 그려볼 수 있다는 점에서 자료적 가치가 대단히 높다. 우선 그의 고종考終부터 장례葬禮 때까지의 상황을 그의 연보[『소눌연보』, 「신미(1931년, 77세)」]을 가지고 들어보면 다음과 같다.

1월, 원조元朝에 시강공侍講公의 83세를 축수祝壽하다.[시 「신미원조수가형팔십삼세삼수辛未元朝壽家兄八十三歲三首」가 있다.] 22일(갑자), 처음 아프기 시작하다. 이날 저녁 자암紫巖 조성원趙性源(1838~1891)의 행장行狀을 초抄하다가 마치지 못하고, 극심한 통증으로 자리에 눕다. 24일(병인), 통증이 줄어들어 가용家容 등에게 재엽在燁의 사성단자四星單子와 「화당배공실기서花堂裵公實記序」를 쓰게 하다. 25일(정묘), 환후患候가 다시 더해져 가용에게 명하여……[이하 고종考終과 초상初喪 등을 기록한 부분이 결락缺落되었다. 허석許銆의 「소눌선생장초小訥先生狀草」, 노근용盧根容의 「소눌선생유사小訥先生遺事」, 안붕언安朋彦의 「소눌선생묘갈명小訥先生墓碣銘」, 그리고 후손의 증언 등으로 보충하였다.]

30일(임신), 마산 우제寓第에서 서거逝去하시다. 3월, 12일(갑인甲寅)에 김해 금곡 함박산[菡藥山] 인좌寅坐 등성이에 장사지내다. [회송會送한 사람이 수천 명이었고, 가마加麻한 문인門人이 수백여 명이었다. 일인日人이 3량의 임시열차를 내주어 마산에서 김해 모정慕禎으로 운구하였다. 장례 당일 끝없는 문상행렬로 백의白衣의 물결이 금곡에서 진영進永까지 이어졌다고 한다. 4월 10일(임오)에 같은 함박산 갑좌甲坐 등성이에 개장改葬하였다가, 2009년 대전현충원 독립유공자 묘역으로 이장移葬하였다.]

이 부고訃告의 발송상황을 이 『통부록通訃錄』을 통해 보자면, 밀양 · 김해 · 창녕은 전 유림인사들에게 부고가 발송되었으며, 경상남북도만이 아니라 경성부, 황해도, 충청남북도, 전라남북도, 함경남도, 강원도에까지 부고가 발송되었다. 밀양은 단장면丹場面, 산내면山內面, 산외면山外面, 상동면上東面, 밀양면密陽面, 부북면府北面, 초동면初同面, 이동면二同面, 상남면上南面, 하남면下南面, 하서면下西面, 청도면淸道面, 하동면下東面[현재 삼랑진면三浪津面] 등 면面 단위로 유림들에게 일일이 부고가 발송되었으며, 김해는 생림면生林面, 김해면金海面, 진례면進禮面, 진영면進永面, 이북면二北面, 하동면下東面, 상동면上東面, 장유면長有面, 녹산면菉山面 등 면 단위로 유림들에게 일일이 부고가 발송되었으며, 창녕은 이방면梨方面, 성산면城山面, 남곡면南谷面, 유어면游漁面, 창락면昌樂面, 도천면都泉面, 길곡면吉谷面, 고암면高巖面 등 면 단위로 유림들에게 일일이 부고가 발송되었다. 경상남북도에는 마산부馬山府, 창원군昌原郡, 함안군咸安郡, 의녕군宜寧郡, 진주군晉州郡, 합천군陜川郡, 거창군居昌郡, 함양군咸陽郡, 산청군山淸郡, 하동군河東郡, 사천군泗川郡, 통영군統營郡, 고성군固城郡, 울산군蔚山郡, 양산군梁山郡, 동래군東萊郡, 부산부釜山府, 대구부大邱府, 달성군達城郡, 경산군慶山郡, 영천군永川郡, 경주군慶州郡, 영일군迎日郡, 영덕군盈德郡, 영양군英陽郡, 청송군靑松郡, 안동군安東郡, 봉화군奉化郡, 영주군榮州郡, 군위군軍威郡, 의성군義城郡, 예천군醴泉郡, 문경군聞慶郡, 상주군尙州郡, 선산군善山郡, 금천군金泉郡, 칠곡군漆谷郡, 성주군星州郡, 고령군高靈郡, 청도군淸道郡 등에는 군郡 단위로 유관 유림들에게 부고가 발송되었다. 그리고 경성부, 황해도, 충청남북도, 전라남북도, 함경도, 강원도 등에도 연고가 있는 유림들에게 부고가 발송되었다. 이들에 대해서는 일일이 그들의 주소를 확인하였고, 또 부고 발송여부도 일일이 확인하였다. 그리고 사전에 협의된 유림장 과정의 소임所任은 다음과 같다.

『소눌노선생양예시파임小訥盧先生襄禮時爬任

[신미辛未(1931) 3월 12일]』

도집례都執禮 진사進士 허채許埰

호상護喪 유학幼學 권상익權相翊

상례相禮 유학 정동순鄭東珣 전교리前校理 박해철朴海徹

헌관獻官 유학 최종응崔鍾應 이가호李家鎬 정기락鄭基洛

축祝 전참사前參事 유관식柳寬植 전참봉前參奉 강태흠姜泰欽 유학 안건수安建洙

제제문製祭文 유학 최우동崔羽東 안덕기安德器 이정후李定厚 김환동金煥東 안종술安鍾述 이병주李秉株 여영삼呂永三 김재화金在華

독제문讀祭文 유학 조병윤曺秉允 심두환沈斗煥 허복許墣 진사 박돈병朴敦秉 유학 서경수徐景洙 최효근崔孝根 전박사

前博士 서만필徐萬弼 유학幼學 이영기李永基 배병한裵炳翰 박재연朴在淵

인빈引賓 유학 성돈영成敦永 안교욱安敎郁 진사 이갑헌李甲憲 유학 이운모李雲模 손호영孫浩榮 이한석李翰錫 박승원朴承源 박원한朴元漢

영여배행靈轝陪行 유학 정종호鄭宗鎬 강신철姜信喆 성일경成一慶 장인근蔣仁根 조용호趙鏞瑚 손진혁孫振奕

대여배행大轝陪行 유학 이병로李炳魯 이기인李起寅 하용병河龍秉 안효진安孝珍 박상윤朴尙允 황수건黃洙建 성기덕成耆悳 권태직權泰直

진설陳設 유학 조희렬曺喜烈 안진기安鎭基 진사 송한준宋漢駿 유학幼學 박희정朴熙廷 안혁진安赫鎭 하추병河樞秉 이수행李洙杏 이종뢰李鍾雷 이병기李炳基

봉향奉香 유학 이병재李秉哉 성종수成鍾琇 이병연李炳年 이방환李邦桓 허평許坪 하문식河文植 이언호李彦鎬 송은설宋殷說

봉로奉爐 유학 정진만鄭鎭萬 채효식蔡孝植 송수학宋守學 조홍순曺洪淳 박중렬朴仲烈 김홍석金洪石 장홍운蔣洪運 노현기盧鉉璣 전중훈全中勳

집준執樽 유학 조용덕趙鏞德 장준호張駿昊 이표희李杓熙 노상태盧相太 이태권李泰權 조익순曺益淳 곽기호郭基澔 유진환柳振桓 박인석朴仁錫 안정수安挺洙

봉작奉爵 유학 손양수孫良秀 주경회周璟會 안성호安聖鎬 전참봉前參奉 정순모鄭舜謨 유학 손찬곤孫贊坤 이관일李

寬一 전주사前主事 박인봉朴仁鳳 유학 이봉호李奉浩 이증화李曾華 하진동河鎭東

독홀讀笏 유학 이우상李愚相 안종걸安鍾杰 노재수盧再洙 신정규申禎圭 곽병호郭柄昊 허만조許萬祚 김종태金鍾台 안종경安鍾慶 최봉교崔鳳敎 김정기金定基

찬자贊者 유학 곽동근郭東根 손흥孫興 배태순裵泰淳 유찬렬柳讚烈 안희수安喜洙 이신기李信基 김영곤金泳坤 유선곤柳善坤 허격許格

알자謁者 유학 김황식金黃埴 조세제趙說濟 조영필曺永弼 성정호成貞鎬 손우식孫雨植 안영휘安永徽 신재철申載澈 이종민李鍾敏 권태이權泰珥 전계호全啓浩

사명정寫銘旌 유학 박순렬朴淳烈 김수응金粹應 양희목楊熙穆 배종순裵鍾淳 이병기李炳祺 이원상李元常 손태석孫兌錫

제주유사題主有司 유학 손기조孫基祚 전주사前主事 김종대金鍾大 유학 이재형李載衡 이수봉李壽鳳 안경덕安炅德 여상면呂相冕 곽탁郭鐸

산신헌관山神獻官 전승지前承旨 박영기朴永祺 유학幼學 신용오辛容午 석대성石大誠

치산유사治山有司 유학 최곤술崔坤述 전주사前主事 박태진朴泰鎭 유학 김한기金漢紀 허근許瑾 김기종金基鍾 양진희楊振熙 손석유孫錫維 김항동金恒東 박희재朴熙載

도청都廳 유학 이석정李錫正 성근호成瑾鎬 이광흠李光欽 안균렬安均烈 노종렬盧鍾烈 전참봉前參奉 박한묵朴漢默 노봉홍盧鳳洪 이기우李起雨 안영원安瑩遠 최환모崔煥模

반수班首　유학 박휘동朴暉東 권태동權泰東 전주사前主事 성환영成煥永

공사원公事員 유학 최종응崔鍾應 김보림金輔林 이교민李敎敏 장진영張鎭永

조사曹司　유학 박재룡朴在龍 안종화安鍾和 김용희金容熙 이태화李泰和 정재화鄭在華 여기동呂箕東 이병철李秉哲 채종하蔡鍾河

직일直日　유학 신우식辛雨植 이정극李庭極 권민술權玟述 박수현朴秀賢 이강규李康珪 박병규朴炳奎 노기수盧琪洙 李斗杓 배진기裵振基 공석규孔錫圭 박두인朴斗寅 조규백曺圭百 이직형李直衡 허창석許昌錫 남순화南舜和 안돈원安暾遠

이처럼 밀양 · 밀양 · 창녕 지역의 유림인사들이 아니라 경상남북도의 대표적인 유림인사들이 포함되고, 소눌 노상직의 문하제자들만이 아니라 그와 유관한 유림인사들이 다수 포함된 192인의 장례를 주관하는 대규모 조직을 꾸려서 소눌 노상직의 유림장을 거행하였다. 이 자료는 그와 같은 유림장의 시작을 알리는 자료라는 측면에서 그 가치가 높다.

뒷표지에 "도지사道知事, 보안과장保安課長 박근수朴根壽, 위생과장衛生課長 長富, 경남도청, 도참여관道參與官 남궁영南宮營, 학무과장學務課長, 김해군수 황덕순黃德純, 김해경찰서 陶田, 밀양군수 최연연崔年淵, 밀양경찰서, 마산부윤馬山府尹 문협門脇,

마산경찰서장 田村, 생림주재소장生林駐在所長, 생림순사生林巡査 한문주韓文柱"라고 기록해둔 것으로 당시 일제강점기였지만, 대규모로 거행되는 유림장이었기에 경상남도도지사, 경상남도 위생과장과 학무과장, 김해군수와 밀양군수, 마산부윤과 마산경찰서장, 김해 생림주재소장과 생림순사 등에게도 일일이 부고를 하고 있는 것이 눈에 띄인다.

18

소눌선생양례파임록

小訥先生襄禮爬任錄

소눌선생양례파임록小訥先生襄禮爬任錄

정석태

이 자료는 1931년에 서거逝去한 소눌 노상직의 유림장儒林葬[회장會葬]을 거행할 때 소임所任을 맡은 인물들의 명부이다. 이 때는 비록 일제강점기이기는 하였지만 유림이 전래의 예법을 지키면서 여전히 존속하고 있었기 때문에 그에 대한 소임을 맡은 인물들의 명부名簿가 대단히 상세하다.

김해·밀양·창녕 지역 등 경상남도 지역 유림인사들이 아니라 경상남북도의 대표적인 유림인사들이 포함되고 노상직의 문하제자들만이 아니라 그와 유관한 유림인사들이 다수 포함된 192인의 장례를 주관하는 대규모 조직을 꾸려서 노상직의 유림장을 거행하였다. 근대에 산출된 것이지만 현재 유림장[회장] 관련 자료가 희소稀少하다는 점에서 일제강점기 영남 유림들의 동향을 알려주는 중요한 정보가 담겨 있는 귀중한 자료이면서 문화재적 가치도 몹시 높다.

파임록爬任錄

소눌선생小訥先生 양례襄禮

『小訥盧先生 襄禮時爬任[辛未(1931년)三月十二日]』

소눌 노선생 양례파임

都執禮	進士 許埰
護喪	幼學 權相翊
相禮	幼學 鄭東珣 前校理 朴海徹
獻官	幼學 崔鍾應 李家鎬 鄭基洛
祝	前參事 柳寬植 前參奉 姜泰欽 幼學 安建洙
製祭文	幼學 崔羽東 安德器 李定厚 金煥東 安鍾述 李秉株 呂永三 金在華
讀祭文	幼學 曺秉允 沈斗煥 許埂 進士 朴敦秉 幼學 徐景洙 崔孝根 前博士 徐萬弼 幼學 李永基 裵炳翰 朴在淵
引賓	幼學 成敦永 安敎郁 進士 李甲憲 幼學 李雲模 孫浩榮 李翰錫 朴承源 朴元漢
靈轝陪行	幼學 鄭宗鎬 姜信喆 成一慶 蔣仁根 趙鏞瑚 孫振奕
大轝陪行	幼學 李炳魯 李起寅 河龍秉 安孝珍 朴尙允 黃洙建 成耆悳 權泰直

陳設 幼學 曺喜烈 安鎭基 進士 宋漢駿 幼學 朴熙廷 安赫鎭 河樞秉 李洙杏 李鍾雷 李炳基

奉香 幼學 李秉玆 成鍾琇 李炳年 李邦桓 許坪 河文植 李彦鎬 宋殷說

奉爐 幼學 鄭鎭萬 蔡孝植 宋守學 曺洪淳 朴仲烈 金洪石 蔣洪運 盧鉉畿 全中勳

執樽 幼學 趙鏞德 張駿昊 李杓熙 盧相太 李泰權 曺益淳 郭基滈 柳振桓 朴仁錫 安挺洙

奉爵 幼學 孫良秀 周璟會 安聖鎬 前參奉 鄭舜謨 幼學 孫贊坤 李寬一 前主事 朴仁鳳 幼學 李奉浩 李曾華 河鎭東

讀笏 幼學 李愚相 安鍾杰 盧再洙 申禎圭 郭柄昊 許萬祚 金鍾台 安鍾慶 崔鳳敎 金定基

贊者 幼學 郭東根 孫興 裵泰淳 柳讚烈 安喜洙 李信基 金泳坤 柳善坤 許格

謁者 幼學 金黃埴 趙說濟 曺永弼 成貞鎬 孫雨植 安永徽 申載澈 李鍾敏 權泰珥 全啓浩

寫銘旌 幼學 朴淳烈 金粹應 楊熙穆 裵鍾淳 李炳祺 李元常 孫兌錫

題主有司 幼學 孫基祚 前主事 金鍾大 幼學 李載衡 李壽鳳 安炅德 曺廷泰 呂相冕 郭鐸

山神獻官 前承旨 朴永祺 幼學 辛容午 石大誠

治山有司 幼學 崔坤述 前主事 朴泰鎭 幼學 金漢紀 許瑾 金基鍾 楊振熙 孫錫維 金恒東 朴基楨 朴熙載

都廳 幼學 李錫正 成瑾鎬 李光欽 安均烈 盧鍾烈 前參奉

朴漢黙 盧鳳洪 李起雨 安瑩遠 崔煥模

班首 幼學 朴暉東 權泰東 前主事 成煥永

公事員 幼學 崔鍾應 金輔林 李敎敏 張鎭永

曹司 幼學 朴在龍 安鍾和 金容熙 李泰和 鄭在華 呂箕東 李秉哲 蔡鍾河

直日 幼學 辛雨植 李庭極 權玟逑 朴秀賢 李康珪 朴炳奎 盧琪洙 李斗杓 裵振基 孔錫圭 朴斗寅 曺圭百 李直衡 許昌錫 南舜和 安暾遠

19

소눌의 칠순조고음七旬照顧吟

小訥集, 卷4, 題廣疑問齋壁,
1924년(1921년 축조)

소눌의 칠순조고음七旬照顧吟

小訥集, 卷4, 題廣疑問齋壁, 1924년(1921년 축조)

一事無成到七旬	일사무성도칠순
秖携黃卷自怡神	지휴황권자이신
風雲日月中元甲	풍운일월중원갑
才智聰明上學人	재지총명상학인
閉口不言山外事	폐구불언산외사
開門剩賞洞中春	개문잉상동중춘
千紅萬紫皆吾有	천홍만자개오유
多賴天翁育物仁	다뢰천옹육물인

이룬 게 하나 없이 일흔이 되었나니
그저 서책書冊 가지고 혼자 정신精神 즐긴다오.
풍운風雲의 일월日月은 중원갑자中元甲子 돼 버렸고
[그저] 재지총명才智聰明으로 상학上學하는 이라오.
산 바깥 일 입을 닫아 언급言及을 하지 않고
골짝의 봄, 門을 열고 넘치도록 즐긴다오.
울긋불긋 온갖 꽃들 모두 다 내 소유所有라
조물주造物主의 길러주는 인애仁愛 깊이 믿는다오.

저작, 논문, 직해

저작

書堂의 日常 [凝齋 盧在燦 譯]−紫巖書堂의 學行

鐵路 위의 知識人 [이은영 外]−小訥 亡命吟

소눌선생 연구논문의 유형과 목록

柳鐸一, 『小訥先生文集』 刊行攷

柳鐸一, 星湖係 實學者 文集刊行의 出版社會學的 研究 : [性齋, 下廬, 星湖의 경우]

三碧子, 小訥의 主要著述考

三碧子, 壁說直解

三碧子, 小訥의 學風

鄭錫胎, 紫巖門徒의 獨立運動

金喆凡, 小訥 盧相稷의 著述 및 文獻出刊活動−舊韓末 嶺南 知識人의 知識疏通의 空間과 方式

鄭景柱, 小訥 盧相稷의 生涯와 學問傾向

鄭景柱, 許性齋와 盧小訥의 尊師衛道

鄭錫胎, 小訥年譜와 小訥門人錄−『先府君編年』 抄譯과 『紫巖契帖』 原文

鄭錫胎, 小訥先生의 삶과 學問, 紫巖書堂과 그 門人

鄭錫胎, 紫巖門人의 長書署名과 獨立運動

鄭錫胎, 小訥의 家世十遷圖와 紫巖十曲 靜觀考

정연철, 小訥 盧相稷의 『論語』 解釋 研究 : 『四書疑 解』를 중심으로

김윤정, 小訥 盧相稷의 禮學과 『常體便覽』

강대민, 小訥 盧相稷의 現實認識과 愛國運動

이희목, 小訥 盧相稷 漢詩 研究−辛亥記行을 中心으로

송정숙, 小訥 盧相稷의 「女士須知」 분석 : 序文과 立敎 篇을 중심으로
조상우, 女士須知 硏究[盧相稷의 편찬의도를 중심으로]
김철범 · 정수미, 小訥 盧相稷의 女性 敎育觀
이정민, 盧相稷의 志向과 女士須知의 意味
한상규, 小訥 盧相稷의 書堂敎育論 : 紫巖書堂日錄을 중심으로
정순우, 紫巖書堂의 性格과 그 敎育史的 의미
정우락, 嶺南儒學의 傳統에서 본 小訥 盧相稷 學問의 實踐的 局面들
이희목, 小訥 盧相稷 漢詩硏究 : 辛亥記行을 中心으로
이규필, 紫巖日錄으로 살펴본 小訥의 敎育活動과 의미
김소연, 紫巖日錄 揷入詩에 나타난 講學文化와 그 의미
정찬호, 紫巖日錄을 통해 본 19세기 후반 書堂의 교육
이도숙, 紫巖書堂의 敎育課程연구 : 紫巖日錄을 중심으로

이외 다수의 논문有

논저 속의 소눌선생 인용과 연구

권오영, 19세기 嶺南儒林의 思想的 動向
강동석, 秋淵 權龍鉉의 삶과 詩文學
강세구, 星湖先生全集 刊行에 관한 一考察
강동욱, 性齋 許傳의 江右地域 門人考察
강동욱, 慶尙右道 性齋 許傳의 學團을 중심으로 : 성재(性齋) 허전(許傳)의 강우지역(江右地域) 문인(門人) 고찰(考察)
남재주, 溪堂 柳疇睦의 『全禮類輯』과 禮說 교류
박현준, 朝鮮時代 善惡籍 연구
박재영, 古典的 정리의 측면에서 본 『韓國文集總刊』 編纂의 義意와 向後課題
신하늘, 20世紀 初期 刊行 木板本 文集 硏究
이은영, 20世紀初 儒敎知識人의 亡命과 漢文學 : 西間島 亡命을 中心으로

이은영, 大訥 盧相益의 亡命 意義 硏究

엄경흠, 晦山 梁在八의 지역에서의 삶과 지향

이미진, 한국 說의 제재와 주제구현 양상

정양완·정인재 耕齋 李建昇의 海耕堂收艸에 대하여

진종모, 南原의 書藝와 書藝遺蹟 考察

이성혜, 20世紀 初, 韓國書畵家의 存在方式과 樣相－海岡 金圭鎭의 書畵活動을 중심으로

이원복, 少南 李喜秀의 繪畵 : 山水屛과 默蘭竹屛을 중심으로

한의숭, 古庵 朴坤復의 時代認識과 金剛雜賦

논고論考 및 직해直解

소놀의 주요저술고主要著述考
자암문도紫巖門徒의 독립운동
벽설고壁說考
소놀의 학풍學風

1
소눌의 주요저술고主要著述考

소눌 노상직의 주요저술과 학행

三碧子 窃看

소눌의 주요저술고主要著述考

소눌 노상직의 주요저술과 학행

삼벽자 절간

1. 서언
2. 소눌의 가학家學
3. 『선부군편연先府君編年』에 나타난 소눌의 저술
4. 소눌이 편집 혹은 교정한 문헌
5. 소눌의 주요저술
6. 소눌의 주요저술 칠서석해七書釋解
7. 고경중마방古鏡重磨方과 수사언인록洙泗言仁錄을 판각板刻하여 서당교재書堂教材로 삼은 뜻
8. 선사저술先師著述의 교정 및 간행
9. 결어

1. 서언

소눌小訥 노상직盧相稷(1855~1931)은 한말韓末에서 일제강점기를 살다간 유림의 거벽巨擘이요, 성재性齋 허전許傳(1797~1886)의 의발衣鉢을 받은 수문인首門人이다. 10세에 허성재許性齋를 배알拜謁하고 19세에 서울에 가서 허성재에게서『대학大學』등을 배우고, 29세부터는 출사出仕를 생각에서 지우고 오직 공지孔旨의 요목要目에 정려精慮를 집중했다. 그러나 지경持敬의 공부를 통해 공지孔旨를 체득體得하는 길은 쉽지 않았다. 시절의 환경과 세속의 인연과 학맥學脈의 잡다한 서序·발拔·교정校訂·기문記文 따위의 청탁문자請託文字를 피하기 어려웠고, 서당학인書堂學人들의 교재와 망국 조선의 정체성을 정선精選하여 기록으로 남겨야하는 책무와 한강寒岡·미수眉叟·성호星湖·순암順庵·하려下廬·성재性齋 등의 선사先師저술을 간행하는 중사重事를 소눌 스스로 짊어지고 있었기 때문이라 하겠다. 이런 연유로 지경의 노정이 험난하여 소눌은 만년晩年에야 공지에 견처見處가 열려 자암서당紫巖書堂의 벽에 '서벽書壁'을 써 붙힌다. '서벽'의 내용은 소눌심학小訥心學의 본체가 된다. 소눌 평생공부의 요체要諦가 '서벽'에 있는 것이다.

'서벽'의 내용을 설해說解하는 것은 다른 글에 맡기고 여기서는 소눌의 주요저술만을 거론하기로 한다. 소눌에 관련한 연구를 한 학자들의 논고는 지금까지 약 36여 편이 보인다. 그중에 소눌의 선행연구자인 정경주鄭景柱의「소눌小訥의 생애生涯와 학문경향學問傾向」과 유탁일柳鐸一과 김철범金喆凡의「소눌

저술고小訥 著術考」가 소눌학문의 대체적 골격을 서술했다고 하겠다. 정경주는 미수·성호·순암·하려·성재·소눌로 이어지는 소눌小訥의 학맥을 논했다. 그러나 공자심학孔子心學의 관점에서 보면 이는 세속학맥世俗學脈이라 하겠다. 소눌의 가학 전통家學傳統은 한강寒岡에 닿아 있다. 한강寒岡은 남명南冥의 지경持敬과 지설止說에 감화感化를 입고 지경공부에 나아갔으며, 문자는 인설仁說에 거처했고 속사俗士들과는 주고받음에는 주로 예설禮說만을 의논하였다. 한강은 남헌南軒 장식張栻의 인설인 수사언인洙泗言仁에 선유先儒의 언설言說을 집주集注하여 간행하였는데, 소눌이 수사언인을 판각하여 자암서당의 교재로 삼은 것이 그 증좌證左의 하나이다.

소눌의 심학공부는 남명과 한강을 사숙私淑하였고 만년에는 주렴계周濂溪를 사숙하여 통서通書의 요의了義를 간파하였던 것이다. 그 공부노정의 결실이 '서벽'으로 나타나 있다. 소눌 일생의 과제는 공부자孔夫子를 배우려는 것이요, 목표는 견처가 열려 공자심학에 합하는 것이다. 본고에서는 소눌의 주요 저술을 촬견撮見하고자 한다.

2. 소눌의 가학家學

소눌은 김해 생림방生林坊 금곡金谷[쇠실]에서 광주 노문盧門의 후손으로 태어났다. 고려가 망하자 개성에서 고성·김해·합천을 거쳐 조선중엽 창녕으로 내려와 세거世居했던 소눌의

8대조 옥촌沃村 노극홍盧克弘은 한강寒岡 정구鄭逑의 문도로서 창녕 국골[菊洞]의 노문盧門에 학문적 뿌리를 내렸다. 옥촌의 증손 해은海隱 노한석盧漢錫은 김해로 내려와 쇠실[金谷]에 뿌리를 내렸다. 해은 이후 금곡噤谷 노문필盧文弼, 묵와默窩 노우수盧禹洙, 도천道川 노봉문盧奉文, 우당愚堂 노호연盧滈淵, 극재克齋 노필연盧佖淵에 이르기까지 학덕學德을 이어 성학말문聖學末文에 종사하며 경남의 사족士族으로서 그 문맥을 이어왔다.

이러한 가학전통 속에서 소눌은 어려서부터 독서와 공부에 남다른 총명으로 열정을 보였다. 옥촌 노극홍은 한강의 문인이자 생질甥姪이다. 소눌의 가학전통은 한강과 옥촌의 관계에서 연유한 것이다. 한강과 옥촌의 사승관계師承關係는 두 집안이 번갈아 혼척婚戚과 사승師承을 이루며 400여 년 이어졌다. 한말에 이르러 한강의 후인後人, 뇌헌磊軒 정종호鄭宗鎬는 소눌의 수문인首門人이 되었으며 또한 대눌大訥의 서壻가 되었던 것이다. 고로 소눌의 가학은 한강에 근원하고, 한강은 남명의 지경과 지설에 감화를 입고 지경공부에 나아갔던 것이다. 그리고 한강은 공부자의 인설을 착안하여 남헌南軒 장식張栻에 기대어 수사언인을 편저編著했다. 한강은 이기설理氣說 등 논리적 탐구보다는 지경에 힘쓰며 인仁에 나아는 것을 공부로 삼았던 것이다. 소눌이 한강의 인설착안仁說着眼에 사숙의 사師로 결택決擇하였던 것이다. 고로 소눌의 사숙학맥은 한강과 남명에 근원한 것이라 하겠다.

3. 『선부군편연先府君編年』에 나타난 소눌의 저술

노가용盧家容의 『선부군편연』에 나타난 소눌의 주요저술을 이르면 아래와 같다.

1878(24세) 사서의해四書疑解 목판본(46장)
1881(27세) 지감시첩志感詩帖
1882(28세) 좌해쇄문左海瑣聞 필사본 1책 부산대소장
1884(30세) 시선詩選
1887(33세) 성재선생연보性齋先生年譜 필사본 1책발跋(노상직)
1888(34세) 훈몽첩訓蒙帖 필사본 1책 서序
1889(35세) 여사수지女史須知 목판본 1책 서, 1918년 간행
1900(46세) 소학강록小學講錄 문집에 수록
1901(47세) 대영인물지大嶺人物誌 필사본 1책 부산대소장
1903(49세) 역연제강歷年提綱 필사본 6책
1904(50세) 가락사실략駕洛事實略 필사본 1책 부산대소장
1904(50세) 상체편람常體便覽 목판본 5권2책 서 부산대소장
1905(51세) 동국역연지장東國歷年指掌 서
1906(52세) 주자성리설절요朱子性理說節要 목판본 4권2책 서
1908(54세) 심의편深衣編 심의고증深衣攷證 문집에 수록
1909(55세) 씨족고氏族攷 목판본 6권3책 발跋(노상직)
1909(55세) 동국씨족고東國氏族攷, 국립소장
1909(55세) 역고曆攷 문집에 수록
1910(56세) 역대국계고歷代國界攷 문집에 수록

1910(56세) 소학절요小學節要 목판본 1권1책
1910(56세) 국조문인생졸록國朝聞人生卒錄 필사본 1
1917(63세) 대영승람大嶺勝覽
1920(66세) 동국유현편연東國儒賢編年 목판본 10권5책 서
1925(71세) 주례사의周禮私議 발跋 육관사의六官私議 문집에 수록
1926(72세) 역대저술선성선유성휘총록歷代著述先聖先儒姓諱總錄
1928(74세) 국조출치록國朝出治錄 연활자본 1책 서(노상직)
1929(75세) 국조진문수록國朝進文蒐錄
1930(76세) 사복고師服攷 문집에 수록
눌인리어訥人俚語 필사본(전52册)

저서가 15종, 편서編書가 22종이다. 『눌인리어訥人俚語』는 처음 편집한 소눌의 문적文跡이다. 뒤에 산삭刪削하여 『소눌집小訥集』으로 간행되었다. 위의 저작 가운데 인간印刊된 것이 모두 8종이다. 자암서당에서 간행하였다.

4. 소눌이 편집 혹은 교정한 문헌

귀원유고歸園遺稿 황기원黃起源 석판본 4권2책 1876 교정
광주세고光州世稿 노상직盧相稷 편編 목판본 18권4책 1891
권연하權璉夏 서序, 박치복朴致馥 拔
극재집克齋集 노필연盧佖淵 목판본 8권4책 1896 간행
광주노씨세고속光州盧氏世稿續 노상직 편 목판본 5권2책 1897

성재집속집性齋集續集/부집附集 허전許傳 목판본 6권3책/2권1책 1903

고경중마방古鏡重磨方 이황李滉 목판본 1책 1904 노곡중간蘆谷重刊

방산집舫山集 허훈許薰 목판본 1908 교정

사우당집四友堂集 조이추曺爾樞 목판본 3권1책 1911 편집 교정

지지당선생집止止堂先生集 김맹성金孟性 목판본 2권1책 1913 교정

진암집進庵集 정각鄭袼 목활자본 8권4책 1914 교정, 안희원安禧遠 발跋

조경암집釣耕庵集 장문익蔣文益 목판본 2권1책 1915 편집 교정

동국풍아東國風雅 김광제金光濟 · 조창규趙昶奎 편 연활자본 6권2책 1915 교정

하려선생문집下廬先生文集 황덕길黃德吉 목판본 19권10책 1918 간행주도

동현학칙東賢學則 황덕길 목판본 6권3책 1917 간행주도

일두선생사실략一蠹先生事實略 목판본 4권1책 1917 편집

수우당선생사실守愚堂先生事實 목판본 4권2책 1917 편집

성호선생집星湖先生集 이익李瀷 목판본 50권27책 1917 간행주도

광주세고속光州世稿續 노상직 편 목판본 5권2책 1918 편집

이자수어李子粹語 이익 편 목판본 4권2책 1919 교정

상재헌집相在軒集 김여진金汝振 목판본 2권1책 1919 편집

탁영집濯纓集 김일손金馹孫 목활자본 10권4책 1920 간행참여

미수선생연보眉叟先生年譜 허뢰許磊 목판본 6권2책 1923 중간주도重刊主導

수사언인록洙泗言仁錄　정구鄭逑 목판본 1책 1923 간행
오복연혁도五服沿革圖　정구 목판본 1책 1923 간행
한강집寒岡集 속집續集/부집附集　정구 목판본 9권3책/4권2책 1923 교정
경재선생실기警齋先生實記 곽경수郭慶秀 석판본 1책1 924 편집
계당집溪堂集　유주목柳疇睦 목판본 16권8책 1924 교정
한강선생사례문답휘류寒岡先生四禮問答彙類　정구 석판본 4권2책 1929 교정
간송속집澗松續集　조임도趙任道 목활자본 5권2책 1929 교정
세보世譜/세보요편世譜要編　노상직 편 활자본 1책/석판본 1책 1930 간행
수오선생문집睡聱先生文集　서석인徐錫麟 목판본 1930 교정 및 편찬
사례집략四禮輯略　이의택李義澤 교정 편집

소눌이 서序, 편집, 교정한 문헌이 약 30여 종이다. 위의 책명 가운데 극재집克齋集, 성재집속집性齋集續集/부집附集, 고경중마방古鏡重磨方, 조경암집釣耕庵集, 하려선생문집下廬先生文集, 동현학칙東賢學則, 성호선생집星湖先生集, 탁영집濯纓集, 수사언인록洙泗言仁錄, 한강집속집寒岡集續集/부집附集, 계당집溪堂集 등 11종이 소눌의 주요 편집 교정의 서書라 하겠다.

5. 소눌의 주요저술

1878(24세) 사서의해四書疑解 목판본(46장)

1888(34세) 훈몽첩訓蒙帖 필사본 1책 서序

1889(35세) 여사수지女史須知 목판본 1책 서 1918 간행

1900(46세) 소학강록小學講錄 문집에 수록

1901(47세) 대영인물지大嶺人物誌 필사본 1책 부산대소장

1903(49세) 역연제강歷年提綱 필사본 6책

1904(50세) 상체편람常體便覽 목판본 5권2책

1905(51세) 동국역연지장東國歷年指掌 서

1906(52세) 주자성리설절요朱子性理說節要 목판본 4권2책 서

1908(54세) 심의편深衣編 심의고증深衣攷證 문집에 수록

1909(55세) 씨족고氏族攷 목판본 6권3책 발跋(노상직)

1909(55세) 동국씨족고東國氏族攷 국립소장

1909(55세) 역고曆攷 문집에 수록

1910(56세) 역대국계고歷代國界攷 문집에 수록

1910(56세) 소학절요小學節要 목판본 1권1책

1910(56세) 국조문인생졸록國朝聞人生卒錄 필사본 1

1917(63세) 대영승람大嶺勝覽

1920(66세) 동국유현편연東國儒賢編年 목판본 10권5책 서

1921(67세) 예림단향의禮林壇享儀 문집에 수록

1922(68세) 서벽書壁[벽설壁說]

1925(71세) 주례사의周禮私議 발跋 육관사의六官私議 문집에 수록

1926(72세) 역대저술선성선유성휘총록歷代著述先聖先儒姓諱總錄

1928(74세) 국조출치록國朝出治錄 연활자본 1책 서(노상직)

1929(75세) 국조진문수록國朝進文蒐錄

1930(76세) 사복고師服攷 문집에 수록

1930(76세) 눌인리어訥人俚語 필사본(전 52책)

1931(77세) 기세棄世

6. 소눌의 주요저술 칠서석해七書釋解

1) 『훈몽첩訓蒙帖』(34세)

학인學人들을 훈도할 목적으로 『훈몽첩』을 지었는데, 『훈몽첩』은 소눌이 처음으로 만든 교육용 저술이다. 그 내용은 오상五常에 관련된 현성賢聖들의 격언을 모아 '이훈彝訓'이란 제목으로 첫머리에 두고, 그 아래로 모두 9개의 도圖를 수록하였다. 이후 10여 종의 교육용 서적이 저술되었다.

2) 『여사수지女士須知』(35세)

1889년에 지은 책이다. 여사女士가 마땅히 알아서 지키고 나아가야 할 도리를 담고 있다. 소눌은 반상班常과 남존여비男尊女卑의 풍속의 세월 속에서 남녀평등의 사상을 지닌 것으로 보이는 저술이다. 실로 유학儒學은 중용에 '인자인야仁者人也'라 하였으며, 『대학』에 '천자여서인天子與庶人 수신위본修身爲本'이라는 평등가치를 세워 인간은 누구나 자기의 존엄성을 회복해야 한다고 한 것이다. 그러나 봉건사회는 철저한 불평등의 가치로써 힘의 질서를 옹호하며 인간사회의 계급을 지키고 있었던 것이다. 율곡의 서출등용론庶出登庸論이나 반계磻溪의 종복철폐론從僕撤廢論이 미미한 주장으로 그친 것은 조선의 선비사회가 부끄러워해야 할 대목이다. 소눌이 여성교육을 통해 만민평등의 사회를 꿈꾸었을 것으로 짐작되는 저술이라 하겠다.

『여사수지』의 내용은 『소학小學』에 기초하여 입교立敎와 계고稽古 두 조목을 설정하고 우리나라의 가언嘉言과 선행들을 모아 한문원문에 국문번역을 붙여 간행했던 것이다. 이 책은 1889년(35세)에 완성되었으나 1918년에 비로소 목판으로 인쇄되었다.

3) 『소학강록小學講錄』(46세)

서당의 강학에서 학인들의 의문을 깨우는 문답을 기록한 책이다. 1900년(46세)에 집필되었다. 그리고 1904년(50세) 노곡蘆谷에서 『소학강록』을 목판본으로 출간했다. 유학幼學의 첫 관문이 『소학』이기에 그 필요성을 따라 널리 보급하고자 했던 것이라 하겠다.

4) 『상체편람常體便覽』(50세)

『상체편람』은 『예서禮書』에서 관혼상제 사례四禮에 대한 복잡한 예설들을 제외한 기본내용만을 간추려 정리한 책이다. 그 구성은 사당지의祠堂之儀와 부모지양父母之養을 앞에 놓고 이어 사례를 설명하는 중간중간에 향음주례鄕飮酒禮나 사견례士見禮 등 집과 학교에서 일상적으로 행해야 할 예의들을 삽입

시켜, 자제들과 서당의 학도들이 쉽게 기본적인 예를 익힐 수 있도록 만들었다. 이 책은 5권 2책의 목판본으로 1904년에 간행되었다. 예란 공손恭遜을 배워 공경에 나아가기 위한 법식이다. 범부가 지경持敬을 익혀 적연부동위寂然不動位에 합合하고 끝내는 대적무위大寂無爲에 나아가기 위한 공부의 전단계前段階로써 반드시 익혀야 할 법식이 상체常體이다. 그러나 법식만 익히고 공손과 공경이 없다면 허례가 아닌가. 고로 소눌은 간소한 상체를 강조한 것이라 하겠다. 중니연거仲尼燕居에 적시하였듯 지례至禮란 지숭예비智崇禮卑하여 법식의 공손을 익힌 연후에 무위無爲의 공경에 나아가는 것이다. 그 공부요목은 명명덕明明德 즉 명성明性이다. 유자儒者가 경敬으로 윤집궐중允執闕中하여 마침내 성性이 성성惺惺히 현전現前하면 순舜의 무위無爲를 보게 되는 것이다. 공부자孔夫子께서 중니연거에 '지숭예비'라 하시고 『계사繫辭』에 '무사야無思也 무위야無爲也'라 하심에 합하고자 하면 먼저 상체를 익히고 지경에 거처해야 상유上儒의 처음을 갖춘 것이라 할 수 있는 것이다. 고로 상유의 초로草路는 상체를 익히는 것이요, 무사無思를 자득自得한 이후에 공지에 참다이 합할 수 있는 것이다. 『상체편람』의 의의가 여기에 있는 것이라 하겠다.

5) 주자성리설절요朱子性理說節要(52세)

조선의 유학은 주희朱熹의 설을 따르는 것을 법통法統으로 삼는 듯하다. 조남명曺南冥이 지경에 나아가 지설을 세우고 계제階梯를 논하며 만년에 약간의 기심機心을 꺼려한 것이 실심實

心[도심道心]의 자득과 그 경지만을 귀하게 여긴 것이요, 이율곡이 자경문自警文을 열고, 이기理氣의 정의를 "발하는 것은 기氣요, 발하는 당체는 이理다[發之者氣也 發之所以然理也]"라 세우고, 만년에 극기복례설克己復禮說을 설해한 것도 실심[도심]의 자득이 공지에 합하는 유일한 길이라는 것을 설명하여 주장한 것이다.

속학俗學의 갈래에 송우암宋尤菴이 율곡학파를 자처하나 그 논설의 내용은 율곡을 멀리하고 주회암朱晦庵과 이퇴계李退溪의 설을 맹종盲從한 것에 다름아니다. 선말鮮末에 이르러 공지를 찾고 주렴계周濂溪의 태극도설太極圖說을 멀리하며, 미약하나마 주렴계의 통서通書를 공부의 지남指南으로 삼는 하나의 일심지파一心指派가 일어났다. 태극도설과 주설朱說의 논리적 흠결과 망경妄境을 발견했기 때문이다. 유학 공부의 정로는 오직 "유경입성由敬入誠" 넉 자 뿐이요, 그 밝히는 내용은 『중용中庸』의 "성즉명誠則明 명즉성明則誠" 여섯 자에 갖추어 있다. 열근劣根의 선비들이 주회암의 이기설을 좋아하여 외우고 베끼며, 약간의 생각을 보태어 곁말을 붙여 읊조리는 것으로 문집을 꾸리고 행세하던 것이 대개의 조선 선비들이 갇힌 허망한 그물이었다.

만년의 소눌은 지경과 통서에 기대어 호등弧燈의 자득지미自得之味를 얻고는 자설自說을 토했는데 그 내용은 '서벽書壁'에 전한다. 소눌 중년에 성리대전性理大全[229권]을 독파하고는 논리적으로 흠결이 덜하고 중사中士의 취할 바를 골라 4권2책으로 절요節要를 지었다. 그 때가 1903년으로 소눌 49세 되던 해이다. 3년 후 52세에 자암서당에서 목판본으로 간행하였다. 주자성리설을 절요한 때에 소눌의 견처가 어떠했는지는 적확히 알 수 없다. 그러나 장년, 노년의 전후에 견해가 달라져 다른 말이 섞여있는 주희설을 정리한 것은 틀림없다. 주자성리설 절요는 성리대전 가운데 소눌의 안목으로 주희의 요설만을 절요하였던 것이다.

6) 역사학 관련 저술(1910~1925)

소눌은 역사학에도 조예가 깊었다. 그의 저술 목록에서 역사와 관련된 편서들을 보면, 『역연제강歷年提綱』, 『동국역연지장東國歷年指掌』, 『국조문인생졸록國朝聞人生卒錄』, 『동국유현편연東國儒賢編年』, 『국조출치록國朝出治錄』, 『순수고巡狩攷』, 『역고曆攷』, 『씨족고氏族攷』, 『역대국계고歷代國界攷』 등을 들 수 있다.

이 중 『동국역연지장』은 단군으로부터 고종 31년(1897)까지 총 4227년의 우리 역사 가운데 규범이 될 만한 내용의 대강을 뽑아 엮은 것이다. 여기서 소눌은 우리나라 역사의 정통을 단군조선, 기자조선, 기준마한, 신라, 고려로 이어지는 계통을 세워두고 있는데, 이는 이성호와 안순암에 의해 철전哲傳된 삼한정통론을 잇는 것이다. 안순암 이후로 역사학을 온전히 계승한 인물은 오직 노소눌이라 하겠다.

소눌의 저술 가운데 우리나라의 인물들의 역사를 소재로 엮은 것이 모두 4종이 있다. 먼저 『국조문인생졸록國朝聞人生卒錄』(1910)은 우리 역사에서 이름난 인물들의 생졸년을 정리한 것이다. 『동국유현편연』(1920)은 우리나라 유자들의 연보를 통찰하여 시기별 편년체 방식으로 정리한 책이다. 『국조출치록』(1928)은 조선시기 정승政丞과 판서判書와 관찰사觀察使의 임면任免에 관한 기록을 연도별 연표 형식으로 작성한 것이다. 또 하나는 『동국씨족고東國氏族攷』이다. 역사적 인물들을 씨족별로 분류하여 정리한 것이다. 이 네 저술은 우리나라 역사를 인물 중심으로 편찬한 것으로 망국의 한을 안은 선비로써 민족의 중심을 잊지 않고자하는 의지의 발로라 하겠다. 이 가운데 『국조문인생졸록』을 제외하고 모두 출판 간행되었다. 『동국유현편연』은 10권 5책의 목판본으로 간행되었고, 『국조출치록』도 1책의 연활자본으로 간행되었으며, 『동국씨족고』는 목판본 6권 3책으로 간행되었다. 소눌이 이러히 민족역사서를 편찬함은 망국의 선비가 할 마땅한 의무로 생각했던 것이다.

그 밖의 저술인 『역고』는 중국의 인문초조人文初祖라 일컬어지는 황제헌원씨로부터 명나라까지, 우리나라는 신라에서부터 구한말 고종에 이르기까지 역법이 시행된 역사를 고증하고 있으며, 『역대국계고』는 단군조선 이후의 고려까지 우리나라 각 왕조의 국토의 경계를 고증하고 있다. 이 두 논고는 『소눌선생문집』에 잡저로 수록되어 있다.

7) 「서벽書壁」[벽설壁說](약 66세)

「서벽」은 소눌이 학도들의 답을 기다리며 자암서당의 벽에 써 붙힌 만년의 소눌심설이다. 문인 성암誠庵 노근용盧根容은 "전인미발前人未發의 언설言說이다"고 하였고, 뇌헌磊軒 정종호鄭宗鎬는 "선생의 개오지설開悟之說이다"라 하였다. 아래에 「서벽」[벽설] 26제를 싣는다. 1~26제의 제목은 필자가 내용의 정의을 취해 임의로 붙인 것이다.

(1) 무욕無欲

學聖一爲要 一者無欲也. 無欲則靜虛動直. 靜虛則明 明則通, 動直則公 公則溥.

성인聖人의 도道를 배우는 데는 하나一의 요체要諦가 있다. 그 하나는 무욕無欲이다. 무욕하면 마음이 정靜할 때는 비고, 마음이 동動할 때는 곧다. 마음이 고요하여 비면 밝고, 마음이 밝으면 통通하며, 마음이 움직임에 곧으면直 사思에 무사無邪하고, 마음이 사思에 무사無邪하면 통연명백洞然明白하여 허공虛空같이 넓다.

(2) 지수止水

君子役物 小人役於物. 見可喜可怒之事 自家着一分陪奉他 此太勞矣. 聖人之心如止水.

군자君子는 칠정七情을 부리고, 소인小人은 칠정七情에게 부려진다. 기뻐하고 노怒할 만한 일을 보고서 제 스스로 일분一分이라도 그것을 받들면 이는 크게 고생스럽다. 성인聖人의 마음은 고요한 물과 같은 것이다.

(3) 심학心學

人之所以好生者 以欲也. 所以惡死者 亦欲也. 生求稱其欲 死懼失其欲. 衝衝天地間 莫不以欲爲事 而心學不傳.

사람이 살아 있기를 좋아하는 까닭은 삶에 대한 욕망欲望때문이요, 죽음을 싫어하는 까닭 역시 삶에 대한 욕망欲望때문이다. 살아서는 그 욕심欲心을 채우려고 하고, 죽음에는 그 욕심

欲心을 잃을까 두려워한다. 하늘과 땅 사이에 그득한 사람들이 모두들 욕심欲心으로 일삼지 아니함이 없는 까닭에 심학心學이 전해지지 않는 것이다.

(4) 자득自得

持守之要 只是要得此心. 常自整頓 惺惺了了 則未發時不昏昧 已發時不放縱.

도심道心을 붙잡아 지키는 대요大要는 다만 이 마음道心을 자득自得하는 것이다. 항상 스스로 정돈整頓하여 또렷하게 깨어 있으면, 마음이 발發하지 않았을 적에 혼매昏昧하지 않고, 이미 발發하였을 때 방종放縱하지 않는 것이다.

(5) 본원本源

涵養本源之功 易間斷. 然纔覺得間斷 便是相續處.

본원本源을 함양涵養하는 공부는 사이사이 끊어지기 쉽다. 그러나 끊어졌다고 깨닫는 자리가 곧 도심道心이 이어지는 곳이다.

(6) 무외無畏

無所不欲者 無所不畏 無所欲者 無所畏.

하고자 않는 바가 없는 자는 두렵지 않은 바가 없고, 하고자 하는 바가 없는 자는 두려울 바가 없다.

(7) 천리天理

明得一分天理 減却一分人欲.

일분一分의 천리天理를 밝혀 알면, 일분一分의 인욕人欲을 더는 것이다.

(8) 소욕消欲

鏡纔磨塵垢去而光彩發 心纔敬 人欲消而天理明.

거울을 갈면 먼지 때가 제거되어 光彩가 나타난다. 마음이 경敬에 돈독敦篤하면 인욕人欲이 사라지고 천리天理가 밝아진다.

(9) 광대무변廣大無邊

心本廣大無邊 一有己私 則不勝其小.

마음은 본디 가없이 넓고 크나, 자기의 사심邪心이 하나라도 있으면 그처럼 작을 수가 없다.

(10) 무욕성인無欲聖人

一日無欲 可作一日聖人 一月無欲 可作一月聖人. 終身無欲 便是終身聖人.

하루동안 무욕無欲하면 하루의 성인聖人이 될 수 있고, 한 달 동안 무욕無欲하면 한 달 동안의 성인聖人이 될 수 있으며, 종신終身토록 무욕하면 곧 종신終身토록 성인聖人이다.

(11) 제망除妄

除去一切閑思量 天理自在.

일체의 부질없는 생각을 제거除去하면, 천리天理가 저절로 드러난다.

(12) **불위不爲**

凡不可與父兄師友道者 不可爲也.

무릇 부父와 형兄과 사師와 우友에게 말할 수 없는 행동을 해서는 아니 된다.

(13) **선악善惡**

終身爲善不足 一朝爲惡有餘.

종신終身토록 선善을 행해도 선善이 부족不足하고, 하루 아침에 악惡을 행해도 악惡이 남아돈다.

(14) **극기克己**

克己可以治怒 明理可以治懼.

극기克己하면 칠정怒을 다스리고, 천리天理를 밝히면 두려움을 다스린다.

(15) **음식남녀飮食男女**

飮食男女之欲 堯舜與桀紂同 但中理中節 則爲天理 無理無節 則爲人欲.

음식飮食과 남녀男女의 욕구欲求는 요순堯舜이나 걸 주가 동일同一하다. 다만 이치理致가 절도節度에 맞으면 천리天理가 되고, 이치가 없고 절도節度가 없으면 인욕人欲이 된다.

(16) **간입**間入

人欲如寇賊 專以窺我之虛實 斯須防閑不密 則乘間而入.

인욕은 강도나 좀도둑과 같아서 오로지 나의 허실을 엿보다가, 잠시라도 방비를 치밀하게 아니하면 틈을 타고 들어온다.

(17) **대안**大眼

人當大着眼目 不爲小小者所動.

사람은 마땅히 크게 안목을 가져야 자그마한 데 움직거리지 않는다.

(18) **공리**功利

去得一箇計功謀利之心 則心下自然坦夷.

공功을 헤아리고 이익利益을 꾀하는 하나의 마음을 소거消去하면 마음이 자연히 평탄平坦하다.

(19) **치기**治己

治己必先治心 心者舟之舵也 欲正其舟 先治其舵.

자기를 다스림에는 반드시 마음雜念을 다스려야한다. 마음은 배의 방향타이다. 그 배를 바로잡으려면 그 방향타를 먼저 다스려야 한다.

(20) **병약**病藥

纔覺退便是進 纔覺病便是藥.

물러난다고 깨닫는 순간이 곧 나아감이요, 병이라고 깨닫는 순간이 곧 약이다.

(21) **단련鍛鍊**

金之在冶 經熱炎 受鉗錘 當此之時 爲金者心苦 然自他人視之 方喜金之益精鍊 而惟恐火力鉗錘之不至, 及其出冶 金亦自喜其鍛鍊之有成矣.

쇠가 대장간에서 뜨거운 불꽃을 거쳐서 집게와 망치질을 받는데, 이때를 당하여 쇠 된 자로서는 마음이 고통스럽겠지만, 그러나 다른 사람이 보기에는 바야흐로 쇠가 더욱 정하게 단련되어 화력과 망치질이 모자랄까 걱정이 되거니와, 담금질을 하고 나면 쇠 또한 자기가 단련되어 공이 이루어짐을 기뻐한다.

(22) **무실務實**

務實之心重一分 則務名之心輕一分.

실심實心이 일분一分 밝아지면, 명리名利에 힘쓰는 정념情念이 일분一分 덜어진다.

(23) **학도學道**

學以憂勤爲正脈 逸欲爲痼疾.

학문學問은 도道가 밝지 못함을 걱정하여 부지런히 닦음을 정맥正脈으로 삼아야 하고, 학문學問을 벗어나 명리名利를 따르려는 욕구를 고질痼疾로 여겨야 한다.

(24) 신언검신愼言檢身

愼言動於妻子僕隷之間 檢身心於起居飮食之際.

처자妻子와 종복從僕들 사이에서 언동言動을 삼가 하고, 거처居處와 음식飮食 사이에서 자신自身을 검속檢束하라.

(25) 역행力行

行不力 不知爲善之難 省不深 不知入惡之易.

힘써 행하지 않으면 선善을 하는 것에 어려움을 모르고, 깊이 반성反省하지 않으면 악惡에 들어가는 것이 쉬움을 모른다.

(26) 이치二恥

君子有二恥 肯小能 恥也 飾所不能恥也.

군자君子에게는 두 가지 부끄러움이 있다. 자그마한 재능을 뽐내는 것은 부끄러움이요, 능력 없는 것을 꾸미려 드는 것은 부끄러움이다.

위 서벽書壁의 대요大要는 이고李翺의 복성서復性書와 주돈이周敦頤의 통서通書와 통한다. 복성서 요목要目 5제를 본다.

가. 弗慮弗思 情則不生 情旣不生 乃爲正思

헤아리지 않고 생각하지 않으면 정情이 나지 않으며, 정情이 이미 나지 않으면 바로 정사正思이다.

나. 正思者無慮無思也

정사正思란 헤아리거나 생각함이 없는 것이다.

다. 易曰 天下何思何慮

천하가 무엇을 생각하고 무엇을 헤아리랴.

라. 易曰 閑邪存其誠

삿된 정情에 한가로우며 성성惺惺함을 보존한다.

마. 詩經曰 思無邪

생각에 삿됨이 없다.

'서벽설書壁說'에는 통서通書의 의취意趣와 문자가 다수 인용되었기에 주돈이의 통서는 본고에서 "무사위본無思爲本"의 한 구만을 인용한다. 종의宗意를 이르자면 이고의 정사正思와 주돈이의 무사無思가 공부자孔夫子의 절사絶四 즉 무의無意·무아無我·무필無必·무고無固와 통해 있다. 소눌 서벽의 심제가 여기에 계합한 것으로 보인다. 여기서 자세한 논구를 추구하지 않는 것은 유도의 철리에 대한 설해와 자구의 동이를 분석하는 것은 안목의 경계이므로 다른 글에서 '서벽설'을 논하고자 한다. 간략한 말로써 서벽의 내용적해를 그친다.

7. 고경중마방古鏡重磨方과 수사언인록洙泗言仁錄을 판각板刻하여 서당교재로 삼은 뜻

자암서당의 가르침은 중선中善과 상선上善을 엄밀히 나누었다. 소눌은 중선의 학인에게는 고경중마방[1904]을 학습하게 하고 상선의 학인에게는 고경중마방을 거쳐 수사언인록을 학습하게 했다. 수사언인록[1923]의 의취에 젖은 이에게는 혹 "불견이장不見而章 부동이변不動而變 무위이성無爲而成의 도리를 아느냐?"하기도 하고 "연비려천鳶飛戾天 어약우연魚躍于淵의 지의至意에 어떠 하느냐?"고 묻기도 하였다. 이에 학인이 연비어약의 도리에 대해 소견대로 읊어 보인 곳이 『자암일록紫巖日錄』 속에 보인다. 소눌의 영당影堂은 문인들이 건립하였는데 당堂의 이름이 연천당淵泉堂이다. 『중용』의 "유천하지성唯天下至聖―부부연천溥溥淵泉 이시출지而時出之"에서 가져온 말이다. 연천당의 당호로써 소눌이 평시에 지향했던 바를 짐작할 수 있다고 하겠다.

유도는 지경으로써 문을 열고 총명예지聰明叡智로써 후학을 단련하는 도이다. 만약 이에 미치지 못하고 문자와 사량으로 측해하는 것은 소인유小人儒에 머무는 공부이다. 소눌은 상선의 기미가 보이는 인물에게는 수사언인록을 보이고 그 내용인 인설의 내용과 출처와 효용을 묻고 자신의 견처에 즉하여 설했던 것이다. 공부자께서 "인이라 인이라" 하셨건만 뒷사람 가운데 몇이나 그 경지에 합하였던가? 인설이란 성性의 대용大用이라 성의 내용에 자득지미自得之味가 없으면 허황한 이해로 논설을 꾸미게 되는 것이다. 조선의 선비 거의가 여기에 속하는 것이다.

인설은 무사의 무위대용을 보인 것이다. 소눌도 스스로 인설에 계합하고자 종신까지 노력했던 인물이다. 후유後儒가 인설에 견처가 열렸더라도 거의가 지자知者에 머문다. 맹자, 소옹邵雍, 주돈이, 정호程顥가 그 대표적 인물이라 하겠다. 그런 연유로 소눌은 수사언인록을 상선교과서로 삼은 것이다.

수사언인록의 출처는 장식張栻이다. 한강이 남헌 장식의 인설인 수사언인에 선유의 언설을 집주하고 필사하여 둔 것이 후인[영조英祖 이금李昑]이 간행하면서 수사언인록이라 이름 붙인 것이다. 소눌이 자견과 한강을 사모하는 가학전통을 이어 수사언인을 판각하여 자암서당의 교재로 삼은 것이다. 수사언인록은 필사본으로 1915년부터 서당교재로 삼다가 소눌 69세인 1923년에 판각 간행하여 널리 배포하였다.

1904년(50세) 밀주密州 노곡에서 고경중마방을 목판으로 출간했다. 고경중마방은 이퇴계가 옛사람들이 남긴 찬贊, 잠箴, 명銘 가운데 자신에게 영향을 준 70편의 글을 필사하여 모아둔 책이다. 은殷 성탕成湯의 명, 주周 무왕武王의 명, 후한後漢 최원崔瑗의 명, 위魏 변란卞蘭의 명, 당唐 한유韓愈의 명, 백거이白居易의 명, 유우석劉禹錫의 명이 실려 있으며, 그 외 대부분은 송宋의 학자들의 명과 잠이다. 내용에는 글쓴이의 경지에 따라 상중하가 보이며 초중학자가 귀감으로 삼을 만하다. 상선의 글은 3할을 넘지 아니한다. 진덕수陳德秀, 위요옹魏了翁, 진백陳柏 등의 글은 오의奧義가 있는 것은 아니다. 그러나 서당의 학도와 심학에 뜻이 있는 선비들이 반드시 읽어 안목을 갖춤에 도움이 될 만 한 것으로 보았기에 판각 간행하여 널리 읽히기를 권면한 것으로 보인다. 또한 영학嶺學이 이미 이퇴계에 경도傾倒되어 있어 시절을 따라 퇴도退陶를 선양하는 의미도 없지 않았을 것이다.

고경중마방은 이퇴계가 기세棄世한 이후에 발견하였다고 한다. 고경중마방의 70편 중에는 성리대전에서 발췌한 것이 31편이요, 나머지는 고전독서 중에 옮겨 적은 것이다. 만약 지금 세월에 자득한 심학자가 있어 심학요결을 촬요한다면 반 이상 다른 글이 실렸을 것이다. 아무튼 고경중마방은 영학의 교재로서 자리매김 하였던 것이다.

8. 선사저술先師著述의 교정 및 간행

허성재 문하의 대표적인 영남의 학인들로는 박치복朴致馥, 노필연盧佖淵, 김인섭金麟燮, 허훈許薰, 김진호金鎭祜, 조병규趙昺奎, 이종기李種杞, 노상직盧相稷, 노상익盧相益, 안효재安孝齋, 허채許埰 등이다. 이들은 거의가 영학의 스승에게서 공부하고, 다시 허성재 문하에서 수학함으로서 두 학맥을 통섭한 경계에 섰다고 할 수 있다. 이는 학문의 통시성과 일관지도一貫之道에 나아갈 단초를 여는 길이 되었다고 하겠다. 소눌은 조선유학이 이황 이후 두 학맥으로 분파되었다고 인식하는 심재深齋 조긍섭曺兢燮 등의 견해를 통렬히 비판했다.

허성재 문도들의 역행이 두드러지게 드러나는 바는 선사들의 문집과 저술을 간행하는 일이었다. 허성재 생시인 1870년에 함안 입곡立谷(조병규趙昺奎)에서 활자본 『사의士儀』를 간행했고, 1873년 함안 수동壽洞(조성렴趙性濂)에서 『사의절요士儀節要』를 간행했다. 또한 1881년에서 1882년에 『종요록宗堯錄』과 『철명편

哲命篇』이 함안과 김해에서 각기 목판으로 간행되었다.

그리고 허성재 사후에는 전국의 문도들이 뜻을 모아 1891년에 산청 여택당麗澤堂에서 『성재선생문집』을 간행했다. 이 사업은 박치복朴致馥, 김진호金鎭祜, 김인섭金麟燮 등이 주관했다.

그로부터 13년이 지난 뒤 소눌은 안화진安和鎭, 노상익盧相益 이병익李炳翼 등 밀양의 인사들을 결집하여 『성재선생문집性齋先生文集 속집續集, 부집附集』을 간행했다. 이 책은 대눌 노상익의 풍뢰정에서 간행하고 노곡의 자암서당에 목판을 보관하였다.

영남의 성재문도는 소눌을 중심으로 선사인 미수眉叟, 성호星湖, 하려下慮, 성재의 문집과 저술의 발간을 기획한다. 그리하여 1905년 의녕에서 허목許穆의 방손인 허찬許巑의 주도로 목판본 『기언記言』이 간행되었다. 1916년에는 밀양 퇴로退老의 서고정사西皐精舍에서 『성호선생문집星湖先生文集』 간행에 대한 발의가 이루어져 이 사업에도 소눌이 관여하였다. 또한 1917년에는 소눌이 직접 하려 황덕길의 문집인 『하려선생문집』 간행을 발의하고 독자적으로 노곡에 간소를 두고 사업을 시작하였다. 그러던 중 창원에 거주하는 황하려의 방손인 황수건黃洙建의 요청으로 창원 적현赤峴의 장산재長山齋로 간소를 옮겨 1918년에 모두 10책으로 간행하였다. 이 때 하려의 『동현학칙東賢學則』도 같이 간행하였는데 소눌이 발문을 썼다.

또한 소눌은 선유들의 저술의 간행과 교정에 적극적으로 참여하였다. 『이자수어李子粹語』, 『미수선생연보眉叟先生年譜』, 『한강선생집寒岡先生集 속집續集』, 『한강선생사례문답휘류寒岡先生四禮問答彙類』, 유주목柳疇睦의 『계당집溪堂集』, 조임도趙任道의

『간송속집澗松續集』의 교정을 보았다. 이러한 사업이 모두 망국 후 이루어진 점을 주목해야 한다. 뒷날 나라를 회복했을 때, 아국의 국학을 선양하여 학문전통과 정신문화가 오롯이 전해질 것을 생각했던 사업인 것이다. 이러한 사업의 핵심에는 소눌이 항상하게 자리하고 있었던 것이다.

9. 결어

소눌 노상직의 방대한 저술의 목록과 그의 주요저술을 간략히 살펴보았다. 각 저술의 철리와 요목은 총명후학들이 깊이 있게 연구할 것을 기대한다. 소눌이라는 한 학자가 시대적 사명으로 민족유교문화를 저술한 노력의 한 단초는 경재耕齋 이건승李建昇과 회당晦堂 장석영張錫英의 자암서당 기문에서 엿볼 수 있다. 물론 백형伯兄 대눌의 권명權命도 포함되어 있다. 1911년 만주 안동현 접리수로 망명갔으나 조국의 젊은이를 교육할 유림의 참 스승이 귀한 때라, 대눌大訥, 경재耕齋, 회당晦堂, 수파守坡, 대계大溪 등이 "소눌이 아니면 누가 있어 젊은이를 계몽啟蒙하랴!"는 뜻을 전하매, 소눌이 환국還國하여 종신에 이르기까지 교육과 저술로써 일생을 보낸 것이다. 소눌의 만년저술이 '서벽書壁'에 이르러 공자심학의 종지를 드러낸 바의 깊이 있는 연구는 뒷사람의 공부를 기다린다.

소눌이 일생에 구한 것은 공부자를 배우는 것이요, 나아간 바는 지경이며, 필경에 자득한 바는 "무욕無欲, 무사無思"이다. 아래에 서벽書壁 제1장을 음미吟味하며 결어結語로 삼는다.

> 성인聖人의 도道를 배우는 데는 하나一의 요체要諦가 있다. 그 하나는 무욕無欲이다. 무욕하면 마음이 정靜할 때는 비고, 마음이 동動할 때는 곧다. 마음이 고요하여 비면 밝고, 마음이 밝으면 통通하며, 마음이 움직임에 곧으면[直] 사思에 무사無邪하고, 마음이 사思에 무사無邪하면 통연명백洞然明白하여 허공虛空같이 넓다.
>
> 대미大尾

참고문헌

李　翺,『復性書』.

周敦頤,『通書』.

蘇　軾,『東坡易傳』.

眞德秀, 心經.

李　珥,『栗谷全書』.

盧相稷,『小訥集』.

鄭宗鎬,『磊軒集』.

盧家容,『先府君編年』.

盧根容,『誠庵集』.

安朋彦,『育天齋文抄』.

盧菑虛,『六經撮要』.

盧菑虛,『孔子五處高說』.

三碧子,『心學考』.

劉明鍾,『朝鮮後記 性理學』, 1985.

柳鐸一,『嶺南地方 出版文化論考』, 세종출판사, 2001.

鄭景柱,「小訥 盧相稷의 生涯와 學問傾向」, 2003

정순우,「紫 巖書堂의 性格과 그 敎育史的 의미」, 2003.

鄭錫胎,「小訥의 編年과 學行」, 2017

宋淨淑,「小訥 盧相稷의 〈女士須知〉분석」, 2005.

金哲凡,「許性齋 著述考略」, 문화전통논집, 2003

2

자암문도紫巖門徒의 독립운동

소눌선생과 그 제자들

鄭錫胎

자암문도紫巖門徒의 독립운동

소눌선생과 그 제자들

1. 서언
2. 소눌선생과 그 제자들
3. 파리장서巴璃長書 원문原文
4. 결어

1. 서언

유림儒林의 독립운동은 대체로 1905년 을사늑약乙巳勒約이후로 의병義兵과 서간도西間島 망명파와 파리장서서명巴璃長書署名과 산발적으로 곳곳에서 참여한 계몽운동, 교육, 상해임정上海臨政 참여, 군자금조달 등으로 나뉜다. 그 중에서 파리장서서명 운동이 가장 집약적인 선비의 반일운동이라 하겠다. 파리장서에 서명한 선비는 전국에서 137인이고, 2차 운동에 대비하여 서명에 참여를 보류한 인물이 약 30여 명이다. 137인 가운데 면우俛宇 곽종석郭鍾錫(1846~1919)의 문인이 18명이요, 소눌小訥 노상직盧相稷(1855~1931)의 문인이 14명이다. 면우문인이 전국의 선비 가운데 13%요, 소눌문인이 11%이다. 고로 경남의 선비가 32명이니 전국의 선비 가운데 25%가 된다. 두 서당書堂의 의기가 유림의 표상表象이 되었다고 하겠다. 본고에서는 면우문인과 숨은 기록과 전언傳言은 생략하고 자암서당의 소눌과 소눌의 제자만을 약술한다.

2. 소눌선생과 그 제자들

◯ 소눌선생小訥先生

휘는 상직相稷, 자는 치팔致八, 호는 소눌小訥 또는 눌인訥人, 본관은 광주이다. 1855년(철종6) 김해 생림면[한림면] 금곡리에서 극재克齋 노필연盧佖淵의 둘째 아들로 태어나서 계부季父 노호연盧滈淵에게 양자[제양祭養]를 갔다. 성재性齋 허전許傳의 문인으로 성품이 온화하고 재주가 탁월하였다. 격변의 시기에 벼슬길에 나가는 것을 접고 학문연구와 후진양성에 힘을 쏟았다. 1911년 백형 대눌大訥 노상익盧相益과 함께 중국 안동으로 망명해서 우국지사들과 국권회복의 길을 모색하다가, 1913년 2년여의 망명생활을 청산하고 귀국하였다.

이후 밀양 단장면에 자암서당紫巖書堂(무릉리 노곡)과 사남서장泗南書庄(사연리 말방) 등을 열어 후학을 양성하였다. 1919년 파리장서[한국독립청원서]에 유림대표로 문하 제자들과 함께 서명하고, 밀양과 김해 일원의 유림을 규합하는데 주동적인 역할을 하였다. 이 때문에 헌병대에 구금되어 고초를 겪다가 병보석으로 출감하였고, 그 뒤 밀양에서 지내다가 1929년 이후로는 병을 치료하기 위해 마산에서 우거하던 중 1931년 1월 30일 77세의 일기로 서거하였다. 김해시 한림면 금곡리 함박산[芍藥山]에 묻혔다가, 2009년 국립대전현충원으로 이장하였다.

저서로는 『소눌집小訥集』, 『동국씨족고東國氏族攷』, 『상체편람常體便覽』, 『주자성리서절요朱子性理書節要』, 『소학절요小學節要』, 『역대국계고歷代國界考』, 『여사수지女士須知』, 「벽설壁說(書壁)」 등이 있다.

◯ 안종달安鍾達(1878~1928)

자는 학초學初, 본관은 광주廣州이다. 밀양시 단장면 무릉리[蘆谷] 출신이다. 대눌大訥 노상익盧相益과 소눌小訥 노상직盧相稷의 생질甥姪이다.

1911년 스승 소눌이 외숙 대눌과 함께 중국 안동으로 망명하자, 그곳에 따라가서 외숙 대눌의 명으로 독립운동 자금모금을 위한 밀서전달 등의 일을 하였다고 한다.

1919년 심산心山 김창숙金昌淑이 파리장서[한국독립청원서] 서명 문제로 노곡蘆谷 자암서당으로 소눌을 찾아왔을 때, 동문 14인을 모아 자암서당 위쪽 풍뢰정에서 함께 서명하였다.

○ 손상현孫上鉉(1878.11.11~1961.5.23)

자는 형구亨九, 본관은 밀성密城이다. 밀양시 상동면 구곡리[九谷] 출신이다. 뒤에 이름은 병현柄鉉, 자는 겸수謙受로 개명하였다. 같은 밀양시 부북면 운정리로 이사해서 살았다. 『밀주승람密州勝覽』을 편찬하였다. 파리장서[한국독립청원서]에 서명하였다.

○ 우산友山 강신혁姜信赫(1879~1966)

자는 명중明仲, 호는 우산友山, 본관은 진양晋陽이다. 밀양시 부북면 청운리[府北 青雲] 출신이다. 창녕군 이방면 동산리[菊洞] 극기재克己齋에서 소눌 문하에 입문한 노식용盧寔容, 노재헌盧在憲, 노택용盧宅容, 안종달安鍾達, 강신철姜信喆, 강신혁姜信赫 등 초기의 문인門人 중 1인이다. 파리장서[한국독립청원서]에 형제가 함께 서명하려고 하는 것을 스승 소눌이 만류해서 아우 강신혁姜信赫만 홀로 파리장서[한국독립청원서]에 서명했다. 저서로는 『회산문고檜山文稿』가 있다.

◯ 경재絅齋 박상윤朴尙允(1880~1938)

자는 화국和國, 호는 경재絅齋, 본관은 밀양이다. 밀양시 부북면 청운리[府北 青雲] 출신이다. 1909년(순종융희3) 11월 소눌 문하에 입문하였다. 파리장서[한국독립청원서]에 서명하였다.

◯ 허평許坪(1882~1929)

자는 처후處厚, 본관은 김해이다. 밀양시 단장면 단장리[丹亭] 출신이다. 1899년(고종광무3) 6월에 소눌 문하에 입문하였다. 스승 소눌을 가까이에서 모시며 가르침을 받기 위해 김해 외동外洞에서 밀양 단정丹亭으로 이주해서 살았다. 파리장서[한국독립청원서]에 서명하였다.

◯ 배종순裵鍾淳(1890~?)

자는 성팔聲八, 본관은 성산星山이다. 성주군 대가면 도남리[今巴 全仁] 출신이다. 1909년(순종융희3) 11월 이후에 소눌 문하에 입문하였다. 파리장서[한국독립청원서]에 서명하였다.

◯ 류진옥柳震玉(1879~1928)

자는 원진元振, 호는 거인居仁, 본관은 문화文化이다. 김해시 외동外洞 출신이다. 1899년(고종광무3) 1월에 소눌 문하에 입문하였다. 저서로는 『거인유고居仁遺稿』가 있다. 파리장서[한국독립청원서]에 서명하였다.

◯ 이학규李學奎(1876~?)

자는 명극明克, 본관은 월성月城이다. 성주군 대가면 도남리[今巴 全仁] 출신이다. 1909년(순종융희3) 11월 이후에 소눌 문하에 입문하였다. 파리장서[한국독립청원서]에 서명하였다.

◯ 법강法岡 안효진安孝珍(1879~1946)

자는 성가聖可, 호는 법강法岡, 본관은 광주廣州이다. 김해시 진례면 곤법昆法 출신이다. 1909년(순종융희3) 9월에 소눌 문하에 입문하였다. 파리장서[한국독립청원서]에 서명하였다.

◯ 이정후李定厚(1871~1950)

자는 작여綽汝, 본관은 벽진碧珍이다. 창녕군 유어면 부곡리[遊魚 釜谷] 출신이다. 1909년(순종융희3) 11월 이후에 소눌 문하에 입문하였다. 파리장서[한국독립청원서]에 서명하였다.

◯ 노도용盧燾容(1883~1952)

자는 천여天汝, 본관은 광주光州이다. 창녕군 대합면 평지리[坪旨] 출신으로, 같은 창녕군 이방면 동산리[菊洞]에 거주하였다. 1901년(고종광무5) 11월에 소눌 문하에 입문하였다. 일경日警의 눈을 피해 경성과 인천을 거점으로 독립운동을 하였다고 한다. 파리장서[한국독립청원서]에 서명하였다.

◯ 겸산兼山 김정기金定基(1885~1946)

자는 정오正五, 靜吾, 호는 겸산兼山, 본관은 김해이다. 청도군 매전면 용산리[梅田 龍淵] 출신이다. 1909년(순종융희3) 10월에 소눌 문하에 입문하였다. 파리장서[한국독립청원서] 서명으로 옥고를 치른 후 왜경의 감시를 피하고자 구명 '구곤九坤'을 '정기定基'로 바꾸고, 자는 음을 그대로 두고 '정오靜吾'로 글자를 바꾸었다. 1912년 소눌이 압록강을 건너 만주 안동으로 망명할 때 따라갔다가 돌아오기도 하였다.

○ 이돈호李墩浩(1890~?)

자는 경여敬汝, 호 치재恥齋, 본관은 재령載寧이다. 청도군 이서면 금촌리[伊西 琴村] 출신이다. 1909년(순종융희3) 11월 이후에 소눌 문하에 입문하였다. 파리장서[한국독립청원서]에 서명하였다.

○ 박정선朴正善(1884~?)

자는 이정而貞, 본관은 밀양이다. 산청군 단성면 법물리[新等法勿] 출신이다. 1909년(순종융희3) 11월 이후에 소눌 문하에 입문하였다. 1912년 스승 소눌을 따라 압록강 건너 만주 안동으로 망명하였다. 망명 이후 만주 망명유림亡命儒林의 독립결사獨立結社 및 공교운동孔教運動인 동삼성한인공교회東三省韓人孔教會에 참여하였다. 1914년 이후 북만주의 독립, 상해임정上海臨政, 광복군 등에 참여하다가 1936년 환국하였다. 파리장서[한국독립청원서]에 서명하였다.

○ 뇌헌磊軒 정종호鄭宗鎬(1875~1954)

자는 한조漢朝, 호는 뇌헌磊軒, 본관은 청주淸州이다. 성주군

수륜면 수성리 갓말[靑坡 枝村] 출신이다. 한강寒岡 정구鄭逑의 후손이고, 대눌 노상익의 사위[壻]이자 소눌 노상직의 문인이다. 1898년(고종광무2) 12월에 소눌 문하에 입문하였다. 회당晦堂 장석영張錫英·심산心山 김창숙金昌淑과 파리장서운동을 기획하고, 1919년 3월 중순 회당晦堂 장석영張錫英에게 받은 파리장서 필사본을 대구의 윤상태尹相泰에게 전달하였다. 윤상태尹相泰가 피검되고 같은 해 7월 31일 체포되어 징역 6월의 옥고를 치렀다.

이때 파리장서 서명인으로 함께 체포된 중부仲父 정재기鄭在夔(1891~1919)는 옥고로 사망하였다. 성주 만세운동을 주도하였고, 대눌의 맏사위로 대눌이 망명한 이후 서간도를 왕래하면서 항일운동을 펼쳤다. 망국 후 학문 연구와 후진 양성에 전념하였다. 소눌의 심학의 정수를 얻어 수문인首門人이 되었다.

◯ 남강南崗 조정환曺正煥(1875~?)

자는 의경義卿, 호는 남강南崗, 별칭 조진曺珍, 본관은 창녕이다. 부산시 강서구 미음동[金海 台也 粉切] 출신이다. 1899년(고종광무3) 1월에 소눌 문하에 입문하였다.

1910년 망국 이후 국내에서 구국운동에 힘쓰다가, 1919년 삼일운동 이후 만주로 건너가 항일무장단체에 가입하여 본격적으로 독립운동에 헌신하였다. 1927년 미국에서 이승만, 안창호 등과 독립운동을 하던 아우 조성환曺誠煥에게 우국의 시 1수[대한의 일월 그린 단심이나니, 중국의 산천에다 백골을 묻네. 세상사를 이제는 벗어버리니, 오늘 아침 독립의 해이로구려(丹心韓日月 白骨漢山川 卸却人間事 今朝獨立年)]를 남긴 뒤 만주에서 행방불명되었다.

◯ **국사菊史 황문익黃文益(1879~1953)**

자는 성기聖器, 호는 국사菊史, 구명 명주命周·영주永周, 본관은 장수長水이다. 밀양시 부북면 대항리[穿火 花坪] 출신이다. 1899년(고종광무3) 6월에 소눌 문하에 입문하였다. 1910년 망국 이후 만주로 망명하여 독립운동을 하였다. 1920년 독립군자금 모금을 위해 국내에 잠입해서 활동을 하다가, 1922년 체포되어 모진 고문을 받고 6개월간 옥고를 치렀다.

◯ **순재醇齋 김재화金在華(1887~1964)**

자는 회여晦汝, 호는 순재醇齋, 본관은 청도淸道이다. 밀양시 청도면 소태리[外西 小台] 출신이다. 밀양 출신 파리장서[韓國獨立請願書] 서명자 소강小岡 김태린金泰麟의 조카이다. 1909년(순종융희3) 11월 이후에 소눌 문하에 입문하였다.

자암서당과 연락이 닿지 않아 파리장서운동에 참여하지 못함을 원통히 여겼다. 이후 만세운동과 후진교육, 독립군자금 모금 등의 구국운동에 헌신하였다. 1919년인 33세 때부터 병을 얻어 고향에서 후진을 교육하면서 학문에 침잠하였다. 저서로는 『순재집醇齋集』이 있다.

3. 파리장서巴璃長書 원문

韓國儒林代表郭鍾錫金福漢等一百三十七人 謹奉書于巴里平和會諸大位閣下 天覆地載 萬物並育於其間 大明之照 大化之行 其道可知

也 自夫爭奪之釁起 而强弱之勢分 兼并之權用 而大小之形懸 以至毒人命而恣其威 竊人國而私其有 嗚呼 天下一何多也 此天之降大仁武於今日 奉若天地之心 照大明而行大化 一天下而歸之大同 俾萬物各遂其性者也 於是萬國同視 四海一轍 而如或有聞風而不獲實德 紆冤而不徹公聽者 豈諸大位之用心 獨於此爾殊哉 抑別有以也 則其所以瀝血陳腔仰首鳴號者 亦出於至痛迫切不能自已之意 惟諸大位試察之

嗚呼 我韓固天下萬邦之一也 域三千里 人二千萬口 維持存保 四千有餘年 不失爲半島文明之區 亦萬邦之所不能廢也 不幸邇來 强隣外制勒成盟約 從而攘國土廢天位 而無吾韓於世界矣 日本之所爲 概可擧矣 丙子之與鄙邦大臣 盟于江華也 乙未之與清國大官 約于馬關也 皆以我韓之自主獨立 爲永遵之案 曁癸卯之宣戰于露國也 通牒于列國斷斷以鞏固我韓獨立爲聲明 此萬國之所共悉也 曾未幾何 欺詐百出內脅外欺 獨立變而爲保護 保護變而爲呑併 諉之以我韓之情願 圖免萬國之公議 是不惟無韓於其手分 實亦無萬國於其心計也 未知萬國群公 其眞以日本所爲於我韓者 爲無傷於公義耶 爲不失信於萬國耶 鄙邦臣民 極知赤手空拳 不能自奮以有爲 然謳吟詠歎 猶蚤夜於吾君吾國 曰 尙上天之鑒我 大運之好還 包羞忍恥 艱辛顚倒 于玆十年所矣

自聞諸大位之設平和大會 寡邦人民 咸踴躍奮激 以爲苟萬國而平和也吾韓亦萬國之一也 豈應使之不平不和乎 旣復聞波蘭諸國 皆能獨立則又復群聚呼萬歲 曰 平和之議已定矣 彼何國也 吾何國也 一視之仁亦若是已矣 天其有時而好還矣 諸大位其從此畢其能事矣 吾儕其從此有其國矣 吾其卽死而塡乎溝壑 白骨且不朽矣 莫不睢睢盱盱 以俟好音 而遷延之頃 天又不吊 一夜倉卒 寡君卽世 擧國洶洶 痛徹穹壤 無地籲冤 迺於國葬之日 各教各社箇人男女 猶唱獨立之聲 奉慰吾君之靈

雖捕縛鞭戮 交加于前 徒手爭先 就死而不悔 此可見窒鬱之衷 積久必洩 而抑亦諸大位之啓其機而鼓其勇也 然而因循日久 尙未見劃然之區處 則又且疑且駭 嘆寡邦之無由以自達 而中間用事者之反覆機詐 有以惑諸大位之視聽也 請更有以辨明之 天之生萬物也 必有是物之能力小而介鱗昆虫 皆有以自由活動 人之自爲人 國之自爲國 固亦有自人自國之治理能力 吾韓雖小 環三千里 數二千萬人 歷四千年來 其能足當吾韓事者 自不乏絶 初何待隣國之代治哉 千里不同風 百里不同俗彼謂吾韓之不能獨立 而欲以彼國之治理 加諸吾韓之風俗 則風俗之卒不可變 而所謂治理者 適足成爲亂之階 此其不可行明矣 治理之卒不可行 然且說於公會 則曰 韓民之願附於日本久矣 夫韓民之自爲韓民不惟其疆域風土之已定 抑亦所得於天性者然也 是以寧屈於一時 面受威脅之權 而其心則固將歷千萬年 而不失爲韓國之民也 本心之存 焉可誣也 心之卒不可誣 而欲用萬國所共廢之威權 以壓萬口一辭之公議此於日本 亦未爲得計也 鍾錫等山野廢朽 不及詳聞于外方事實 而猶自以爲舊國臣子 依先君之遺風 從事於儒敎之門 今當大界維新之日國之有無 在此一擧 與其無國而生 不若有國而死 與其自枯於偏陬 孰若獻身於公聽幷觀之地 一以自暴其鬱悒 而俟其進退之也 顧以海陸迢絶 關禁嚴急 恐裹足未達而疾呼不聞 朝夕之命 無抹於道塗之仆 則此世此懷 永無望於自暴矣 雖以諸大位之神聖聰明 亦安望其必算及於不見不聞幽眇抑鬱之我韓情事哉 玆敢修咫尺之書 合一部同情之辭 具十年生受之實 奉便風於天涯萬里之外 誠悲劇迫切 不知所云 惟諸大位憐而察之 益恢公判之議 使大明之照無不遍 而大化之行無不順 則不惟鍾錫等之無國而有國 抑亦道德之幸甚於一世 而諸大位之能事 眞可畢矣 如猶未也 鍾錫等寧駢首就死 而誓不爲日本之僕隷 二千萬生

命 獨不關於天地之所育 而憾條暢之和氣乎 惟諸大位圖之

開國五百二十八年 三月 日

4. 결어

선말鮮末 이후 유림의 역사는 창발적創發的 공지연구와 수양에 나아간 이는 불과 몇몇에 그치고 묘지妙智를 얻은 이는 드물다. 그 외는 고답적固踏的 글짓기와 세속학맥을 고집하여, 천견淺見으로 가문의 미화와 허설공론을 주장하는 문화에 젖었던 것이다. 그들을 힐평詰評하는 세언世諺에 "이발기발理發氣發이 집안 망치고, 무극태극無極太極이 사람 잡는다"라는 말이 있다. 그 문화는 지경공부와 거리가 멀었으며, 명리와 허세를 일삼을 뿐 경세經世의 뜻도 보이지 않으면서 입으로는 인륜과 의리를 읊조리는 풍경이었다. 을사늑약乙巳勒約으로 국망의 화禍를 입자 술지졸사術智拙士들의 속이 선명하게 드러나게 된 것이다. 파리장서의 서명을 기피한 자들의 행로를 일컬어 세언에 "학자는 커녕 삼강오륜도 모르는 자"라는 말이 인구에 회자되었다.

도학을 하는 선비로써 망국의 때를 당해, 해야 할 의리와 저마다 할 수 있는 일을 행하는 것이 선비의 상식이어야 할진대 실상은 그러하지 못했던 것이다. 그런 연유로 소눌선생과 자암학도들의 독립운동을 통해, 한 서당과 학도들이 반드시 해야 할 의리를 행함을 되돌아보는 것이다.

대미大尾

3

벽설고壁說考

三碧子 照釋

벽설고壁說考

三碧子 照釋

1. 서언
2. 도심실수道心實修와 허교許交
3. 벽설직해壁說直解
4. 복성서구목復性書九目과 통서구목通書九目과 벽설구목壁說九目
5. 석곡石谷과 심재深齋
6. 결어

1. 서언

공자 이후 공자의 상선지교上善之教는 자사자子思子 이후로 부전不傳하다가 당唐의 이고李翺에 의해 심학心學의 복성서復性書가 지어졌으나 한유韓愈 등의 중사中士가 요해了解하지 못해 묻혀 버렸다. 북송北宋초 소옹邵雍과 주돈이周敦頤가 심학에 견처見處가 열리고 이어 정호程顥가 지견知見이 생하였다. 주돈이가 복성서復性書의 맥을 잇는 통서通書를 남겨 공자심학孔子心學의 정로를 연 것이다.

그 뒤에 정이程頤, 양시楊時, 이동李侗, 주희朱熹, 육구연陸九淵, 장식張栻 등이 심학에 측지測知의 견해가 생하였다. 측지자測知者가 주설主說을 강講하다가 마침내 이기설理氣說을 주장하게 된 것이다. 이를 이름 하여 신유학新儒學이라 한다. 신유학은 선학禪學에 배대背對하여 공맹孔孟의 설에서 심론心論을 구한 유가의 학學이다. 그러나 이기설理氣說이 직절정미直截精微한 선학의 심설心說에 미치지 못함은 주지의 사실이다. 명明의 왕수인王守仁이 주희朱熹를 비판한 이후에는 대체로 심학은 정사正邪가 혼재된 혼돈의 세월이라 아니 할 수 없다.

조선의 경우, 유학은 포은圃隱, 퇴계退溪, 율곡栗谷을 아울러 조종朝宗으로 삼고, 그 후 학파의 갈래를 두어 주리主理와 주기主氣를 다투며, 여기에 정치적政治的 편가르기를 덧씌워 의意와 논論이 다르면 외면外面하였으니, 공자심학의 본질에서 벗어나게 된 것이다.

이설理說 다툼은 주리主理와 주기主氣를 다시 세분細分하여 세월따라 사분오열四分五裂 하였으니, 그 벽견僻見으로 인하여 공자의 심학과는 더욱 멀어진 것이다. 더구나 주회암朱晦庵의 견해에 대하여 열린 토론이 불가不可한 현실 속에서, 공문孔門을 추구하는 가학家學을 지키고 심학을 계승하여 실심수양實心修養에 전일全一하는 이가 몇이나 되었겠는가?

성의정심誠意正心공부에 한결같이 나아가 꿰는 노력은 곧 수사선도守死善道의 정신과 간단間斷 없는 지경에 들어야 하는 노정이라야 한다. 비록 그러하더라도 필경에 자득하는 이가 드물고 드문 것이 아닌가? 조선 유자 가운데 심학의 오처奧處를 자득한 이에 송계松溪 남명南冥, 소재穌齋, 율곡, 상촌象村 밖에 다른 인물을 찾아보기 어렵다.

본고에서는 복성서復性書, 통서通書에서 공자심학의 종지宗旨를 엿보고 벽설壁說에서 그 종취從趣를 살펴보고자 한다. 본고의 논제가 소눌小訥의 벽설이므로 먼저 벽설을 직해하고 그 다음에 복성서, 통서, 벽설 삼서三書에서 각 구목九目을 추초抽抄하여 비교해 보기로 한다.

2. 도심실수道心實修와 허교許交

대저 뜻 높은 선비는 고명高名과 학통學統에 기대지 아니하고 공자의 도심일관설道心一貫說을 추구하여 밝히려 하였다. 상선上善의 선비는 겉으로는 세간의 학통學統을 존중했으나 속으로는 도심道心을 실수實修하며 지경持敬공부를 드러내지 않았던 것이다. 그 때와 그 사람이 아니면 언어와 문자로써 그 경계境界와 경지境地를 드러내지 않음으로써 적조寂照의 공부를 지키며 소요逍遙하는 까닭이라 하겠다. 도심실수道心實修란 지경의 다른 이름이다.

한말韓末의 소눌은 도심을 실수實修한 선비이다. 소눌은 1855년 태어나 1911년 요동遼東으로 망명을 떠날 57세 즈음에 지경의 힘으로 약간의 도심기미道心機微를 체험하였다고 한다. 가장별기家藏別記에 생生, 수修, 득得, 리離의 별언別言이 전하나 여기서는 생략한다.

안동[丹東] 접리수에서 이건승李建昇, 장석영張錫英, 정원하鄭元夏, 문원文源, 홍승헌洪承憲, 이승희李承熙등과의 담론談論에 혹 서로 통通하는 바 있었다. 장석영(1851~1929), 이건승(1858~1924)과 교유가 깊었다. 이들의 소통에는 심설心說이 주가 되었고 그 교감하는 바로써 허교許交하였던 것이다.

1920년 66세 이후로 소눌은 공자심학을 설괘設罣하여 상선문인上善門人에게 강론하였다. 그 처음은 고경중마방古鏡重磨方

이요, 다음은 수사언인설洙泗言仁說과 벽설壁說이다. 인설仁說이 곧 공자의 종심무위대용설從心無爲大用說이다. 1922년경 벽설을 지었다. 이때가 기세棄世 9년 전이다. 벽설의 대요大要는 망세무욕忘世無欲, 묵묵올좌默默兀坐, 도심계합道心契合이다. 도심계합道心契合 연후에 숙연소요肅然逍遙하여 성誠에 거처居處할 수 있는 것이다. 만년의 소눌의 공부가 어느 경지인가를 측량하기는 어렵다. 그러나 소눌의 만년은 때때로 성誠에 거처하였음은 벽설로써 헤아려 알 수 있다. 소눌의 견처를 벽설의 내용으로 더듬어 가름하면 지자知者의 경지임에는 분명해 보인다. 불가佛家의 잣대로 보면 호등지견弧燈知見 이상일 것이다. 호등지견弧燈知見은 숙연소요肅然逍遙의 문턱을 넘은 경지이다.

3. 벽설직해壁說直解

벽설壁說은 소눌 만년에 자암서당의 벽에 써 붙인 글이다. 벽壁에 써 붙여 모든 학인과 문객이 읽고 답하라는 문제이면서 소눌의 견처를 드러낸 심학요결이다. 당시에 벽에 써 붙였으므로 '서벽書壁'이라 하였다. 뒷날의 아무개가 그 내용을 살펴 '벽설壁說'이라 하였다.

벽설壁說 26제題 [소눌선생 만년서벽십제]

1) 무욕無欲

> 學聖一爲要 一者無欲也. 無欲則靜虛動直. 靜虛則明 明則通, 動直則公 公則溥.
>
> 성인聖人의 도道를 배우는 데는 하나一의 요체要諦가 있다. 그 하나는 무욕無欲이다. 무욕하면 마음이 정靜할 때는 비고, 마음이 동動할 때는 곧다. 마음이 고요하여 비면 밝고, 마음이 밝으면 통通하며, 마음이 움직임에 곧으면直 사思에 무사無邪하고, 마음이 사思에 무사無邪하면 통연명백洞然明白하여 허공虛空 같이 넓다.

■ 直解

정靜은 적연부동寂然不動의 성性을 가리키고, 동動은 감통천하感通天下하는 성性의 용用을 말한다. 무욕無欲이란 마음에 정情이 없음이다. 동용주선動容周旋에 무가무불가無可無不可의 경지가 드러남이 무욕의 지극한 구경究竟이다. 공부자孔夫子의 도道는 성性의 적연부동寂然不動에 합한 연후에 명철明徹히 그 종지宗旨를 알 수 있다. 그 경境에 다만 정情이 없이 생각할 수 있어야 마음에 하고자 함이 없이 만사萬事에 적연부동으로 응應하는 것이다. 무욕은 마음에 정情이 온전히 멸진滅盡함을 의미하는 것이다. 허虛는 성性의 체體를 설명하고 직直은 성性의 용用을 설명하는 말이다. 정심正心이 곧 직直이다. 공公은 사무사思無邪를 의미하고 부溥는 탁연卓然히 무정無情에 거처함이다.

하사下士들은 『논어論語』의 절사絶四 즉 "무의無意 무아無我 무고無固 무필無必"을 간과한다. 그리고 계사繫辭의 "무사야無思也 무위야無爲也"를 제 깜냥대로 해석하고 지나간다. "무의無意, 무아無我"와 "무사無思, 무위無爲"가 공지孔旨의 종어宗語인줄 알지 못하기 때문이다. 공지의 종어에 통명通明해야 공자심학의 문턱을 넘은 것이다. 어떤 총명하사聰明下士는 "애이불상哀而不傷 낙이불음樂而不淫"이 말이 되지 않는다고도 한다. 그런 까닭에 공자의 심학이 드러나 전하지 않는다고 하는 것이다.

2) 지수止水

君子役物 小人役於物. 見可喜可怒之事 自家着一分陪奉他 此太勞矣. 聖人之心如止水.

군자는 칠정七情을 부리고, 소인小人은 칠정에게 부려진다. 기뻐하고 노怒할 만한 일을 보고서 제 스스로 일분一分이라도 그것을 받들면 이는 크게 고생스럽다. 성인聖人의 마음은 고요한 물과 같은 것이다.

■ 直解

『대학大學』, 격물格物의 격格은 '이르다'로 읽으면 공지에 부합하지 않는다. 적의的意는 '없애다'요, 물物은 정情이다. 노怒는 칠정七情의 하나를 들어 칠정 전체를 가리키는 것이다. 지수止水는 파도가 없이 고요한 물을 말하니 곧 성性의 적연부동을 가리킨다. 성인의 적연부동지寂然不動智는 만세에 적연부동이다. 속견俗見으로 헤아리면 곧 어긋난다. "격물치지格物致知"를 석해釋解하여 논증하려면 지경의 공功이 익어 소미少微의 자득이라도 있은 연후에 가능한 일이다. 그런데 측지測知의 잡가雜家들이 이러저러 설을 내는 것은 허세일 뿐이다.

3) 심학心學

人之所以好生者 以欲也. 所以惡死者 亦欲也. 生求稱其欲 死懼失其欲. 衝衝天地間 莫不以欲爲事 而心學不傳.

사람이 살아 있기를 좋아하는 까닭은 삶에 대한 욕망 때문이요, 죽음을 싫어하는 까닭 역시 삶에 대한 욕망 때문이다. 살아서는 그 욕심을 채우려고 하고, 죽음에는 그 욕심을 잃을까 두려워한다. 하늘과 땅 사이에 그득한 사람들이 모두들 욕심으로 일삼지 아니함이 없는 까닭에 심학이 전해지지 않는 것이다.

■ 直解

생사生死의 욕欲은 허명虛名을 따라 부생浮生의 삶을 짓는다. 사람의 본성本性을 되 밝혀서 적연부동 자리를 밝힘이 공자의 본지本旨이다. 사람들이 모두들 욕심欲心으로 일삼지 아니함이 없는 까닭에 심학이 전해지지 않는 것이다. 소눌이 심학이 전해지지 않는다고 함은 이기설理氣說 등의 사변학辭辨學으로는 공자의 심학을 만날 수 없음을 의미한다고 하겠다.

4) 자득自得

持守之要 只是要得此心. 常自整頓 惺惺了了 則未發時不昏昧 已發時不放縱.

도심道心을 붙잡아 지키는 대요大要는 다만 이 마음道心을 자득自得하는 것이다. 항상 스스로 정돈整頓하여 또렷하게 깨어 있으면, 마음이 발發하지 않았을 적에 혼매昏昧하지 않고, 이미 발發하였을 때 방종放縱하지 않는 것이다.

■ 直解

지수持守란 경敬을 통하여 성誠에 나아가는 노정이요, 성誠이란 성경聖境으로써 성성惺惺이니 곧 늘 깨어있음이다. 깨어있으면 칠정七情의 사邪가 있지 아니하다. 득得은 자득이라 자득도심自得道心 즉 명명덕明明德을 가리킨다. 상자정돈常自整頓은 정情이 일어나지 않고 성性으로 성성惺惺함이다.

성성료료惺惺了了란 항상하게 깨어있어 성性이 현전現前이다. 발시發時란 만사萬事에 응應하는 때이다.

5) 본원本源

涵養本源之功 易間斷. 然纔覺得間斷 便是相續處.

본원本源을 함양涵養하는 공부는 사이사이 끊어지기 쉽다. 그러나 끊어졌다고 깨닫는 자리가 곧 도심道心이 이어지는 곳이다.

■ 直解

본원本源이란 적연부동의 성性을 가리킨다. 함양涵養은 칠정을 그치는 것이다. 대학의 지止가 공부노정의 정문正門이다. 조남명曺南冥이 지설止說을 세움으로써 공문孔門의 정사正士가 되었던 것이다. 간단間斷은 윤집궐중允執闕中에 사이가 있음이다. 마침내 간단 없는 경지에 이르러야 개오開悟가 목전目前인 것이다.

6) 무외無畏

無所不欲者 無所不畏 無所欲者 無所畏.

하고자 않는 바가 없는 자는 두렵지 않은 바가 없고, 하고자 하는 바가 없는 자는 두려울 바가 없다.

■ 直解

위의 무외설無畏說은 『논어論語』, 무가무불가無可無不可의 해설이다. 무가무불가는 무위종심無爲從心의 경지이다.

7) 천리天理

明得一分天理 滅却一分人欲.

일분一分의 천리天理를 밝혀 알면, 일분의 인욕人欲을 더는 것이다.

■ 直解

일분一分이란 백분지일百分之一이다. 한잔의 바닷물로 대해

大海의 맛이 어떤지 대략 알 수 있는 것과 같다. 그러나 대해는 여러 맛과 광대한 기운을 지니고 있다.

8) 소욕消欲

鏡纔磨塵垢去而光彩發 心纔敬 人欲消而天理明.

거울을 갈면 먼지 때가 제거되어 광채光彩가 나타난다. 마음이 경敬에 돈독敦篤하면 인욕人欲이 사라지고 천리天理가 밝아진다.

■ 直解

마진구磨塵垢는 불구拂垢이니 노력을 의미한다. 광채光彩란 도심道心에 자족한 청정광명淸淨光明이다. 재경纔敬은 경敬에 돈독히 충실함이다. 경을 하되 십이시十二時에 돈독해야 마침내 자기의 성性에 계합契合하는 것이다. 십이시에 돈독한 연후에 안회顔回의 불위인不違仁에 나아갈 수 있다.

9) 광대무변廣大無邊

心本廣大無邊 一有己私 則不勝其小.

마음은 본디 가없이 넓고 크나, 자기의 사심邪心이 하나라도 있으면 그처럼 작을 수가 없다.

■ 直解

광대무변廣大無邊은 도심道心의 체성體性을 이른 것이다. 광대무변은 원각경圓覺經 등 불경에 자주 나타나는 성性의 설명이다.

10) 무욕성인無欲聖人

一日無欲 可作一日聖人 一月無欲 可作一月聖人. 終身無欲 便是終身聖人.

하루 동안 무욕無欲하면 하루의 성인聖人이 될 수 있고, 한 달 동안 무욕하면 한 달 동안의 성인이 될 수 있으며, 종신終身토록 무욕하면 곧 종신토록 성인이다.

■ 直解

위는 개오開悟 즉 지천명知天命이후의 경지境地를 설명한 것이다. '무욕無欲하면'을 '정情이 없으면'으로 읽으면 뜻이 잘 통한다.

> 하루 동안 정情이 없으면 하루의 성인이 될 수 있고, 한 달 동안 정情이 없으면 한 달 동안의 성인이 될 수 있으 며, 종신토록 정이 없으면 곧 종신토록 성인이다.

위는 선가禪家, 남송南宋의 굉지정각宏知正覺의 묵조론默照論의 의리와 같다. 굉지는 "일일좌선一日坐禪이면 일일성인一日聖人이요, 일월좌선一月坐禪이면 일월성인一月聖人이요, 종신성성終身惺惺이면 종신성인終身聖人이다"라 하였다.

11) 제망除妄

> 除去一切閑思量 天理自在.
>
> 일체의 부질없는 생각을 제거除去하면, 천리天理가 저절로 드러난다.

■ 直解

한사량閑思量이란 부질없는 사량분별思量分別을 하지 않는 것이다. 대저 학자의 덕혜술지德慧術智는 사량思量에 한가로울 줄 알아야 경敬에 서는 것이다. 경敬에 선 이후를 지경持敬이라 한다. 제거除去는 소거消去와 같다. 일체의 정情을 소거하면, 천리天理가 저절로 드러난다. 드러나면 밝아진다. 『중용中庸』에 '성즉명명즉성誠則明明則誠'이라 즉 성誠하면 밝아지고, 밝아지면 성한다는 뜻에 통하여 계합한다. 성誠이란 성惺의 뜻이다.

12) 불위不爲

> 凡不可與父兄師友道者 不可爲也.
>
> 무릇 부父와 형兄과 사師와 우友에게 말할 수 없는 행동을 해서는 아니 된다.

■ 直解

바르지 아니한 행동은 바르지 아니한 생각에서 나온다. 생각이 바르지 아니하면 바르게 나아갈 수 없고, 부끄러움을 잊게 되는 것이다. 하지 않는 바가 익고 난 연후에, 경 공부敬工夫에 순숙純熟해 질 수 있으며, 선악善惡 호오好惡 시비是非의 관념이 쉬게 된다. 선악의 관념이 쉬어야 무선무악無善無惡의 심체心體에 계합할 수 있는 것이다. 무선무악의 심체란 도심이니 곧 참마음[眞心]이다. 참마음이 곧 성性이니, 참마음이 곧 공자의 일이관지一以貫之의 일一이요, 불식연천不息淵泉의 도체道體이다.

13) 선악善惡

終身爲善不足 一朝爲惡有餘.

종신토록 선善을 행해도 선이 부족하고, 하루아침에 악惡을 행해도 악이 남아돈다.

■ 直解

아침에 도道를 깨치면 저녁에 죽어도 가可하나니, 오직 선악을 함께 잊어야 도심이 드러난다. 고로 경敬으로 직내直內하는 공부에 젖어야 하는 것이다. 모든 범부에게 도심이 자족하나 범부가 스스로 알지 못한다. 계사에 "백성일용이부지百姓日用而不知"라 하였다. 백성이 나날이 쓰면서도 자기의 성性을 알지 못하는 것이다. 그러므로 성인이 사람이 나아갈 바를 가리켜 보이는 것이다.

14) 극기克己

> 克己可以治怒 明理可以治懼.
>
> 극기하면 노함怒=情을 다스리고, 천리天理를 밝히면 두려움懼=恐怖을 다스리게 된다.

■ 直解

극기란 무의無意 무아無我를 체득한 경지요, 체득하면 세상 밖에서 세상을 관조하게 된다. 고로 극기란 허유許由가 세상을 잊음[忘世]에 동계同契하게 되는 경지이다. 극기 연후에 세상을 거님에 지례至禮가 따르게 되는 것이다. 이때의 지례至禮란 종심從心의 대용大用이요 범부의 예禮와 같지 아니하다. 고로 극기복례克己復禮가 안회顔回를 따라 나타난 것이다.

극기복례한 인물의 동용주선動容周旋에는 행行마다 인仁이 따라서 드러나나니, 공부자께서 "인仁이라! 인이라!" 하심이 여기에 있는 것이다. 극기란 정情을 잊어 성性을 드러내는 것이요, 복례란 성性을 회복하여 인을 행하는 것이다.

그러므로 복례의 예는 소인小人의 형례形禮가 아니고 군자의 지례至禮인 것이다. 중니연거仲尼燕居와 『계사繫辭』에 지숭예비智崇禮卑라 한 뜻이 여기에 있는 것이다. 다시 말해 극기복례란 개오開悟 이후의 경지이다. 초학初學은 극기복례의 뜻을 바로 알아서 학습의 술지術智를 갖추어야 한다.

15) 음식남녀飮食男女

飮食男女之欲 堯舜與桀紂同 但中理中節 則爲天理 無理無節 則爲人欲.

음식과 남녀의 욕구는 요순堯舜이나 걸주가 동일하다. 다만 이치理致가 절도節度에 맞으면 천리天理가 되고, 이치가 없고 절도가 없으면 인욕人欲이 된다.

■ 直解

음식은 생존욕구요, 남녀는 종족보존의 이理이다. 사람의 음식과 남녀의 욕구가 과욕寡慾이면 성인聖人과 범부凡夫가 다르지 아니하나, 성인은 성性으로 행하매 절로 절도節度에 맞으므로 천리天理가 되고, 범부는 정情으로 행하므로 인욕人欲이 되는 것이다. 고로 문제는 범부의 정情인 것이다. 옛사람이 이르기를 "도道를 이룸에 다만 범부의 정情을 없앨 뿐, 별다른 성해聖解가 없느니라"라 하였던 것이다.

16) 간입間入

人欲如寇賊 專以窺我之虛實 斯須防閑不密 則乘間而入.

인욕은 강도나 좀도둑과 같아서 오로지 나의 허실을 엿보다가, 잠시라도 방비를 치밀하게 아니하면 틈을 타고 들어온다.

■ 直解

도심道心 공부에 나아간 이는 경敬을 돈독히 하여 윤집궐중允執闕中하여야 한다. 경이 아니면 성性을 밝힐 수 없음을 이르는 것이다. 경에 나아가되 간단間斷이 있으면 공부가 전일專一하지 않은 것이다. 위 벽설은 간단을 경계한 것이다. 간단이 없는 연후에 경에 순숙純熟하는 것이다. 『논어』에는 한마디로 "수사선도守死善道하라"고 하였다. 앞 세월과 뒷 세월에 누가 수사선도에 나아갔는가? 불과 몇몇이로다.

17) 대안大眼

人當大着眼目 不爲小小者所動.

사람은 마땅히 크게 안목을 가져야 자그마한 데 움직거리지 않는다.

■ 直解

도심을 밝히는 공부란 윤집궐중함에 수사선도의 뜻을 세워야함을 강조한 것이다.

18) 공리功利

去得一箇計功謀利之心 則心下自然坦夷.

공功을 헤아리고 이익을 꾀하는 하나의 마음을 소거하면 마음이 자연히 평탄하다.

■ 直解

경敬에 나아감에 산란한 마음[人心]을 제거하는 요목要目을 이른 것이다.

19) 치기治己

治己必先治心 心者舟之舵也 欲正其舟 先治其舵.
자기를 다스림에는 반드시 마음雜念을 다스려야한다. 마음은 배의 방향타이다. 그 배를 바로잡으려면 그 방향타를 먼저 다스려야 한다.

■ 直解

잡념雜念은 정情을 이른다. 윤집궐중하는 일념一念을 세우는 길을 다시 강조한 것이다.

20) 병약病藥

纔覺退便是進 纔覺病便是藥.
물러난다고 깨닫는 순간이 곧 나아감이요, 병이라고 깨닫는 순간이 곧 약이다.

■ 直解

염기즉각念起卽覺이라, 도심道心공부의 요체는 일념一念이 선 연후에 생각이 일어날 때 홀연히 성性에 계합하는 것이다. 일어나는 그 당체當體가 곧 성性이다. 깨침은 찰나에 이루어진다. 성性을 깨치는 것을 이름하여 지천명知天命이라 한다. 『중용中庸』에 천명天命이 성性이라 하였다. 생각이 일어날 때를 지나쳐 측지測知의 사변思辨으로 헤아리면 그르치는 것이다.

21) 단련鍛鍊

金之在冶 經熱炎 受鉗鍾 當此之時 爲金者心苦 然自他人視之 方喜金之益精鍊 而惟恐火力鉗鍾之不至, 及其出冶 金亦自喜其鍛鍊之有成矣.

쇠가 대장간에서 뜨거운 불꽃을 거쳐서 집게와 망치질을 받는데, 이때를 당하여 쇠 된 자로서는 마음이 고통스럽겠지만, 그러나 다른 사람이 보기에는 바야흐로 쇠가 더욱 정하게 단련되어 화력과 망치질이 모자랄까 걱정이 되거니와, 담금질을 하고 나면 쇠 또한 자기가 단련鍛鍊되어 공이 이루어짐을 기뻐한다.

■ 直解

수사선도守死善道의 뜻을 세운 이는 망세무욕忘世無欲하여, 힘 다해 윤집궐중한다. 이러한 이의 모범에 안회顔回가 있다.

22) 무실務實

> 務實之心重一分 則務名之心輕一分.
>
> 실심實心이 일분 밝아지면, 명리名利에 힘쓰는 정념이 일분 덜어진다.

■ 直解

윤집궐중允執闕中하여 홀연히 성性이 일분一分 밝아지면, 정념이 일분 덜어져서 그 다음의 공부가 순숙純熟하게 된다. 혹 숙세宿世의 군자는 찰나에 대오大悟하기도 한다.

23) 학도學道

> 學以憂勤爲正脈 逸欲爲痼疾.
>
> 학문은 도가 밝지 못함을 걱정하여 부지런히 닦음을 정맥正脈으로 삼아야 하고, 학문을 벗어나 명리名利를 따르려는 욕구를 고질痼疾로 여겨야 한다.

■ 直解

공자의 정맥을 따르는 이는, 명리를 따르는 욕구를 잊으며 오직 도道가 밝지 못함을 걱정하여 부지런히 닦는다. 속사俗士들은 약간의 글을 익혀 명리를 따르며 선비라 자처한다. 맹자는 "덕혜술지德慧術智로 행하는 자는 항상 진질疹疾에 빠져 있다"고 하였다. 하물며 덕혜술지도 없는 자들이랴.

24) 신언검신愼言檢身

> 愼言動於妻子僕隷之間 檢身心於起居飮食之際.
> 처자와 종복들 사이에서 언동을 삼가 하고, 거처와 음식 사이에서 자신을 검속檢束하라.

■ 直解

가족들을 존중하여 언어를 중히 하고, 거처를 검소하게 하며, 음식을 탐하지 아니함이 몸에 젖어야 도학을 하는 이라 할 수 있다. 여기서 종복을 거론함은 그 시절의 풍속을 피할 수 없음이다.

25) 역행力行

> 行不力 不知爲善之難 省不深 不知入惡之易.
> 힘써 행하지 않으면 선善을 하는 것에 어려움을 모르고, 깊이 반성하지 않으면 악惡에 들어가는 것이 쉬움을 모른다.

■ 直解

자기의 성性을 돌아보는 자는 위기지학爲己之學을 올곧게 하는 자이다. 공부란 명자명타明自明他라 자기를 먼저 밝혀야 남을 밝힘에 나아갈 수 있는 것이다. 자기의 성性을 돌아보는 자는 스스로 선악을 밝히 본다. 여기서는 하사下士와 중사中士를 위해 군말을 보탠 것이다.

26) 이치二恥

> 君子有二恥 肯小能 恥也 飾所不能恥也.
>
> 군자에게는 두 가지 부끄러움이 있다. 자그마한 재능을 뽐내는 것은 부끄러움이요, 능력 없는 것을 꾸미려 드는 것은 부끄러움이다.

■ 直解

재능을 뽐내는 것과 꾸며서 남에 보이려 하는 자는 더 볼 것이 없다. 여기서는 하사下士와 중사中士를 위해 군말을 보탠 것이다.

소미小尾

4. 복성서구목復性書九目, 통서구목通書九目과 벽설구목壁說九目

1) 복성서구목復性書九目 [이고李翺]

第一目 情不作 性斯充矣 性者 天之命也

정情을 짓지 아니하면 성性은 [본래로] 충실充實한 것이다. 성性은 천명天命이다.

第二目 百姓者 豈其無性者邪 百姓之性與聖人之性弗差也

백성百姓이라고 어찌 그 성性이 없겠는가? 백성의 성性은 성인의 성性과 차이가 없다.

第三目 情之動弗息 則不能復其性而燭天地爲不極之明

정情의 움직임이 쉬지 아니하면 그 성性을 회복回復할 수 없고, 천지天地를 밝히는 끝없는 밝음이 될 수가 없다.

第四目 誠者聖人性之也 寂然不動 廣大清明 照乎天地 感而遂通天下之故 行止語默 無不處於極也

성誠이라는 것은 성인聖人의 성지性之라, [성誠하면] 적연부동寂然不動하고 광대청명廣大清明하여 천지를 비추며, 감응感應하여는 마침내 천하의 본래에 통하게 된다. [성하면] 행하고 그침과 말하고 침묵함[行止語默]이 지극함에 거처하지 아니함이 없다.

第五目 弗慮弗思 情則不生 情旣不生 乃爲正思

헤아리지 않고 생각하지 않으면 정情이 나지 않으며, 정情이 이미 나지 않으면 바로 정사正思이다.

第六目 正思者無慮無思也

정사正思란 헤아리거나 생각함이 없는 것이다.

第七目 易曰 天下何思何慮

천하가[허공虛空이] 무엇을 생각하고 무엇을 헤아리랴!

第八目 [易曰] 閑邪存其誠

삿된 정情에 한가로우며 성성惺惺함을 보존한다

第九目 詩經曰 思無邪

생각에 삿됨이 없다.

* 고주瞍注 : 위의 아홉에 회통會通하면 공문孔門의 입실문인入室門人이라 하겠다.

2) 통서구목通書九目 [주돈이周敦頤]

第一目 誠者 聖人之本

성誠은 성인聖人의 본연本然이다.

* 고주瞍注 : "성자誠者 성지본태야性之本態也"라 해야 적확한 설명이다.

第二目 聖誠而已矣 誠五常之本 百行之源也.

성인聖人은 성誠할 뿐이다. 성誠은 오상[五常; 인의예지신仁義禮智信]의 근본이요, 모든 행[動容周旋]의 근원이다.

第三目 誠無爲 幾善惡.

성誠은 무위無爲하다. 그 기미機微가 있으므로 선善과 악惡으로 나뉘는 것이다.

* 고주瞍注 : 기미機微는 정情이요, 범부의 병病이다. 현성賢聖은 기미機微를 토吐하지 아니한다. 다만 동용주선動容周旋에 성性으로 드러낼 뿐이다. 성性으로 드러내므로 무주생심無住生心이라 한다.

第四目 寂然不動者 誠也, 感而遂通者 神也

적연부동寂然不動은 성誠이요, 경계境界에 감응感應하여 명통

明通하는 것은 [성性의] 신神이다.

第五目 無思本也, 思通用也. 幾動於彼 誠動於此, 無思而無不通爲聖人

생각이 없는 것[無思]이 근본이다. 생각하여 통하는 것은 용用이다. 저쪽에서 기미[幾]가 움직이면 이쪽에서 성誠이 움직여서, 생각하지 않아도 통하지 않음이 없는 것이 성인聖人이다.

第六目 動而無動 靜而無靜 神也.

움직이되 움직임이 없고, 고요하되 고요함이 없는 것은 신神이다.

第七目 五行[是]陰陽 陰陽[是]太極

오행五行은 음양陰陽이고, 음양陰陽은 태극太極이다.

第八目 聖學 一爲要 一者 無欲也 無欲 則靜虛動直. 靜虛則明 明則通 動直則公 公則溥. 明通公溥. 庶矣乎!

성학聖學은, 하나[一]가 요목要目이다. 하나는 바로 무욕無欲이다. 무욕이면 고요하고 비어[靜虛], 작용함에 곧다[動直]. 고요하고 비면 밝아지고[靜虛則明], 밝으면 통한다[明則通]. 작용함[動]이 곧으면 공정公正되고[動直則公], 공정公正하면 넓어진다. 밝게 통하여 공정하여 넓혀지면[明通公溥], [도道에]가깝다.

第九目 靜則止. 止[則]非爲也, 爲[則]不止矣. 其道也. 深乎!

고요하면 그치게 된다[靜則止]. 그치면 함이 없으니[止則非爲],

함[爲]이 있으면 그치지 못한다. 그 도道가 심오深奧하도다!

* 고주叜注 : 통서通書는 주돈이周敦頤가 졸년卒年에 개오開悟하여 태극도설太極圖說의 잘못을 바로 잡고 심학心學의 정로正路를 밝혀 지은 글이다. 그러나 속사俗士는 통서通書를 멀리하고 태극도설의 허물을 따른다. 주돈이는 속사의 안목이 높아질 때를 기다릴 것이다.

(3) 벽설구목壁說九目[소눌의 벽설심제 구목九目]

第一目 [無欲] 學聖一爲要 一者無欲也. 無欲則靜虛動直. 靜虛則明 明則通, 動直則公 公則溥.

성인聖人의 도道를 배우는 데는 하나一의 요체要諦가 있다. 그 하나는 무욕無欲이다. 무욕하면 마음이 정靜할 때는 비고, 마음이 동動할 때는 곧다. 마음이 고요하여 비면 밝고, 마음이 밝으면 통通하며, 마음이 움직임에 곧으면直 사思에 무사無邪하고, 마음이 사思에 무사無邪하면 통연명백洞然明白하여 허공虛空같이 넓다.

第二目 [止水] 君子役物 小人役於物. 見可喜可怒之事 自家着一分陪奉他 此太勞矣. 聖人之心如止水.

군자는 칠정七情을 부리고, 소인小人은 칠정에게 부려진다. 기뻐하고 노怒할 만한 일을 보고서 제 스스로 일분一分이라도 그것을 받들면 이는 크게 고생스럽다. 성인聖人의 마음은 고요한 물과 같은 것이다.

第三目 [心學] 人之所以好生者 以欲也. 所以惡死者 亦欲也. 生求稱其欲 死懼失其欲. 衝衝天地間 莫不以欲爲事 而心學不傳.

사람이 살아 있기를 좋아하는 까닭은 삶에 대한 욕망欲望 때문이요, 죽음을 싫어하는 까닭 역시 삶에 대한 욕망 때문이다. 살아서는 그 욕심欲心을 채우려고 하고, 죽음에는 그 욕심을 잃을까 두려워한다. 하늘과 땅 사이에 그득한 사람들이 모두들 욕심으로 일삼지 아니함이 없는 까닭에 심학心學이 전해지지 않는 것이다.

第四目 [自得] 持守之要 只是要得此心. 常自整頓 惺惺了了 則未發時不昏昧 已發時不放縱.

도심道心을 붙잡아 지키는 대요大要는 다만 이 마음道心을 자득自得하는 것이다. 항상 스스로 정돈整頓하여 또렷하게 깨어 있으면[惺惺了了], 마음이 발發하지 않았을 적에 혼매昏昧하지 않고, 이미 발發하였을 때 방종放縱하지 않는 것이다.

第五目 [本源] 涵養本源之功 易間斷. 然纔覺得間斷 便是相續處.

본원本源을 함양涵養하는 공부는 사이사이 끊어지기 쉽다. 그러나 끊어졌다고 깨닫는 자리가 곧 도심道心이 이어지는 곳이다.

第六目 [無欲聖人] 一日無欲 可作一日聖人 一月無欲 可作一月聖人. 終身無欲 便是終身聖人.

하루동안 무욕無欲하면 하루의 성인聖人이 될 수 있고, 한 달 동안 무욕하면 한 달 동안의 성인이 될 수 있으며, 종신토록 무욕하면 곧 종신토록 성인이다.

第七目 [除妄] 除去一切閑思量 天理自在.

일체의 부질없는 생각[思量分別]을 제거하면, 천리天理가 저절로 드러난다.

第八目 [病藥] 纔覺退便是進 纔覺病便是藥.

물러난다고 깨닫는 순간이 곧 나아감이요, 병이라고 깨닫는 순간이 곧 약이다.

第九目 [二恥] 君子有二恥 肯小能 恥也 飾所不能恥也.

군자에게는 두 가지 부끄러움이 있다. 자그마한 재능을 뽐내는 것이 부끄러움이요, [또한] 능력 없는 것을 꾸미려 드는 것도 부끄러움이다.

5. 석곡石谷과 심재深齋

소눌이 망명에서 환국還國하매 기주명심설棄朱明心說을 주장하는 석곡石谷 이규준李圭濬(1855~1923)이 노곡蘆谷의 자암서당으로 여러 번 찾아와 담론하였다. 그 처음은 1913년인데 1918년까지 왕래하였다. 서로 실심체인實心體認의 경지境地를 숙론熟論하고 도리道理에 통명通明하였다. 석곡은 서른 가까운 나이에 홀로 독서를 시작하여 거가자득居家自得한 별특別特한 인물이다. 석곡이 평시에 하는 말에 "나에게 삼행三幸이 있으니, 하나는 난세亂世에 사는 것이요, 다른 하나는 빈한貧寒함이요, 또 다른 하나는 처지가 평민[常人]인 것이다"라 하였다. 이는 동학란東學亂(1894), 갑오경장甲午更張(1884~1896), 을사늑약乙巳勒約(1905), 한일합방韓日合邦(1910)의 국난과 망국을 겪는 시기임과 동시에 천민이 사람답게 목소리를 내며 사는 기회가 주어지기 시작했기 때문이다. 석곡은 빈한貧寒하므로 스스로 농사를 지었고, 평민이었기에 노비가 없었으며, 가학家學이 없기에 정주程朱와 이름난 선비를 비평해도 가문에 허물될 것이 없기 때문이다. 석곡은 주희朱熹를 신랄히 비평하며 『주역쇄관周易刷管』, 『상서쇄관尙書刷管』 등 많은 저술을 남겼고, 또한 의학에 고견이 있어 『동의보감東醫寶鑑』의 오류를 바로잡아 『의감중마醫鑑重磨』를 지었다. 석곡의 특출한 의학이론은 일지맥진법一指脈診法과 부양론扶陽論이다. 석곡은 면우俛宇 곽종석郭鍾錫(1846~1919)과 심설心說을 주고 받았으며, 심재心齋 조긍섭曺兢燮의 심설을 심하게 나무랬다. 그밖에 제방의 학자들을 찾아 공부를 시험한 것으로 한 세상을 풍미했다. 소눌이 석곡과 여러차례 만난 후, 석곡이 박학정세博學精細한 학문과 심설에 견처가 있음을 인정하고 세속의 문급을 떠나 허교許交하였다. 석곡의 심설일편心說一片을 이르면, 석곡이 소눌에게 보낸 서간書簡에 "이기설理氣說은 허공虛空에 줄긋기와 같습니다"라 하여 주희를 힐난詰難함이 보인다.

심재深齋 조긍섭曺兢燮(1873~1933)은 문장가로써 창강滄江 김택영金澤榮(1850~1927)과 교유하고, 곽종석과 이설理說을 오랫동안 주고받았다. 약간의 측지測知가 있으나 견처見處는 있지 아니하다. 장서長書 서명을 기피하고 산골에 숨은 뒤 불서佛書를 읽었다. 만성晩醒 박치복朴致馥의 묘지명墓誌銘에 오류를 범해 소눌의 꾸지람을 받았다. 심재는 만년에 자대자시自大自是의 병에서 벗어나 묵묵히 은거 하였다. 1931년 소눌선생 기세棄世 뒤, 심재 조긍섭曺兢燮이 만사輓詞를 지었다.

不倦堂開龍象筵	불권당개용상연
南州衣鉢集翩翩	남주의발집편편
誰知報佛眞功德	수지보불진공덕
竟屬當時羅漢禪	경속당시나한선

불권당에 용상연龍象筵이 열렸나니
남주南州의 의발문인衣鉢門人이 구름같이 모였어라.
뉘가 아리오! 불佛에게 보답하는 참 공덕功德
경지境地가 불佛 당시의 아라한阿羅漢에 이른 것을.

* 용상연龍象筵 : 선불장選佛場의 뜻이다. 선불장은 당唐의 방온龐蘊거사의 게송에서 시작되었다. 불가佛家의 선방禪房에 수좌首座들이 참선수행에 들면서 각기 임무를 부여하는 좌방座方을 용상방龍象榜이라 한다.

당시 삼천 여장의 만장輓章이 걸렸는데, 조심재曺深齋의 만輓에 어떤 선비가 문제를 제기했다. 논제는 심재가 소눌선생을 아라한阿羅漢의 경지로 비하卑下했다는 것이다. 이는 아라한의 경지를 자세히 알지 못하는 데서 나온 유자儒者의 말이었다. 소승불교에서는 아라한을 최고의 경지로 삼고, 대승불교에서는 오지보살五地菩薩 이상의 대현大賢으로 여긴다. 선가禪家에서는 대선사大禪師의 경지로 인정하는 계위階位이다. 이때 문인 정뢰헌鄭磊軒과 강퇴산姜退山이 고승高僧에게 알문謁問하여 아라한의 경지를 대략 설명하여 수습하였다고 한다. 조심재가 불법佛法에 약간의 조예造詣가 있었던 것이라 하겠다. 조심재가 "뉘가 아리오! 경지境地가 불佛 당시의 아라한에 이른 것을"이라 읊음은 소눌의 경지를 높이 본 것이라 하겠다. 심재가 소눌의 벽설을 읽고 "실견實見의 글이다"라 하였다. 생각건대 벽설은 남명南冥의 신명사명神明舍銘, 율곡栗谷의 극기복례설克己復禮說, 소재穌齋의 무명한거영無名閑居詠, 상촌象村의 무위자한음無爲自閑吟 등을 잇는 심학의 전등傳燈이라 할 수 있을 것이다.

6. 결어

조선의 선비 가운데 진실되이 지경持敬하여 공지孔旨에 계합한 이는 몇 분이 되지 않는 것 같다. 조남명曺南冥의 지설止說은 『대학大學』과 이고李翺의 지설止說과 통한다. 조남명이 지경의 경지를 높이 본 선비로는 신송계申松溪이다. 조남명이 성대곡成大谷, 서화담徐花潭, 백휴암白休庵 등을 뒤로 하고 신송계를 일러 "오당위최吾黨爲最"라 했으니 비록 문자가 드물게 남았어도 신송계를 뒤로 할 수 없다고 하겠다. 그리고 그 뒷사람으로 이율곡李栗谷, 노소재盧穌齋, 신상촌申象村 등이 보인다. 심학의 논論과 명銘을 남긴 이로는 조남명과 이율곡이 으뜸이다. 오처奧處를 남김에는 대개 음송吟頌하여 견처見處와 자적自適을 드러낸 경우이다. 선말鮮末의 소눌은 벽설로써 논論을 남겼다고 볼 수 있다. 대저 오처奧處를 자득自得한 이는 말과 글이 적다. 더불어 논할 벗이 드물거나 없기 때문이다. 지금의 세월에 지경持敬하는 이는 드물디 드물고, 공지孔旨를 자득自得한 이는 더욱 찾기 어렵다. 이러한 때 벽설을 통해 복성서와 통서를 비교독서比較讀書하여 공지孔旨를 엿보는 학자들이 줄지어 나타나기를 기대한다. 본고의 결어結語에 나타난 인물들이 "그 때의 그 사람"임을 간과해서는 아니 될 것이다.

4

소눌의 학풍學風

三碧子 照釋

소눌의 학풍學風

1. 서설
2. 소눌의 학맥론學脈論
3. 지경자득학풍持敬自得學風에 대하여
4. 결어

1. 서설序說

조선유자朝鮮儒者의 학통은 목은牧隱 이색李穡(1328~1396)과 포은圃隱 정몽주鄭夢周(1337~1392)등의 고려유자高麗儒者에게 학통學統의 연원淵源을 둔다. 조선유가는 조선의 조상인 고려의 불교가 퇴폐한 틈을 타서 일거에 불가를 내몰고 유학의 이름으로 불가를 탄압하고 성리설性理說에 기운다. 이후 권근權近(1352~1409), 변계량卞季良(1369~1430), 김숙자金叔滋(1389~1456), 김종직金宗直(1431~1492) 등이 나타난다. 그리고 조선 중기에 김시습金時習(1435~1493), 조광조趙光祖(1482~1519), 이언적李彦迪(1491~1553), 성수침成守琛(1493~1564), 이항李恒(1499~1576), 신계성申季誠(1499~?), 이황李滉(1501~1571), 조식曺植(1501~1572), 노수신盧守愼(1515~1590), 이이李珥(1536~1584), 신흠申欽(1566~1628) 등이 산 줄기를 이루고, 이 가운데 태극太極 음양陰陽 이기理氣 체용體用 성정性情 등의 용어해석과 심心의 분석에 이견異見을 보이며 몇몇의 학파를 이루는 것이다. 이황 이후, 누가 고견高見을 지니고 순수純粹하게 공지孔旨에 합동合同했는가 보다는 학파 간에 서로 주장을 세우고 힘겨루기를 곁들이는 통에 순수유학純粹儒學의 기풍을 잃고 제 나름의 주장에 빠지는 양상을 보인다.

조선말기의 소눌 노상직은 학통學統에 대한 한 번의 질문에 부득이 세속적 갈래를 명시하여 답하고, 성리설에 대한 질문에는 선유의 설을 대략 뭉뚱구려 두 번 약언略言할 뿐, 다시는 세속의 성리설에 대해 말하지 않았다. 소눌의 공부는 지경에 있었던 까닭이다. 소눌은 선유先儒의 논설을 맹목적으로 긍정하지 않았다. 사단四端과 칠정七情을 하나로 보아 4.7가미탕론加味蕩論을 지었고, 자암서당 옆 언덕에 학인들의 쉼터인 조그만 초가정자草家亭子를 짓고는 칠절정七絶亭이라 이름 붙였다. 소눌은 사단을 선한 마음씨로 보아 사단과 칠정을 모두 칠정으로 보았던 것이다. 또한 칠정을 인심人心으로 해석했다. 소눌은 심학공부를 인심을 지워서 도심道心이 드러나는 것으로 본 것이다. 소눌은 "도심일이관지道心一以貫之"의 사상을 지닌 것이다. 이것은 율곡 이이에 가까운 공부태도이다. 또 신산서원新山書院의 학규學規를 정하매 율곡 이이의 은병정사隱屛精舍 학규를 채택하여 거의 그대로 옮겨 실행하게 하였다. 소눌이 성리설에 의견을 내지 않고, 공자의 인설仁說을 세워 "수사언인洙泗言仁"을 간행했으며, 주돈이周敦頤와 장식張栻의 설을 존중하고, 조식과 정구鄭逑를 사숙私淑한 것은 지경과 계사에 충실하며 연비어약鳶飛魚躍 도리에 계합契合하고자 하는 공부 길을 택했기 때문인 것으로 보인다. 소눌이 어찌 태극太極, 음양陰陽, 이기理氣, 체용體用, 성정性情 등에 주견主見이 없었겠는가. 다만 세속의 이목을 피해 지경에 순숙(純熟)하면서 영학嶺學과 기학畿學과 기학氣學의 대립관계에서 벗어나 있고자 했던 것이라 하겠다.

2. 소눌의 학맥론學脈論

아래의 학맥론은 『소눌선생문집小訥先生文集』 권11에 문인 정성국鄭聖國의 질문에 답한 것이다.

> 동방의 학문은 포은圃隱에게서 그 기반을 열어 야은冶隱, 강호江湖, 점필재佔畢齋, 한훤당寒暄堂과 일두一蠹를 거쳐 정암靜庵이 출현하였고, 회재晦齋, 충재沖齋가 같은 세대로서 계승하였으며, 퇴도退陶가 그것을 집대성集大成하였으며, 남명南冥의 도道와 같고 덕德은 나란하였다.
>
> 퇴도의 문하에 네 분 선생이 나란히 일어났는데, 이어서 문호를 세운 이로는 여헌旅軒 장현광張顯光, 우복愚伏 정경세鄭經世(유성룡柳成龍 문인), 미수眉叟 허목許穆(정구사숙鄭逑私淑), 갈암葛菴 이현일李玄逸, 성호星湖 이익李瀷, 대산大山 이상정李象靖, 순암順庵 안정복安鼎福, 입재立齋 정종로鄭宗魯, 하려下廬 황덕길黃德吉, 정재定齋 유치명柳致明, 성재性齋 허전許傳 등 여러 선생이 혹 서울 근교에서 사숙私淑하거나, 혹 영남에서 친자親炙하였으나, 동일한 법도法道요 동일한 심법心法이었으니, 어떻게 분별하겠는가? 여러 선생께서 평생토록 행한 것은 모두 격치格致 치평治平의 학술이요, 문도들에게 가르친 것은 효제충신孝弟忠信의 도리를 강론하는 것이었으며, 조정에 나가서는 요순군민堯舜君民의 방책을 다하였으니, 어디에서든 체용體用을 갖추지 않았겠는가! 만약 『수록隨錄』이 반계磻溪 유형원柳馨遠에게서 나오고, 심서心書가 다산茶山에게서 나왔다고 하여 이것을 가지고 기학畿學이 진

취進取에 뜻을 두었다고 하는 것은 그 설이 천박한 것이다.
여헌의 『역학도설易學圖說』, 우복의 『양정편養正篇, 미수의 「심학도心學圖」, 갈암의 『홍범연의弘範演義』, 성호의 『질서疾書』, 대산의 『제양록濟陽錄』, 순암의 『어류절요語類節要』, 입재의 『논어연의論語演義』, 하려의 『학칙學則』, 정재의 『독서쇄어讀書鎖語』, 성재의 『종요록宗堯錄』은 모두 경전의 내용을 펼친 것으로 실로 체도 있고 용도 있는 것이다.
— 또 가만히 생각하면 퇴계가 「심경후설心經後說」을 저술하고, 한강이 『심경발휘心經發揮』를 저술하였으며, 미수가 「심학도心學圖」를 저술한 것은 세 분 선생께서 전심傳心한 것이다. 더구나 『이자수어李子粹語』 한 책은 성호에게서 시작하여 순암에게서 완성되었고, 순암은 이것을 하려에 전수하며 말하기를 "주희朱熹를 배우려면 먼저 퇴계를 배워라. 공맹孔孟의 말씀은 왕조王朝의 법령과 같고, 정주程朱의 말은 엄사嚴師가 단단히 타이른 말과 같으며, 퇴계의 말은 자애로운 부훈父訓 같다"고 하였다. 하려는 또한 이 설을 성재性齋에게 전했다. 그것은 오로지 퇴계지학을 숭상한 것이 아니겠는가?"
盧相稷『小訥先生文集』卷11「答鄭聖國」: 東方之學 自圃隱而肇其基 歷冶江畢暄蠹而靜庵出 晦齋沖齋竝世而承之 退陶集其成 而南冥道同而德齊. 退陶之門 四先正竝興焉. 繼而立門戶者 旅軒愚伏眉叟葛庵星湖大山順庵立齋下廬定齋性齋諸先生 或私淑於圻 或親炙于嶺 同一規矩 同一心法 何從而分別之哉. 諸先生之終身行之者均是格致治平之術 而授徒則講孝弟忠信之道 升朝則盡堯舜君民之策安往而不具體用哉. 若以爲隨錄出於磻溪 心書出於茶山 執此而謂

圻學之有意於進就 則淺之其爲說也. 旅軒之易學圖說 愚伏之養正編 眉叟之心學圖 葛庵之洪範衍義 星湖之疾書 大山之制養錄 順庵之語類節要 立齋之論語衍義 下廬之學則 定齋之讀書瑣語 性齋之宗堯錄 俱所以羽翼經傳 則實有體而有用也. …… 且竊惟之退陶著心經後說 寒岡著心經發揮 眉叟著心學圖 三先生之所以傳心也. 況李子粹語一書 始於星湖 成於順庵 而順庵以是授下廬曰 欲學朱子先學退溪 孔孟之言如王朝之法令 程朱之言如嚴師之勅厲 退溪之言如慈父之訓戒 下廬亦以是說而授性齋 其非所以專尙退溪之學者耶.

이상이 소눌의 학맥론學脈論이라 하겠다. 소눌의 학맥론에 대해 조고후평照顧後評을 해본다. 위 소눌의 학맥론은 중년의 설이다. 시절과 영학嶺學의 영향 속에 선유先儒의 맥脈과 주요 저술을 근거로 선사先師를 숭양崇陽함이 있는 글이다. 그러나 위 설說이 공지孔旨를 투득透得한 공자심학의 전승계보傳承系譜는 결단코 아니라 하겠다.

공자심학은 수사지경守死持敬의 공부가 있고 견처見處가 열린 고사高士 만이 공지를 개폐하고 굴신屈伸함에 막힘없는 설을 보이는 이가 "그 사람"이 되는 것이다. 소눌이 위에 거론한 인물 중에는 공자심학의 적중에 가까운 이는 남명南冥 조식曺植밖에 보이지 않는다.

퇴도退陶가 그것[先師要說]을 집대성集大成하였으며, 남명南冥의 도道와 같고 덕德은 나란하였다.[退陶集其成 而南冥道同而德齊]

라 한 구절에서 퇴도退陶를 높일 수밖에 없는 처지에서도 남명을 거론하여 "퇴도집기성退陶集其成 이남명도동이덕제而南冥道同而德齊"라 한 것은 소눌의 세속의 학맥상으로는 쉽게 하지 못할 언어라 하겠다. 고로 "남명과 도道와 같고 덕德은 나란하였다"라는 구절에 주목하지 않을 수 없다.

남명은 지경자득학풍持敬自得學風에 거처하였고, 퇴계는 궁리사변학풍窮理辭辨學風에 거처하였다. 『중용中庸』에 군자유君子儒와 소인유小人儒의 갈래를 두었는데, 군자유는 지경자득학풍을 가리키고 소인유는 궁리사변학풍을 말한 것이다. 고로 남명은 군자유에 거처하였고 퇴계는 소인유에 거처하였다고 하겠다. 소눌이 남명을 높인 것은 소눌의 공부방향이 궁리사변학풍에서 지경자득학풍으로 바뀌었기 때문이다.

조선유자朝鮮儒者에 군자유에 거처하여 견처가 열린 인물이 십여 명 보인다. 매월당梅月堂, 청송聽松, 송계松溪, 대곡大谷, 남명, 일재一齋, 소재穌齋, 율곡栗谷, 상촌象村, 추사秋史, 석곡石谷, 소눌小訥 등이다.

견처 열린 이로 보면 중국과 비교해도 손색없는 숫자이다. 중국의 북송유北宋儒부터 이르면 강절康節, 염계濂溪, 산곡山谷, 무진無盡, 명도明道, 횡거橫渠, 남헌南軒, 양명陽明, 진헌장陳獻章에 그친다. 대개 궁리사변학자窮理辭辨學者들의 소견이 졸렬하고 안목이 없어 지경자득학풍의 인물을 변박辨駁하고 멀리하여, 군자유의 인물들이 높여지지 못했던 것이다.

이러한 일은 중국도 마찬가지다. 이고李翶의 복성서復性書가 읽혀지지 아니하고, 소옹邵雍의 견처와 활발시活潑詩를 알아보지 못하며, 주돈이의 태극도설은 허물이 그윽하고 통서通書만이 진서眞書인 줄 알지 못하며, 왕수인王守仁의 성론性論인 치양지설致良知說의 본지本旨를 통해通解하지 못하는 긴 세월이 중국에도 있는 것이다. 지경자득학풍은 그때 "그 사람"이 아니면 행行하지 못하고, 그때 "그 사람"이 아니면 드러내지 못한다. 그런 연유로 군자유에 거처하는 이가 드문 것이다.

소눌이 장년에 들어 한강寒岡 정구鄭逑(1543~1620)와 남명 조식을 사숙私淑하더니 또한 나아가 거슬어 올라 남헌 장식張栻(1133~1180)과 염계濂溪 주돈이(1017~1073)와 강절康節 소옹邵雍(1011~1077)을 사숙하였다. 거슬러 오르며 스승을 구한 것은 오로지 공자를 배우겠다는 대지大志의 발로이며, 그러한 학풍으로 공지孔旨를 더듬어 나아간 까닭이라 하겠다.

3. 지경자득학풍持敬自得學風에 대하여

소눌이 장식과 정구의 인설仁說에 깊은 영향을 받고, 조식의 신명사명神明舍銘을 인하여 공문정로孔門正路에 호등개안弧燈開眼하였으며, 소옹의 활발송活潑頌에서 태평지의泰平之義를 얻었다. 그리고 주돈이의 통서를 읽다가 견처가 밝히 열리었던 것이다.

이로써 소눌의 학풍은 청년기의 궁리사변학풍에서 장년기

에는 지경자득학풍으로 바뀐 것이다. 만년에 주로 주돈이의 통서에 영향을 받아 "무사위본無思爲本"의 명지明旨를 투득透得하고 벽설壁說을 지었다. 벽설은 소눌의 심서心書이다. 벽설을 지은 때가 대략 1920년경이라 나라를 잃은 지 10여 년이요, 일제의 거친 탄압과 신사조新思潮가 밀려오던 시기였다. 문인과 도우道友 몇몇이 벽설을 읽고는 자득으로 관통한 설이라 하며 존숭하였다. 그 문인에 뇌헌磊軒 정종호鄭宗鎬(1875~1954), 퇴산退山 강신철姜信喆, 우산又山 강신혁姜信赫, 성암誠庵 노근용盧根容(1884~1965)과 계암溪菴 성기덕成耆德(1884~1974) 및 순재醇齋 김재화金再華(1887~1964) 등이며 도우는 만구晩求 이종기李種杞(1831~1902), 석곡石谷 이규준李圭晙(1855~1923), 금주錦州 허채許埰(1859~1935), 일산一山 조병규趙昺奎(1846~1931), 심재深齋 조긍섭曺兢燮(1873~1933) 등이다.

대저 심학은 대지大志가 변하지 않고, 수사守死로써 지경持敬에 거처하는 이에 의해 밝혀지고 넓혀진다. 수사로써 지경에 거처하는 인물을 지경자득학풍에 거처한다하고, 그 무리들을 지경자득학파持敬自得學派라 한다. 지경자득학파는 지역과 사승師承의 관계를 떠나 있는 것이 보통이다. 왜냐하면 '그 스승' 아래 반드시 '그 사람'이 오지 않기 때문이다. 세월과 학파를 떠나 '그 사람'이 나타나는 것이다.

4. 결어

소늘의 학풍은 한마디로 지경자득학풍이다. 공자심학은 '그 사람'이 얻으며, 지경자득학파는 지역과 사승師承의 관계를 떠나 '그 사람'에 있는 것이다. 소늘이 율곡의 은병정사隱屛精舍 학규를 남명과 송계松溪을 제향하는 신산서원新山書院의 학규로 채택한 데에는 소늘의 학풍이 남명과 율곡의 지경에 기울었기 때문이다. 지금 세상에 유학을 공부하는 사람의 거의가 궁리사변학풍에 거처한다. 지경의 공부가 힘들고 어렵기 때문이다. 육경신六庚申 공부 하는 사람 조차도 귀하다. 일 년에 육일을 주야晝夜로 성성惺惺을 지키는 공부도 힘들어 하는 데, 삼십년을 기약하고 지경하는 이가 드물 수밖에 없는 것이라 하겠다. 백호白湖 임제林悌가 대곡大谷 성운成運의 옛 서재를 찾아보고 "대곡이 참으로 수사선도守死善道한 인물인 줄 알겠다" 하였다. 이 말이 어찌 예사로운 말이겠는가. 예부터 진실되이 지경에 거처한 인물이 드물었다. 그러나 뒷사람 가운데 안회顔回 같은 인물이 반드시 나타날 것이다. 짧은 글에 그럭저럭 소늘의 학풍을 담아 보았다.

白蹙谷 碧峙病老

본서는 자암서당의 문풍을 살펴 뒷사람의 공부에 청량清凉한 기풍氣風을 전하기 위함이라 할 것이다. 공자께서 전하신 심법心法은 다만 일이관지一以貫之요, 그 일一은 성性이다. 『중용』에 "유천하지성惟天下至誠 능진기성의能盡其性矣"라 했다. 성性의 본태本態는 성誠이라, 『중용』에서 지성至誠을 말씀하신 것이다. 공자께서 "황제요순수의상천하치黃帝堯舜垂衣裳天下治"라 하심은 성性의 온전함을 가리킨 말씀이요, "인자인야仁者人也"라 하심은 모든 사람이 본래로 인仁의 성품을 갖추고 있음을 말씀하신 것이다. 그 가르침이 이러하나 예부터 이 도道를 자득한 이가 드물다.

조선의 경우 십여 인의 자득인自得人이 보이나 대개가 지자知者의 견처에 머물고 인자仁者는 오직 한분을 거명擧名할 수 있다고 하겠다. 한 분은 율곡栗谷이요, 상촌象村, 소재穌齋, 남명南冥, 송계松溪, 청송聽訟, 대곡大谷[견처순見處順]은 견처가 있다. 그 밖에 도심道心에 향처向處가 깊은 이는 목은牧隱 점필재佔畢齋, 추강秋江, 금계錦溪, 구봉龜峯 등이 보인다. 공자심학에 다행한 일이라 하겠다.

공자께서는 성학聖學을 가리켜 보임에 전성前聖의 요목要目을 높이고, 천도天道는 불언不言 혹은 서부진언書不盡言 언부진의言不盡意라 설명하셨다. 뒷사람을 위해 부득이 말과 글을 남김에 술이부작述而不作이라 하시고 종년에 문언과 계사繫辭를 남기신 것이다. 공자께서는 그 자사慈辭에 다만 "일음일양지위도一陰一陽之謂道"라 하시고 또 "적연부동감이수통천하지고寂然不動感而遂通天下之故"라 하셨다. 공자께서 성性을 그림으로 그려 설명하지 않은 것은 성性은 무형무적無形無迹 무성무취無聲無臭이기 때문이다. 그리고 논리로 구구區區히 설명하지 않은 것은, 성性은 범부凡夫의 추론推論과 논리로써 닿을 수 없기 때문이다.

다시 말해 성性은 문자 밖의 상천소식上天消息인 것이다. 뒷날 학자의 이기설理氣說과 성리사변학性理辭辨學과 태극도설太極圖說은 성학聖學의 지경정로持敬正路에는 일호一毫의 도움도 되지 않는다. 선유가 성학도聖學圖라 칭하며 태극도太極圖와 심학도心學圖를 그려 남겼으나 그 도圖는 사변형해辭辨形骸에 속하는지라 다만 소인유小人儒의 노정일 따름이다.

공자의 뒤를 올곧게 이어 공부하는 학풍은 오직 지경자득학풍持敬自得學風 뿐이다. 공부방로는 유경입성由敬入誠의 "외길" 뿐이다. 누가 지름길을 듣고 보아 알고서도 둘러둘러 가겠는가? 지경자득학풍으로 드밝게 견처가 열린 분에 율곡이 있다. 혹자는 임란壬亂 이후로 지경자득학풍의 그림자도 볼 수 없다고 하나 상촌象村의 거가자오居家自悟가 빛나고 선말한초鮮末韓初에 약간의 견처를 보이는 이에 원당阮堂, 소눌, 석곡石谷 등이 보인다.

당금當今에 "자암서당문풍紫巖書堂門風과 적흔迹痕"이란 책을 편집한 것은 소눌의 자암문풍이 지경자득학풍에 뿌리를 두고 벽설을 남긴 바 있어 그 심설을 후학이 본받을 바 있기 때문이다.

옛사람이 말하기를 "온 세상이 어두워졌더라도 한 산골짜기에 한 줄기 형휘熒輝가 있으면 후생의 지남指南이 되어 공지孔旨가 끊어지지 않는다"라 하였다. 책명에 적흔迹痕이라 부언附言한 것은 서당이 서고 학도學徒의 자품資品과 계제階梯에 따라 강학講學한 자취도 더러 담았기 때문이다. 위의 몰두어沒頭語로써 발문跋文으로 삼는다.

계묘년癸卯年 만춘晩春

노곡산인蘆谷散人 지識

후기

소눌선생에 대한 연구의 길을 연 이는 응재凝齋 노재찬盧在燦 선생이다. 응재는 소눌의 손자이다. 응재는 한문과 동양학철리에 식견이 높으나 소눌에 대한 연구는 혈손血孫이라 하며 사양하고『자암일록紫巖日錄』등을 번역하고 후학後學에게 학요學要를 제시할 뿐이었다. 이에 유명종劉明鍾, 유탁일柳鐸一, 정경주鄭景柱, 정석태鄭錫胎, 정순우, 김철범, 이준규李駿圭 등이 학문연원學問淵源과 저술고著述攷 그리고 철리哲理와 교육방향과 서당교재 등을 연구하여 긍정肯定할만한 성과를 내었다고 할 수 있다.

그 중에 신산서원新山書院의 학규學規를 정함에 율곡의 학규를 채택하고, 한강寒岡을 사숙私淑하여 인설仁說을 종의宗義로 삼으며, 지경持敬에 힘써 만년晩年에 견처見處가 열린 것을 고증考證한 정석태의 연구와 안목이 두드러진다고 하겠다. 예부터 세상에 저술이 많으나 반드시 있어야 할 글이 아님을 일러 '장안長安의 지가紙價만 올린다'라는 말이 있다.

실로 소눌선생의 학행은 조선 유학의 상로上路를 이었다고 하겠다. 소눌선생의 일상은 엄숙소박嚴肅素朴하였고 언어는 간결簡潔하고 자애慈愛로웠다. 대저 유자儒者의 실상과 노정 및 공부준칙工夫準則 등을 약술하는 바는 다른 학자도 가능한 것으로 보이나, 소눌선생의 특출한 바는 소눌심설小訥心說인 벽설에 있다. 공자심학이 전하지 아니하는 까닭과 반드시 나아가 밝힐 바를 담은 벽설은 공지孔旨를 향하고 밝히는 지남指南이다. 벽설은 복성서復性書와 통서通書의 혈통을 계승한 진서眞書이다. 위의 군말로써 후기를 삼으며 필筆을 거둔다.

碧峙病叟 識

編著　盧菑虛
校訂　李銀秀, 裵泰洙
　　　盧泰進, 盧영진
　　　鄭錫泰, 李駿圭
照叟　朴丙鍊, 金聖姫, 金鍾侃
題者　李銀秀

자암서당문풍과 적흔

2024년 1월 20일 초판 1쇄 발행

엮은이 노치허
펴낸이 김병환
펴낸곳 학자원
주　소 서울시 강동구 천호대로 1121 일성하이츠오피스텔
전　화 02) 6403-1000
팩　스 02) 6338-1001
E-mail hakjaone@daum.net
등　록 2011년 3월 24일 제2011-14호

ISBN 979-11-6247-322-1 93810
값 33,000원